Im Reich des russischen Bären

John Sparks

Im Reich des russischen Bären

Eine Naturgeschichte Rußlands
und der zentralasiatischen Republiken

Aus dem Englischen von Hasso Rost

vgs

Die Deutsche Bibliothek – CIP-Einheitsaufnahme

Sparks, John:
Im Reich des russischen Bären : eine Naturgeschichte
Russlands und der zentralasiatischen Republiken / John Sparks.
Aus dem Engl. von Hasso Rost. – Köln : vgs, 1993
   Einheitssacht.: Realms of the Russian Bear <dt.>
   ISBN 3-8025-1270-7

© Original English Language Version
John Sparks, 1992
Titel der englischen Ausgabe: Realms of the Russian
Bear, A natural history of Russia and the Central
Asian Republics

© der deutschsprachigen Ausgabe
vgs verlagsgesellschaft, Köln 1993
Alle Rechte vorbehalten
By arrangement with BBC Books, a division of BBC
Enterprises Ltd.

Umschlaggestaltung: Papen Werbeagentur, Köln
Lektorat: Andreas Held, Eberbach
Satz: ICS Communikations-Service,
Bergisch Gladbach
Druck: Butler & Tanner, Frome und London
Printed in England
ISBN 3-8025-1270-7

Seite 2:
Der Braunbär – seit Jahrhunderten das Symbol
für die wilde Schönheit der russischen Wälder.

BILDQUELLEN
JAN ALDENHOVEN: 38, 44/45, 48–54, 64/65;
PELHAM ALDRICH-BLAKE: 18, 86 beide unten, 93,
199, 209, 227; B. & C. ALEXANDER: 165; ARDEA: 47
(J. A. Bailey), 56 (Peter Steyn), 186 (Ian Beames), 204
(Edgar T. Jones), 251 (Kenneth W. Fink), 254 (François
Gohier), 257 links (Kenneth W. Fink), 273 beide unten
(Kenneth W. Fink); ASPECT PICTURE LIBRARY: 145
(Jan Vsetecka); BBC: 30; OLEG BELJALOW: 15, 86
oben rechts, 106/107, 128, 132, 153; MARK BRAZIL:
264; FRED BRUEMMER: 118, 201; GLEN
CARRUTHERS: 58; MARTYN COLBECK: 80/81, 91, 96/
97, 98, 148/149, 236, 258; BRUCE COLEMAN:
2 (Johnny Johnson), 130 (J. Zwaenepoel), 168 unten
(Uwe Walz), 193 (Jeff Foott), 207 (Wayne Lankinen),
252 (Eckart Pott), 275 (Orion Press), 278 (Hans
Reinhard); COLORIFIC!: 36 (David Turnley);
RICHARD COTTLE: 113, 115, 123; ROBERT
HARDING PICTURE LIBRARY: 135 (Chris Rennie);
RODGER JACKMAN: 40, 67, 68, 69; RICHARD KIRBY:
25, 221, 223, 229, 230, 234, 235, 270 oben; ALGIRDAS
KNYSTAUTAS: 88 oben rechts (Oleg Beljalow), 101
oben; FRANK LANE PICTURE AGENCY: 9 (Hannu
Hautala), 203 links (Hannu Hautala), 205 (Silvestris),
214 (Hannu Hautala); ANTTI LEINONEN: 29; RICK
MCINTYRE: 27; NIGEL MARVEN: 134, 138, 139, 244,
246, 248, 257 rechts, 269; ARNE NAEVRE: 101 unten,
161, 181, 238; NATURE PRODUCTION, TOKIO: 210
(Seiichi Meguro); NHPA: 42 (John Hartley), 61 (John
Hartley), 87 (David Tomlinson), 168 oben rechts
(Melvin Grey), 173 (Brian Hawkes), 226 (John
Hartley); N. OBSIJANNIKOW: 155, 194/195; OSF: 105
(David C. Fritts), 218 (David C. Fritts), 224 (Doug
Allan), 232/233 (Tony Bomford), 260/261 (Frank
Huber), 262 (David C. Fritts); EUGENE POTAPOW: 88
oben links (E. Golowanowa), 117 (V. Tanaisitschuk),
125 (N. A. Orlow), 129 (N. Sablin), 147 (E. Golowano-
wa), 160, 162, 177, 191; MICHAEL R. RICHARDS: 158/
159, 182, 183; G. RUSSANOW: 71; JURI SCHIBNEW:
267, 268, 270 beide unten, 273 beide oben und Mitte,
274, 280/281; JOHN SPARKS: 20/21, 33, 66, 75, 77,
111, 112, 137, 141, 175, 179, 241; JOHN MASSEY
STEWART: 122; SURVIVAL ANGLIA: 23 (K. Wothe),
73 (Bomford & Borrill), 203 rechts (K. Wothe); GAVIN
THURSTON: 121, 282; NIGEL TUCKER: 83, 88 unten;
JAN VAN DE KAM: 168 oben links, 169, 171, 189, 190;
WILDTYPE PRODUCTIONS: 131; ZEFA PICTURE
LIBRARY: 102 (Wisniewski), 142, 215.

INHALT

DANKSAGUNGEN

Dieses Buch entstand in einer Zeit des Umbruchs – die Sowjetunion fiel auseinander, und die jungen Staaten suchten ihre neue Identität. Politisch war nichts mehr so wie früher, aber die geographische Einheit dieses riesigen Staatsgebiets erschien mir naturgeschichtlich so zwingend, daß ich Ihnen auf unserer gemeinsamen Reise das Reich des russischen Bären vollständig zeigen möchte – zwischen dem Nördlichen Eismeer, dem Pazifik im Osten und den mächtigen Bergketten im Süden liegt ein Kontinent von unbekannter Schönheit und Größe.

Das *Reich des russischen Bären* begleitet eine gleichnamige Fernsehserie, produziert von der naturgeschichtlichen Abteilung der BBC. Das Buch berichtet aber ausführlicher über die Landschaften Rußlands und Innerasiens sowie all die kleinen und großen Geschöpfe, die in ihnen leben.

Für uns im Westen ist es nach wie vor schwierig, Informationen über die ehemalige Sowjetunion zu bekommen. Unser Projekt hatte von Beginn an mit den Problemen der zerfallenden Infrastruktur und der fremden Sprache zu kämpfen. Es war ein hartes Stück Arbeit, all die Fakten und Bilder zusammenzutragen, die ich Ihnen in diesem Buch vorstellen möchte. Dabei habe ich mich nicht nur auf meine eigenen Beobachtungen und die meiner Kollegen während unserer zahlreichen Reisen durch das Land beschränkt, sondern auch auf frühere Veröffentlichungen über die UdSSR zurückgegriffen. Besonders unser Produktionsassistent Fergus Beeley hat immer wieder neue und ergiebige Informationsquellen über die-

sen gewaltigen Subkontinent ausgegraben. Meine Koproduzenten Pelham Aldrich-Blake und Nigel Marven standen mir mit ihrem Rat zur Seite, und Duncan Balfour Thomson war immer zur Stelle, wenn es galt, russische Texte zu übersetzen.

Von unseren russischen Freunden und Kollegen hat uns vor allem Dr. Nikolai Drosdow beraten, der nicht nur die Einleitung und Kommentare der englischen Sendungen spricht, sondern auch im russischen Fernsehen eine eigene, sehr populäre Serie präsentiert: *W Mirje Dschiwotnik* (Im Reich der Tiere). Seine Kenntnisse der russischen Naturgeschichte, seine Begeisterung und immer gute Laune haben uns über die eher trüben Aspekte seines großen Landes hinweggeholfen. Besonders in den Jahren vor *Perestroika* ermutigten er und sein Redakteur Alexeij Mackejew uns unermüdlich, wenn wir bei unseren Anfragen um Dreherlaubnis von der byzantinisch anmutenden Bürokratie der UdSSR ein ums andere Mal mit »njet!« beschieden wurden.

Bei den umfangreichen Dreharbeiten teilten viele Kollegen ihr Wissen und ihre Erfahrung mit uns: Dr. Alexander Alexejew, Dr. Alexander Ananin, Dr. Alexander Andrejew, Dr. Ernar Awesow, Alexander Burduk, Dr. Wladimir Burkanow, Dr. Valeri Darkin, Prof. Wladimir Flint, Dr. Nikolai Formosow, Dr. Vadim Fjalkow, Dr. Edward Gawrilow, Wladimir Glasowskij, Prof. Vadim Jewsikow, Dr. Genadi Karpow, Dr. Alexander Kondratjew, Dr. Alexander Konotschnij, Dr. Igor Kostin, Dr. Anatolie Kowschar, Prof. Nikolai Kursenko, Dr. Jewgeni Lobkow, Dr. Lena Mutschina, Dr. Rustam Muratow, Dr. Witali Ostroumow, Dr. Nikita Owsijanikow, Anatolie Petrow, Dr. Artijom Polkanow, Eugene Potapow, Igor Riwijenko, Dr. German Rusanow, Juri Schibnew, Dr. Leonid Simakin, Dr. Wladimir Spitzen, Boris Studenin, Dr. Pavel Tompkowitsch, Prof. Nikolai Worontsow und Dr. Wladimir Zubakin.

Mit Freude und Dankbarkeit denke ich an unsere vielen Begegnungen mit den Menschen des Landes zurück. Oft waren wir die ersten Ausländer, die sie je zu Gesicht bekamen. Sie luden uns ein in ihre schlichten Häuschen, ihre bescheidenen Wohnungen und engen Zelte; wir waren Gäste bei Sibiriern und Turkmenen, bei Menschen der Tundra, der Berge und der Wüsten. Oft besaßen unsere Gastgeber nur das Notwendigste, und dieses wenige teilten sie mit einer rührenden und herzlichen Selbstverständlichkeit, die uns verwöhnte Europäer immer wieder beschämte. Fast alles, was wir im Westen als unverzichtbar ansehen, mußten sie in 70 Jahren Kommunismus entbehren. Im Ringen um die tägliche Existenz im zerfallenden Riesenreich hatten sie sich jedoch ihr freigebiges Wesen und ihren aufrichtigen Wunsch nach Freundschaft bewahrt.

Wer als westlicher Ausländer in der Sowjetunion an einem derart komplexen Projekt arbeiten will, braucht ein Heer von Helfern und Dolmetschern, um mit Behörden zu verhandeln, Kontakte zu knüpfen und Transportmöglichkeiten und Unterkünfte termingerecht herbeizuzaubern. Die East-West Creative Association, ein Gemeinschaftsunternehmen aus Central Television (Großbritannien), Goskino und Ogonjok unter ihrem Vorstandschef Richard Creasy und ihrem Moskauer Produktionsleiter Stepan Pojenian, hat für uns bürokratische Berge bewegt, damit wir auch gesperrte Gebiete besuchen konnten, wofür ich sehr dankbar bin. Unser Moskauer Produktionsmanager Igor Nosow hat selbst unter dem kleinlichsten Behördenklüngel nie seine strahlende Nonchalance verloren. Hier gebührt auch Pamela Bagshaw, David South, John Raymond, Caroline McManus, Olga Nosowa, Tanja Karawajewa, Lena Smolina und Marat Transkij Lob für ihre Hilfe. In meinem Büro der BBC in Bristol danke ich Cynthia Connolly, Diana Richards, Jon Cox, Fiona Marsh und Isabel Pritchard dafür, daß sie das Kommen und Gehen der Kamerateams und die Fertigstellung der Produktion meisterhaft organisiert haben.

Internationale Photographen und Kameramänner haben Ihnen die Schönheit der sowjetischen Landschaften auf den Bildschirm und die Seiten dieses Buches gebracht: Martin Saunders, Hugh Maynard, Rodger Jackman, Richard Kirby, Jeff Goodman, Glen Carruthers, Jan Aldenhoven, Robert Brown, Michael Richards, Ian McCarthy, Gavin Thurston, Arne Naevre, Martyn Colbeck, Rick Price und Wjatscheslaw Beljalow. Martin Kischko komponierte die ausdrucksvolle Begleitmusik.

Schließlich danke ich Sheila Ableman, Martha Caute, Frances Abraham und Harry Green für den Entwurf und die Redaktion dieses Buches. Jonathan Elphick, Ornithologe mit besonderem Interesse für die Sowjetunion, hat den englischen Text behutsam und kenntnisreich in Form gebracht. Mein letzter Dank geht an meine Frau Sara, die Nikolai Drosdow an den Drehorten mit ihrem selbstgemachten Müsli bei Kräften hielt und mich jeden Tag aufs neue ermutigte, wenn ich über meiner Scheibmaschine hockte, um Ihnen dieses Buch zu präsentieren.

John Sparks
Bristol 1992

VORWORT

Als ich Dr. John Sparks 1983 zum ersten Mal traf, konnte ich nicht ahnen, daß wir nur sieben Jahre später gemeinsam durch die unendliche Weite meines Heimatlandes reisen würden – von den Wüsten und Bergen des Südens über das eisige Herz Sibiriens bis zu den großen Vulkanen und Geysiren Kamtschatkas an der pazifischen Küste.

John besuchte damals die Fernsehstudios unseres staatlichen Gosteleradio, um an meiner Serie *W Mirje Dschiwotnik* (Im Reich der Tiere) mitzuwirken, die von 200 Millionen Menschen gesehen wird – wir haben ein großes Land! Auf seinen häufigen Reisen schloß er bald Freundschaft mit vielen russischen Wissenschaftlern und Naturschützern. In dieser Zeit reifte in John der Wunsch, die herrlichen Landschaften und die faszinierende Tier- und Pflanzenwelt der Sowjetunion in einem Film festzuhalten. Die naturgeschichtliche Abteilung der BBC hatte ihre Dokumentationen von Weltrang schon über fast den gesamten Planeten gedreht, aber bislang waren alle Versuche, in der UdSSR zu arbeiten, fehlgeschlagen.

Jahrelang legte unsere Bürokratie diesem Plan Steine in den Weg, und ein weniger entschlossener Produzent als John wäre wohl verzweifelt in jene Länder abgereist, in denen man Naturfilmer mit offenen Armen empfängt. Zum Glück schien mit den zunehmenden Schwierigkeiten auch sein Trotz zu wachsen, diesen Film nun erst recht zu drehen!

Winter in der Taiga. Dieser riesige Wald, Sinnbild des romantischen
Rußlands, erstreckt sich Tausende von Kilometern von
der Ostsee bis an den Pazifik.

Eine Reihe namhafter sowjetischer Wissenschaftler unterstützte sein Projekt, darunter der damalige Vorsitzende des staatlichen Naturschutzausschusses, Professor Nikolai Worontsow, und die Zoologen Wladimir Sokolow und Professor Wladimir Flint. Auch ich selbst habe versucht, unsere Behörden davon zu überzeugen, wie nützlich eine Zusammenarbeit mit der BBC beim Filmen der wunderbaren Natur unserer entlegenen Landesteile sein könnte. Dennoch wären unsere Pläne wohl gescheitert, hätte es nicht die *perestroika* gegeben. Erst sie eröffnete uns die Chance, mit unseren westlichen Kollegen auf eine Weise zu kooperieren, die wir uns nie erträumt hätten.

Ein praktisches Ergebnis waren viele Gemeinschaftsunternehmen, in denen Ost und West geschäftlich zusammenkamen. Die sowjetisch-britische Creative Association unter Leitung von Richard Creasey machte sich mit Eifer daran, Johns Projekt zu verwirklichen.

Endlich, im Herbst 1989, konnten die Dreharbeiten beginnen. Bis Anfang 1992 bereiste John mit seinen Teams begabter Produzenten, Kameramänner und Toningenieure die aufregendsten Naturregionen unseres Landes. Seine Mitarbeiter kamen nicht nur aus Großbritannien, sondern auch aus Norwegen, den USA, Australien und Neuseeland. Auf dem Höhepunkt der Dreharbeiten waren nicht weniger als sechs Kamerateams gleichzeitig an verschiedenen Drehorten dieses gewaltigen Subkontinents unterwegs.

Ich habe viel von John und seinen Kollegen gelernt; sie weihten mich in einige Geheimnisse der Kunst des Naturfilmens ein. Vor allem haben sie stets darauf bestanden, ihrem Publikum nur die besten Aufnahmen anzubieten, selbst wenn alle dafür doppelt und dreifach arbeiten mußten.

Während ich die Einführungen zu den sechs Sendungen filmte, staunte ich immer wieder über die atemberaubende Schönheit der wilden, unzugänglichen Gebiete meiner Heimat. Wir bestiegen den mächtigen Iniltschikgletscher im Tienschan an der Grenze zu China. Hier ragt der eisbedeckte Gipfel des Chan Tengri fast 7 000 Meter in die Höhe.

Unser nächstes Abenteuer führte uns anderthalb Kilometer tief in den Baikalsee, den tiefsten See der Welt. Mit unserem ferngelenkten Mini-U-Boot haben wir seine geheimnisvollen Tiefen erforscht und die sonderbaren Geschöpfe der ewigen Finsternis gefilmt.

Dann reisten wir an den südlichsten Punkt des Landes in Turkmenien, ins Naturschutzgebiet Badchys an der Grenze zu Afghanistan. Dort erinnern erloschene Vulkane in einem Grabenbruch (treffend als *kasanij,* »heiße Töpfe«, bezeichnet) an eine Mondlandschaft. Bei flirrender Hitze und 80 Grad Celsius heißem Boden bestand John darauf, daß wir ausgerechnet den höchsten und schwierigsten Krater bestiegen. Als ihn einer der russischen Mitarbeiter fragte, ob denn ein kleinerer Hügel nicht völlig ausreichte, erklärte ihm John, daß andere Teams wohl damit zufrieden wären, die BBC sich aber nicht mit Mittelmäßigkeit abgäbe.

Die nächste Etappe unserer Sowjetsafari hätte unterschiedlicher nicht sein können – das eisige Herz Sibiriens in den Werchojansker Bergen – der kälteste Ort der nördlichen Hemisphäre. Natürlich mußten wir im klirrendsten Frost dort drehen, wenngleich wir mit 45 Grad unter Null einen »milden« Winter erwischt hatten. Trotzdem war es kalt genug, um festzustellen, daß selbst der berühmte russische Schafspelz *tulup* die Kälte durchläßt.

Zum Schluß besuchten wir die Halbinsel Kamtschatka, Teil des pazifischen »Feuerkranzes« – einer wilden Landschaft aus Vulkankegeln im fernen Osten Rußlands. John überredete unseren unerschrockenen Hubschrauberpiloten, mitten im aktiven Krater des Mitnowskij zu landen; auf dünner Kruste über der rumorenden Erde und neben kochendheißen Wasserlöchern habe ich dort, umhüllt von Schwefel- und Wasserdämpfen, in die Kamera gesprochen – ein angemessener Höhepunkt meiner Reise durch unser wunderbares, wildes Land.

Ich werde für meine Erfahrungen auf der Odyssee durch das Reich des russischen Bären ewig dankbar sein – viele Orte hatte selbst ich nach über 30 Reisejahren noch nicht kennengelernt. Ebenso wichtig sind mir meine vielen neugewonnenen Freunde, die ich für ihre stets professionelle Arbeit bewundere.

Ich wünsche mir, daß dieses Buch und die begleitende Fernsehreihe Ihnen die einzigartige Schönheit unserer Landschaften, Tiere und Pflanzen näherbringen und dazu beitragen, diese unvergleichlichen Naturschätze zu erhalten, damit sich auch künftige Generationen, ebenso wie wir, staunend vor der Herrlichkeit unseres Planeten verbeugen.

Dr. Nikolai Drosdow
Universität Moskau, 1992

EISMEER

Swernaja
Semlja

LAPTEWSEE

Byrrangagebirge
Taimyrsee

Halbinsel Taimyr

Chatanga

Neusibirische
Inseln

OSTSIBIRISCHE SEE

Heraldinsel

Wrangelinsel

TSCHUKTSCHENSEE

BERING STRASSE
Uelen

ALASKA

Halbinsel Tschuktschen

Anadyrgebirge

Anadyr

Korjakengebirge

Karagingolf

BERINGMEER

Karagininsel
Mednoj
Beringinsel
Kommande
inseln

Omolon

Kolyma

Kolymagebirge

Penschinabusen

KAMTSCHATKA

Kamtschatka

Kljutschewskaj
Vulkankette

Petropawlow
Kamtschatsk

Lena

Jana

Werchojansker

Indigirka

Berge

POLARKREIS

JAKUTIEN

Tscherskigebirge

Oimjakon

OCHOTSKISCHES MEER

Kurilsee
Schumschu

Jakutsk

E REPUBLIK

IRIEN

Lena

Angara

Krasnojarsk

Bratsk-
Stausee

...jangebirge

Baikalsee

Irkutsk
Baikalsk

Selenga

Bargusin

BURJATIEN
Ulan-Ude

Jablonoigebirge

Stanowoigebirge

Udylsee

Amur

Sachalin

Broughton

Kunasc

Hokkaido

Kurilen

USSURILAND

Sichota-Alin-Berge

Bikin

Ussuri

Barun-
Torei-See

MONGOLEI

CHINA

Naturschutzgebiet
Kedrowaja Pad

Chankasee
Wladiwostok

NORD-
KOREA

JAPANISCHES
MEER

SÜD-
KOREA

J A P A N

							MILES
0	100	200	300	400	500	600	
0	200	400	600	800	1000		KILOMETER

KAPITEL EINS

IM BANN DES BÄREN

VIELE JAHRE LANG war unsere Vorstellung der Sowjetunion verzerrt durch die Feindbilder des »Kalten Krieges«. Zum Symbol dieser unbekannten Supermacht wurde der russische Bär: mächtig, furchtlos, reizbar und daher gefährlich.

Der aufgeklärten und weitsichtigen Politik des Michail Gorbatschow ist es zu verdanken, daß *perestroika* und *glasnost* seit 1985 die ehemalige UdSSR schrittweise dem Westen öffneten und unser Bild dieses gewaltigen Subkontinents dramatisch veränderten. Unsere verschwommene Vorstellung von diesem Land war entstanden, weil vor *glasnost* weite Teile des Staatsgebiets dem ausländischen Besucher verschlossen waren – ja, selbst die Sowjetbürger mußten sich aus all jenen Landesteilen fernhalten, in denen sie nicht nachweislich geschäftliche oder private Dinge zu erledigen hatten. Was an spärlichen Informationen durch den Eisernen Vorhang sickerte, förderte dann auch weniger das Verständnis füreinander als die Angst voreinander – viele westliche Medien pflegten ihren Mythos des bedrohlichen Atomgiganten im Osten, dessen greise Führungsapparatschiks hinter den undurchdringlichen Mauern des Kreml auf ihre Chance lauerten, die freie Welt in den Bannkreis des Kommunismus zu ziehen. Aber die Geschichte widerlegte die Politpessimisten. Innerhalb weniger Jahre wandelte sich das zentralistisch gesteuerte Riesenreich zu einem lockeren Verbund einzelner Nationen mit demokratischen Ansätzen: der Gemeinschaft Unabhängiger Staaten (GUS).

Die ehemalige Sowjetunion besteht nicht nur aus endlosen
Nadelwäldern und wogenden Steppen. In den zentralasiatischen
Republiken erstrecken sich auch große Wüstengebiete.
Hier sind die Tage glühend heiß und die Winternächte bis
minus 30 Grad Celsius klirrend kalt.

Durch das »neue Denken« öffnete sich der Vorhang, und es erschlossen sich dem westlichen Besucher auch die prächtigen Landschaften West- und Zentralasiens, die nur wenige zuvor bestaunen durften − Landschaften von schier unermeßlicher Größe, die sich nur mit Superlativen angemessen beschreiben lassen. Allein die Fläche der GUS übersteigt die Vorstellungskraft der meisten Menschen. Ihre Grenzen umschließen fast ein Sechstel der Landmasse der Erde; sie ist mehr als doppelt so groß wie die USA, und Deutschland hätte über 60 Mal in ihr Platz.

Diese Dimensionen galt es für Rußlandreisende aller Zeiten erst einmal zu meistern. Bevor es Eisenbahnen gab, ließ sich der Kontinent nur mit Pferden, Kutschen, Schlitten und Booten durchqueren. Auf diese Weise dauerte es zwischen sechs Monaten und zwei Jahren, bis man die wilde Pazifikküste des kaiserlichen Rußlands erreicht hatte; dazwischen lagen reißende Ströme, Gebirgsketten, insektenflirrende Sümpfe und endlose, fast undurchdringliche Nadelwälder. Als 1905 die Transsibirische Eisenbahn fertiggestellt wurde − ein Meisterwerk der Technik −, ersparte sie dem Fernreisenden all diese natürlichen Hindernisse und brachte ihn − mit etwas Glück − in zwei Wochen ans Ziel.

Heute braucht der *Rossija,* Rußlands moderner Trans-Sibirien-Express, für die 9500 Kilometer von Moskau nach Wladiwostok nur noch sechs Tage. Noch schneller ist natürlich das Flugzeug. Aber selbst im Düsenjet dauert die Überquerung des Kontinents elf ermüdende Stunden, genauso lange wie ein Flug von London nach Singapur.

Ein Land der Superlative

Die GUS beherbergt ein Vielvölkergemisch. Zwar sind die meisten ihrer etwa 280 Millionen Einwohner europäischer Abstammung (vor allem Russen und Ukrainer), aber innerhalb ihrer Grenzen sind etwa 130 Volksgruppen und ebenso viele Sprachfamilien vereint. Im Vergleich zu anderen Flächenstaaten wie China oder Indien ist die Bevölkerungsdichte der GUS mit 12,5 Einwohnern pro Quadratkilometer sehr niedrig; in den USA leben etwa 23 Menschen auf jedem Quadratkilometer, und das Ruhrgebiet gleicht mit 1500 Einwohnern pro Quadratkilometer einer Sardinenbüchse.

Selbstverständlich verteilt sich die Bevölkerung nicht gleichmäßig dünn über die gesamte GUS. Im Gegenteil − den dicht besiedelten Ballungszentren vor allem im europäischen Teil (Moskau, St. Petersburg, Donezk und so weiter) stehen riesige, fast menschenleere Regionen in Sibirien gegenüber.

Mit 22 402 200 Quadratkilometern ist die GUS insgesamt gesehen natürlich der größte Flächenstaat der Erde. Davon liegt der größere Teil in Asien, aber der europäische Kontinent erstreckt sich immerhin bis weit hinter Moskau an das Uralgebirge, das in Nord-Süd-Richtung vom Polarmeer bis fast zum Kaspischen Meer verläuft. Hier biegt die Kontinentalgrenze nach Westen ab, windet sich entlang der Wasserscheide des Kaukasus und läßt dabei die Republiken Georgien, Armenien und Aserbaidschan in Asien, verläuft aber noch knapp südlich des Elbrus und macht damit diesen höchsten Berg des Kaukasus mit einer Höhe von 5642 Metern auch zum höchsten Gipfel Europas. Denn der Elbrus übertrifft den Mont Blanc in den Französischen Alpen noch um 835 Meter.

Ein Blick auf den Globus zeigt, daß die ehemaligen Sowjetrepubliken die nördliche Erdhalbkugel beherrschen. Wer entlang des Polarkreises von der Westgrenze Rußlands an der Barentssee bis an seinen östlichsten Zipfel an der Beringstraße reist – in Sichtweite von Alaska –, durchquert nicht weniger als elf Zeitzonen. Wenn sich die Bewohner von St. Petersburg zum Frühstück setzen, bereiten sich ihre Landsleute auf der Halbinsel Tschuktschen aufs Schlafengehen vor. Selbst im Winter geht die Sonne im russischen Reich nur für wenige Stunden unter!

Landschaft, Klima und Vegetation

Trotz ihrer fast unvorstellbaren Größe bietet die GUS weniger landschaftliche Vielfalt als man erwarten könnte. Ein Grund dafür ist rein geographischer Natur; der größte Teil des Staatsgebiets liegt nördlich des Breitengrades der kanadischen Grenze. Moskau befindet sich fast auf derselben geographischen Breite wie das schottische Edinburgh oder das ostkanadische Halifax. Selbst Badchys, ein grandioses Naturschutzgebiet an der Grenze zu Afghanistan und Iran und südlichster Punkt der GUS, liegt nur etwa auf der Höhe von Gibraltar oder Sizilien. Wegen dieser allgemein nördlichen Lage gibt es im Reich des russischen Bären keine tropischen Regenwälder, Mangrovesümpfe oder Korallenriffe.

Flora und Fauna haben sich der Geographie des Landes angepaßt, und diese wirkt sich auch auf das Klima aus. Die ausgedehnten Ebenen West- und Mittelrußlands erreichen nur wenige hundert Meter Höhe über dem Meeresspiegel. Im Süden und Osten werden die unendlichen, gleichförmigen Landschaften von mächtigen Bergketten und zerklüfteten Hochebenen begrenzt.

Diese Hochländer verlaufen in einem weiten Bogen von den Karpaten im Westen über den Kaukasus, den Pamir sowie die Tienschan-, Altai- und Sajangebirge entlang der mongolischen und chinesischen Grenze bis zu den Sichota-Alin-Bergen im Fernen Osten, gegenüber der japanischen Nordinsel Hokkaido. Diese gewaltige Felsmasse

bildet eine für Tiere und Pflanzen kaum überwindliche natürliche Schranke nach Süden. Nur manche Zugvogelarten können diesen Berggürtel in großer Höhe überfliegen – eine Formation Streifengänse hat man schon in fast 9000 Metern Höhe über dem Mount Everest beobachtet –, aber dies sind bemerkenswerte Ausnahmen.

Die hohen Berge schirmen das Landesinnere Rußlands auch klimatisch ab. Warme und feuchte Luft, die aus den Tropen heraufzieht, kann diese und andere natürliche Barrieren nicht überwinden. Daher bleibt das arktische Klima mit seiner trockenen, kalten Luft beherrschend. Auch sind die meisten Landesteile so weit von den Ozeanen entfernt, daß deren mildernder Einfluß auf jahreszeitliche Extreme nicht zum Tragen kommt – im Sommer verbrennt die heiße Sonne die Steppen Eurasiens, im Winter sinkt die Temperatur fast überall unter den Gefrierpunkt. Die Region Werchojansk im Nordosten Sibiriens ist als nördlicher Kältepol bekannt; an manchen Wintertagen wurden dort klirrende minus 68 Grad Celsius gemessen. Dafür kann es im Sommer schon einmal 38 Grad heiß werden. Kein anderer Ort der Erde kann eine derart gewaltige Temperaturschwankung von 106 Grad Celsius vorweisen.

Die zentralasiatischen Republiken sind durchweg trockene und wenig fruchtbare Landstriche. Nur an den Gebirgsrändern im Süden gibt es ertragreiche Lößböden. Die notwendige Feuchtigkeit sammelt sich an der Windseite der Bergzüge; jedes Jahr fallen dort bis zu 1000 Millimeter Niederschlag, gewöhnlich als Schnee. Im Laufe des Sommers schmilzt dieser Wasserspeicher langsam ab und füllt Flüsse wie den Syr-Darja und den Amu-Darja, die das kostbare Wasser der landwirtschaftlichen und natürlichen Vegetation in den ausgedörrten Tiefebenen zuführen.

Das Süd-Nord-Gefälle erklärt auch, warum so viele der großen Ströme wie der Jenissei, die Lena oder der Ob nordwärts fließen. Von ihren Quellen in den Gebirgen Innerasiens winden sich die Flüsse Tausende von Kilometern durch das abflachende sibirische Tiefland und münden schließlich ins Nördliche Eismeer. Im Winter sind sie zugefroren, im Frühjahr aber überfluten sie ausgedehnte Gebiete entlang ihrer Ufer,

Links: Wie silbrige Borten überziehen die gefrorenen Bergflüsse die mächtigen Bergrücken des Pamir – des Daches der Welt.

Seite 20/21: Der kälteste Ort der Nordhalbkugel: Im Werchojansker Gebirge in Nordostsibirien wurden schon minus 68 Grad Celsius gemessen; nur in der Antarktis ist es noch kälter.

weil die oberen Flußläufe schneller auftauen als die Unterläufe im Norden und sich die angestauten Wassermassen ihren Weg in die Breite suchen.

Im europäischen Teil Rußlands, westlich des Ural, fließen die großen Ströme südwärts. Dnjepr und Don speisen das Schwarze Meer, das seinerseits durch den Bosporus mit dem Mittelmeer verbunden ist. Wolga und Ural münden ins Kaspische Meer, das größte Binnenmeer der Welt. Im Frühjahr läßt die Schneeschmelze auch diese Flüsse über die Ufer treten, so daß viele Tiere, vor allem entlang der oberen Wolga und ihrer Nebenflüsse, auf höher gelegenes Land ausweichen müssen.

Die meisten Niederschläge über Rußland und der Ukraine stammen aus Wetterfronten, die vom Atlantik und – etwas seltener – vom Mittelmeer her aufziehen. Auf ihrem langen Weg über die Ebenen im europäischen Teil haben sie schon eine Menge Feuchtigkeit verloren; trotzdem fallen in Moskau im Jahresdurchschnitt noch 685 Millimeter Schnee und Regen. Dringt man weiter ostwärts vor, so wird die Luft ständig trockener und der Niederschlag spärlicher. Im Winter bildet sich mitten über Sibirien ein großflächiges Hochdruckgebiet, das die Regenwolken nach Norden abdrängt, wo sie sich an der Eismeerküste Westsibiriens auflösen. Je tiefer man südöstlich ins Landesinnere gelangt, desto kümmerlicher wird mit zunehmender Trockenheit die Pflanzendecke: der Waldsteppe folgen die Grassteppe, dann die Halbwüstensteppe und schließlich die Wüsten der innerasiatischen Republiken. Diese Anordnung der Vegetationszonen ist typisch für die gesamte GUS. In breiten Streifen verlaufen die wichtigsten Vegetationsgürtel diagonal von Nordwesten nach Südosten. Dabei richten sie sich nicht nur an der Niederschlagsmenge aus, sondern auch an der Verteilung der Dauerfrostböden (Permafrost).

Der unwirtliche Norden

Die Lebensbedingungen in dem breiten Küstenstreifen entlang des Nördlichen Eismeeres, der im Süden vom 55. Breitengrad begrenzt wird, sind hart. Nur während des kurzen arktischen Sommers steigt die Temperatur für zwei oder drei Monate über den Gefrierpunkt. Ganz im Norden, nahe dem Pol, erstreckt sich eine Eiswüste, eine Landschaft aus Eis, Schnee und Felsen – das Reich des Eisbären. Pflanzen gibt es hier kaum. Etwas weiter südlich beginnt die Tundra, eine baumlose Vegetation aus Moosen, Flechten, Gräsern und niederem Buschwerk, die zum Wachsen und Blühen nur wenige Wochen Zeit hat. Hier und da sprenkeln sich Krüppelkiefern und niedrigwachsende Birken oder Weiden in die Landschaft. Unter einer dünnen Schicht von nur wenigen Zentimetern ist der Boden seit Zehntausenden von Jahren gefroren, an manchen Stellen der Tundra bis zu 600 Meter tief. Mehr als die Hälfte Rußlands liegt über einem solchen Dauerfrostboden, die Tundra nimmt etwa 15 Prozent ein.

Der unendliche Wald

An ihrem südlichen Rand geht die öde Tundra in die Taiga über, das größte Waldgebiet der Erde, das sich als gewaltiger Block über 10 000 Kilometer von Nordskandinavien bis an die Küsten des Pazifik ausdehnt. Mit der Taiga verbinden viele Menschen das eigentliche Rußland – Kiefern und Birken so weit das Auge reicht, darüber eine weiß-glitzernde Schneedecke und gelegentlich ein Pferdeschlitten, auf dem pelzverhüllte Bauern oder Jäger durch die bittere Kälte des Winterwaldes gleiten.

Diese Vision ist nicht einmal unpassend. Mit acht Millionen Quadratkilometern bedeckt die Taiga fast zwei Drittel Rußlands. Hier steht die Hälfte des Nadelwaldes der

Im Naturschutzgebiet Petschora-Ilitsch am nördlichen Ural windet sich der Petschora durch die endlose Taiga. Auf über 7000 Quadratkilometern leben hier 43 Säugetier- und mehr als 200 Vogelarten.

23

Erde und ein Viertel des gesamten Waldbestands der Welt. Allein der sibirische Wald ist ein Drittel größer als jener der gesamten USA.

Im europäischen Teil besteht die Taiga, diese düstere Wildnis aus Nadelbäumen, vorwiegend aus Fichten und Kiefern, im asiatischen wachsen vor allem Tannen, Fichten und Lärchen. Zwischen diesen zapfentragenden Koniferen stehen Laubbäume wie Birken, Espen und Erlen – besonders die Birke ist typisch für die nördliche Taiga. Durch den Permafrost – er ist unter der Taiga Jakutiens bis zu 1400 Meter tief – kann das Wasser hier nur schlecht ablaufen, und der Boden ist oft von sumpfigen Moosteppichen bedeckt.

Weiter südlich, wo die Sommer warm und feucht sind, wachsen die Laubbäume in dichten Hainen. Am Schwarzen Meer, der »russischen Riviera«, herrscht teilweise ein fast subtropisches Klima mit heftigen Gewitterschauern im Sommer; an der Grenze Georgiens zur Türkei erreichen die Niederschläge im Jahresmittel fast 2300 Millimeter. Die mediterranen Stürme, die im Winter über das Schwarze Meer ziehen, bedecken die Osthänge des Kaukasus mit einem dicken Schneeteppich. Die Gletscher der letzten Eiszeit haben diese Gegend verschont, und so konnte sich eine üppige Pflanzenvielfalt erhalten – selbst Regenwald der gemäßigten Zone mit Farnen und Lianen findet man hier!

Die Laubwälder erstrecken sich östlich bis zum Ural, enden dort und tauchen erst in den fernöstlichen Flußgebieten des Ussuri und Amur wieder auf. Dort fegen die pazifischen Monsunregen über Ussuriland hinweg und lassen eine einzigartige Tier- und Pflanzenwelt gedeihen, eine Mischung aus Taigaarten und exotischen Spezies der Subtropen, von Laubfröschen bis hin zu Tigern.

Die russischen Wälder beheimaten eine Reihe eindrucksvoller, wenn auch versteckt lebender Säugetiere. So hat der Wolf trotz gnadenloser Verfolgung in den Weiten Sibiriens überleben können; hier kann man diesem geselligen und intelligenten Raubtier noch in freier Natur begegnen. Auch die pinselohrigen Luchse streifen durch die immergrüne Taiga, in der sie ihre Beutetiere – vor allem Rehwild und Nagetiere – noch reichlich finden. Die großen Pflanzenfresser sind durch Elch, Rothirsch und Wisent vertreten.

Der prächtige Wisent, nicht ganz so gewaltig wie sein amerikanischer Vetter, der Bison, lebte bis zum Mittelalter in vielen Wäldern des gemäßigten Europa bis zum Kaukasus und dem mittleren Abschnitt der Wolga. Nach und nach wurde er ausgerottet und zurückgedrängt, bis am Ende des Ersten Weltkrieges nur wenige Tiere im Bialowiezer Wald an der russisch-polnischen Grenze einen letzten Zufluchtsort gefunden hatten. Durch gezielte Zucht in Menschenobhut konnte man die Bestände der Wisents wieder

Rhododendren in Ussuriland. In diesem üppigen Habitat an den
Sichota-Alin-Bergen blühen mehr als 1000 Pflanzenarten; viele sind
selten und kommen nur hier vor.

vermehren und damit beginnen, die Tiere wiederanzusiedeln. Heute leben wieder etwa
1000 reinrassige Tiere in Rußland, die meisten in speziell ausgewiesenen Naturreservaten. Aber der König der russischen Wälder ist ein anderes Tier, größer und mächtiger
als alle anderen der Ordnung Fleischfresser (*Carnivora*): der Braunbär.

Der russische Bär

Seit uralten Zeiten haben die Russen den Bären mit einer Mischung aus Ehrfurcht und
Zuneigung betrachtet. Seine Kraft und Unberechenbarkeit sind wahrlich respekteinflö-
ßend, aber die traurigen braunen Augen und die zärtliche Fürsorge, mit der eine
Bärenmutter ihre Kinder aufzieht, haben den brummigen Tolpatsch bei vielen Menschen zu einem der beliebtesten Tiere gemacht. Das russische Wort für »Bär« ist
medved, was auf seine Vorliebe für Honig anspielt (*med* = Honig). In den vielen Mythen
und Volksmärchen, in denen er vorkommt, heißt er »Mischa« oder »Mischka«, manchmal auch »Koslapy«, wegen seiner gebogenen Krallen. Mischa ist zwar sehr stark, aber
auch ziemlich faul und wird vom Wolf oder von Lisa Patrikejevna, der listigen Füchsin,
immer wieder übertölpelt.

Junge Bären sind leicht zu zähmen, und in vielen Zirkussen werden sie heute noch abgerichtet, in Menschenkleidern auf Walzen zu balancieren, Bälle zu jonglieren oder Fahrrad zu fahren. Straßengaukler im Orient führen den Touristen Tanzbären vor, die nach einer grausamen Dressur mit schmerzhaften Nasen- und Lefzenringen unter Kontrolle gehalten werden. Trotz der großen Liebe vieler Russen zu diesen Zotteltieren töten Trophäensammler und schießfreudige Großwildjäger jedes Jahr Tausende von Braunbären. Dabei geschieht es leider nicht selten, daß hilflosen Bärenjungen die Mutter weggeschossen wird, verwundete Tiere erst nach Tagen verenden oder die Bären sogar in ihrem Winterquartier mit Hunden aufgestöbert und erschossen werden, sobald sie schläfrig aus ihrem Unterschlupf hervorkriechen.

Bären brauchen viel Platz und bevorzugen einen dichten Mischwald aus Laub- und Nadelbäumen, wie er in der ehemaligen Sowjetunion noch reichlich vorhanden ist. Aber ihre weite Verbreitung zeigt, daß sie nicht allzu wählerisch sind: Sie leben in der südlichen Tundra ebenso wie in den großen Gebirgen des Südens, in den Wäldern um die Ostsee und an den Küsten des Pazifik. Die GUS ist wirklich das »Reich des russischen Bären« – die einzigen Gebiete ohne Bären sind die trockenen Steppen und Wüsten Innerasiens.

Nach Schätzungen russischer Zoologen gibt es zwischen Ostsee und Pazifik etwa 80 000 Braunbären, davon ein Viertel westlich des Ural. Aber am wohlsten fühlen sie sich in den fast menschenleeren Regionen Sibiriens und des fernöstlichen Rußlands. Im Gebiet um Krasnojarsk sollen etwa 15 000 Bären leben, weitere 8000 im Bereich des Amur und Ussuri und ungefähr 9000 auf der Halbinsel Kamtschatka.

Unter idealen Bedingungen – mindestens 100 Quadratkilometer unberührter Wald – finden Bären genügend Raum, Schutz und Nahrung, um relativ dicht beieinander zu leben (etwa drei Tiere auf zehn Quadratkilometern). Aber Siedler und Holzfäller machen gänzlich ungestörte Wälder sogar in Rußland selten. So ist die Populationsdichte der Braunbären fast überall weitaus niedriger als es selbst die veränderten natürlichen Umweltbedingungen zuließen.

Den Sommer und Herbst verbringen die Bären mit ausgiebigem Fressen. Beeren aller Art mögen sie besonders gern. Ihr hoher Zuckergehalt baut zügig die Energiereserven auf, die alle Bären für das Winterhalbjahr speichern müssen, um überleben zu können. Die Völlerei hat einen Sinn: Wer sich nicht satt frißt, kommt nicht über den Winter. Manche Bären schaffen es nicht – entweder durch Krankheit, Schußverletzung oder Nahrungsmangel –, sich ein ausreichendes Fettpolster anzufressen. Diese *schatuny*, die »ruhelosen Wanderer«, durchstreifen auch im Winter die Wälder, verzweifelt auf der Suche nach Eßbarem – manchmal schrecken sie sogar vor Angriffen auf

Menschen nicht zurück. Die satten Bären überkommt mit den ersten Frösten und Schneefällen eine große Müdigkeit. Sie suchen oder graben sich eine Fels- oder Erdhöhle und polstern sie mit Gras und Moos behaglich aus. Dann lassen sie sich unbekümmert einschneien, halten ein Luftloch frei und verzichten bis zum nächsten Frühjahr auf Essen und Trinken. In dieser Zeit verlieren sie etwa ein Drittel ihres herbstlichen Gewichts. Ihre Körpertemperatur sinkt um etwa drei Grad Celsius. Während der Ruhezeit speisen sie ihren reduzierten Stoffwechsel ausschließlich aus den Fettreserven und setzen weder Kot noch Urin ab.

Familienleben

Braunbären paaren sich um die Zeit der Sommersonnenwende, meist Ende Juni oder Anfang Juli. Nach sieben Monaten kommen die Bärenkinder in der letzten Januar- oder

Hungrige Bärchen suchen die Zitzen ihrer Mutter. Jungbären
werden zwar mit etwa fünf Monaten entwöhnt, begleiten die Bärin
aber zwei bis drei Jahre lang, bis sie sich selbst versorgen.

ersten Februarwoche zur Welt, wenn ihre Mütter im Winterlager ruhen. Ist die Bärin zum ersten Mal trächtig, bringt sie fast immer ein einzelnes Junges zur Welt. Später werden überwiegend Drillinge geboren, auch Zwillingsgeburten gibt es öfter, Vierlinge sind selten. Allerdings bekommen die meisten Bärinnen nur alle zwei oder drei Jahre Nachwuchs, weil sie sich für die Aufzucht der Jungen lange Zeit nehmen. Bei günstigem Klima und reichlicher Kost scheinen Bären früher und häufiger fortpflanzungsbereit zu sein. Auch in übermäßig bejagten Gebieten gebären manche Mütter in einer Art natürlicher Geburtenregelung jedes Jahr – dann müssen die Jährlinge auf ihre kleinen Geschwister aufpassen.

Die Jungen sind bei der Geburt zunächst blind und verglichen mit ihrer späteren Gestalt winzig: etwa 20 Zentimeter lang und 500 bis 700 Gramm schwer, gerade mal so groß wie ein Meerschweinchen. Dies ist vorteilhaft für ihr Überleben, denn die winzigen Kreaturen belasten nicht die Energiereserven der Mutter, solange diese noch ausschließlich von ihrem Körperfett lebt. Wenn sie im April oder Mai ins Freie krabbeln, sind die Überlebenschancen der Jungbären nicht groß; 65 Prozent sterben bereits im ersten Jahr und nur etwa ein Viertel erlebt den zweiten Geburtstag.

Die Jungen bleiben meist zwei Sommer lang bei ihren Müttern. Manche Bärenmütter teilen sich ihre Höhle im Winter daher mit Jungen aus zwei oder gar drei Jahren. Als Zwei- oder Dreijährige entläßt die Bärin ihren Nachwuchs ins Leben. Weibliche Jungtiere wachsen noch bis zum fünften Jahr, männliche etwa bis zum zehnten. Sind Bären erst einmal ausgewachsen, haben sie kaum ernstzunehmende natürliche Feinde und können 30 oder 40 Jahre alt werden, wenn sie nicht vorher einem Jäger vor die Flinte laufen.

Thema mit Variationen

Braunbären leben in einem breiten Band um den Nordpol herum, vor allem in der Taiga, die sich wie ein Gürtel um die nördliche Halbkugel legt. Die nordamerikanischen nennt man wegen ihrer silbergrauen Haarspitzen »Grizzlies«.

Einst in viele Arten unterteilt, gehören sie doch alle zur selben Spezies *Ursus arctos.* Doch die vielen Ökotypen der Braunbären unterscheiden sich erheblich in Größe und Farbe. Der Syrische Braunbär, den wir in den meisten zoologischen Gärten antreffen, ist

Ein Braunbär tollt durch die herbstliche Taiga. Übermütig scheucht
er einige vorwitzige Raben vor sich her.

mit seinen 60 oder 70 Kilogramm ein Zwerg gegen den mächtigen Kodiakbären aus Alaska, der bis zu 15 Zentner wiegt und, auf die Hinterbeine aufgerichtet, eine Höhe von drei Metern erreicht. Die Fellfarben der verschiedenen Unterarten variieren von Hellbeige bis Rabenschwarz. Und doch sind sie alle nur Variationen desselben Themas.

Als große Allesfresser, die auch gerne Fleisch zu sich nehmen, lebten die Bären nie in dichten Beständen. Früher bevölkerten sie jedoch ganz Eurasien und Nordamerika. Aber wenn Mensch und Bär um denselben Lebensraum streiten, muß einer weichen. Je weiter die Siedler in die Tiefen der Kontinente vorstießen, desto kleiner wurde die Heimat der großen Bären. Heute gibt es gesunde Populationen nur noch in Alaska, im Westen Kanadas und in manchem russischen Wald. Dazu kommen noch kleinere Restbestände in Spanien, Italien, auf dem Balkan und in Skandinavien.

Im Kaukasus und in den Bergen der zentralasiatischen Republiken finden sich zwei isolierte Braunbärpopulationen. Der Syrische Braunbär durchstreift noch in wenigen Exemplaren die abgeschiedenen Wälder an den Hängen des Kaukasus, und in den Bergen des Pamirs und Tienschan lebt der zottelige, hellgefärbte Isabellbraunbär. Im östlichen Sibirien und auf Kamtschatka genießen die Bären – wie auch in Alaska – außer Gras und Beeren noch einen besonderen Leckerbissen: Wenn die Lachse auf der

Der sandfarbene Isabellbraunbär
lebt im Pamir und im Tienschan.

30

Suche nach Laichplätzen aus dem Meer die Flüsse hinaufschwimmen, warten die Bären schon an seichten Stellen und Stromschnellen, um sich mit den fettreichen Fischen vollzustopfen. So gedeihen sie in diesen Gegenden zu prächtigen Burschen, die sich in Kraft und Größe mit den Küstenbraunbären Alaskas messen können.

Steppen und Wüsten

Südlich der großen Wälder erstreckt sich ein weiteres typisch russisches Habitat – der Steppenkorridor. Hier prägen nicht mehr Bäume die Landschaft, sondern ausdauernde Gräser. Die Übergänge zwischen Wald und Steppe sind fließend: Im Übergangsbereich finden wir eine Baumsteppe mit einzeln eingestreuten Bäumen, vor allem entlang von Wasserläufen, wo die Wurzeln genügend Feuchtigkeit vorfinden. Die eigentliche Grassteppe entspricht der amerikanischen Prärie und der afrikanischen Savanne; in Eurasien reicht sie vom Donaudelta in Rumänien fast ohne Unterbrechung bis nach Kasachstan und Nordchina. An ihrem südlichen Rand werden die Böden der Steppe immer ärmer und die kahlen Stellen zwischen den Grasbüscheln immer größer – hier beginnt die Halbwüste, die schließlich in die heißen Wüsten Innerasiens übergeht.

Ein Land der Kontraste

Die GUS hat aber noch mehr zu bieten als Tundra, Taiga, Steppe und Wüste. Zu ihr gehören auch weite Teile des Nördlichen Eismeeres und viele Feuchtbiotope mit einer riesigen Gesamtfläche. Am nordöstlichen Zipfel des Kontinents ragt die Halbinsel Kamtschatka wie ein mächtiger Krummsäbel in den Pazifik. Als heiße Lava quoll sie aus den Tiefen des Ozeans, und noch heute erheben sich dort 29 aktive Vulkane in den sibirischen Himmel.

Der Baikalsee im südlichen Sibirien ist der größte und tiefste Süßwassersee der Erde; er allein könnte die Weltbevölkerung fast 50 Jahre lang mit Trinkwasser versorgen. In der GUS finden wir auch die größten Binnenmeere unseres Planeten. Das größte davon, das Kaspische Meer, wollen wir auf der ersten Etappe unserer Reise besuchen.

KAPITEL ZWEI

DIE BINNENMEERE UND DAS WOLGADELTA

DER SÜDWESTEN DER GUS beherbergt drei der weltgrößten Binnenmeere – das Schwarze Meer, das Kaspische Meer und den Aralsee. Wie aber kommen diese Salzwassermassen mitten ins eurasische Festland? Um das zu verstehen, müssen wir eine Reise in die Vergangenheit unseres Planeten machen.

Vor 100 Millionen Jahren war der größte Teil der Erde von gewaltigen Meeren bedeckt. Eines davon, die Tethys, erstreckte sich von den Alpen über Kleinasien bis zur Timorsee im indonesischen Archipel. Die Türkei, der Nahe Osten, der Himalaya und Vietnam – alles lag versenkt in einem tropischen Ozean. Hinweise darauf finden sich heute in den Schluchten von Kasachstan und an der Grenze von Turkmenien und Afghanistan; sie sind tief in die marinen Sedimente voller fossiler Muscheln eingeschnitten, die einst den Grund der Tethys bevölkerten.

Vor etwa 65 Millionen Jahren begann dann die Erde im fernen Asien zu rumpeln. Der südliche Urkontinent Gondwanaland – dieser umfaßte wahrscheinlich Südamerika, Afrika, Indien, Antarktika und Australien – hatte schon lange zuvor begonnen, sich aufzuspalten. Die indische Landmasse war nach Norden gedriftet und schob sich dort mit titanischer Kraft in den asiatischen Kontinent hinein und bildete das heutige Indien. Dort, wo die kollidierenden Kolosse aufeinandertrafen, drückten sie die Erdkruste empor und falteten sie auf – es entstanden der Himalaya, der Pamir und die anderen Gebirgsriesen Innerasiens. Durch diese aufgetauchten Landmassen wurde der südliche Abfluß der Tethys nach und nach abgeschnitten – das einst riesige Meer schrumpfte

Schilfflächen, so weit das Auge reicht! Am Nordufer des Kaspischen Meeres ist das Wasser flach und nährstoffreich – ein Paradies für Vögel.

und wurde westwärts gedrängt. Vor 25 bis zehn Millionen Jahren ließen weitere Gebirgsbildungen den Kaukasus und Kopet-Dag entstehen – damit umschlossen gewaltige Bergwände die abgesenkten Ebenen Südwestsibiriens, in die nun die Reste der Tethys abflossen. Auf diese Weise wurden die Binnenmeere abgespalten, die wir heute als Schwarzes Meer, Kaspisches Meer und Aralsee kennen.

Die großen Binnenmeere

Das Kaspische Meer ist die größte Wasserfläche der Erde, die vollständig von Land umgeben ist – mit 436 000 Quadratkilometern noch größer als Deutschland. Die Großen Seen Nordamerikas würden zusammen nur zwei Drittel seiner Fläche bedecken. Von seiner Nordküste bis zu er im Iran liegenden Südküste mißt das Kaspische Meer 1204 Kilometer; die Breite schwankt zwischen 200 und 560 Kilometern. Trotz seiner enormen Oberfläche ist es ziemlich seicht. Im nördlichen Teil erreicht man den schlammigen, ebenen Grund schon nach etwa sechs Metern – das ist nicht einmal die Höhe eines Einfamilienhauses. Weiter südlich fällt der Meeresboden plötzlich steil ab und bildet zwei tiefe Becken, die durch einen von Westen nach Osten laufenden Grat getrennt sind. Hier ist das Meer an manchen Stllen fast 1000 Meter tief.

Da es keine Verbindung zum offenen Meer hat, würden die trockenen Winde und die flirrende Sommerhitze der umliegenden Wüsten das Kaspische Meer wohl bald zu einer riesigen Salzkruste verdorren lassen, wären da nicht die Wolga und andere Flüsse, die für ständigen Nachschub an Frischwasser sorgen. Im Bereich des Wolgadeltas enthält das Wasser des Kaspischen Meeres fast kein Salz; auch im restlichen Meer liegt der Salzgehalt nur bei durchschnittlich 1,3 Prozent. Hingegen verdunstete das Wasser im Haff von Kara-Bogas, einem östlichen Seitenarm des Kaspischen Meeres, der durch eine Felskante von diesem getrennt ist, so heftig, daß der Salzanteil dort bis auf 35 Prozent stieg, also auf das Zehnfache normalen Meerwassers. Durch die hohe Verdunstung war der Wasserstand hier niedriger als im eigentlichen Meer, und so strömte ständig Wasser aus dem Meer über die Felskante in das Haff und bildete bis 1978 den einzigen bekannten Meereswasserfall. Dann baute man dort einen Staudamm, und dieses einzigartige Naturschauspiel verschwand.

Das westliche der drei Binnenmeere, das Schwarze Meer, hält über den Bosporus und die Dardanellen eine schmale Öffnung zum Mittelmeer. Es bedeckt 420 300 Quadratkilometer und wird im Süden und Osten von hohen Bergen umschlossen. An seiner tiefsten Stelle reicht es über 2200 Meter in die Tiefe. Der Salzgehalt des Schwarzen Meeres liegt bei zehn Prozent.

Die Straße von Kertsch verbindet es mit seinem nördlichen »Anhang«, dem Asowschen Meer, das durch seinen hohen Süßwasseranteil eher einem See als einem echten Meer ähnelt.

Auch ist es bei 38 000 Quadratkilometern Oberfläche mit maximal 14 Metern Tiefe sehr flach, so daß sich der reichliche Zustrom von Frischwasser und Nährstoffen aus dem breiten Don, dem Kuban und anderen Flüssen gleichmäßig mit dem Meerwasser vermischt und erwärmt – eine ideale Lebensgrundlage für die üppige Tier- und Pflanzenwelt des Asowschen Meeres, die in ihrer biologischen Produktivität ihresgleichen sucht. Mehr als 80 Fischarten gedeihen hier (im gesamten Schwarzen Meer leben zum Vergleich 180 Spezies). Der Salzgehalt des Wassers liegt durchschnittlich unter einem Prozent, doch haben Bewässerungsprojekte an Don und Kuban den Zustrom durch diese Flüsse um ein Viertel verringert, so daß in den letzten Jahren das salzigere Schwarzmeerwasser ins Asowsche Meer eindringen konnte und Teile des Fischbestands vernichtete.

Noch östlich des Kaspischen Meeres liegt der Aralsee. Seine Fläche und sein Volumen waren in geologisch jüngerer Zeit beträchtlichen Schwankungen unterworfen. Vor etwa drei Millionen Jahren bildeten Aralsee und Kaspisches Meer vermutlich eine zusammenhängende Wasserfläche, bevor sie durch Bewegungen der Erdkruste getrennt wurden. Zunächst speiste nur der Syr-Darja den Aralsee, später änderte der Amu-Darja seinen Lauf und ließ den Wasserstand des Aralsee weiter steigen. Dann wechselten sich Perioden relativer Trockenheit mit Überflutungen ab, bis sich im ersten Jahrhundert vor Christus ein hoher Wasserstand stabilisierte.

Ein Meer stirbt

Bis 1960 war der Aralsee mit einer Fläche von über 67 000 Quadratkilometern das viertgrößte Binnengewässer der Welt. Seit den sechziger Jahren jedoch siechen der See und sein Umland an einer ökologischen Katastrophe, deren Ursache nicht natürlich, sondern ein unglückliches Werk des Menschen ist. Um die Baumwollfelder Usbekistans zu bewässern und aus den ausgedörrten Böden Turkmeniens blühende Futter- und Getreideplantagen zu stampfen, ließ man seine Zuflüsse Amu-Darja und Syr-Darja mit gewaltigen Bewässerungsprojekten so lange und stark zur Ader, daß die verbleibenden Rinnsale die Verdunstung des Aralsees schon lange nicht mehr auch nur annähernd ausgleichen können.

Der Preis für die künstliche Produktivität war hoch: Die aus dem Projekt resultierenden Veränderungen hatten eine der weltgrößten ökologischen Katastrophen zur Folge.

Verlassene Fischerboote im sterbenden Aralsee.
Verschwenderische Bewässerungsprojekte lassen seine Zuflüsse
fast versiegen und verwandeln das einst gesunde Feuchtbiotop in
eine salzige Wüste. Bis 1960 war der Aralsee das viertgrößte
Binnenmeer der Welt − 2020 wird er wahrscheinlich
verschwunden sein!

Dabei ist der unwirtschaftliche Irrsinn des Systems augenfällig. Über die Hälfte des eingeleiteten Wassers verdunstet oder versickert in den Kanälen. Das sedimentreiche Flußwasser lagert jedes Jahr fast eine Milliarde Tonnen Schlamm in den Kanälen ab, die abtransportiert werden müssen. Durch die Wasserverluste der Zubringerflüsse mußte man an deren Ufern vielerorts den Reis- und Gemüseanbau einstellen. Städte und Dörfer leiden zunehmend unter Trinkwassermangel. Und der Aralsee stirbt: Um 13 Meter ist sein Pegel bislang gefallen, und er sinkt zügig weiter. In nur einem Jahr (1986/87) stieg der Salzgehalt um mehr als das Doppelte. Wo sich früher ein riesiges gesundes Feuchtbiotop mit 20 Fischarten und einem jährlichen Fang von 25 000 Tonnen ausbreitete, findet man heute nur noch eine schlammige Salzbrühe. Die Fische sind weg, und fast die Hälfte des Aralsees ist auch schon verschwunden.

All dies hat verheerende Auswirkungen auf Mensch und Natur. Durch das Wegfallen des Fischfanges sind allein über 60 000 Arbeitsplätze verlorengegangen. Vor allem aber hat sich das Klima verschlechtert: Je weiter das Binnenmeer zurückging, desto trockener wurde die Luft. Die Sommer sind jetzt brütend heiß, die Winter deutlich kälter. Statt milder Feuchtigkeit enthält die Luft jetzt eine aggressive Mischung aus Sand und Salz; 40 bis 70 Millionen Tonnen davon peitschen die heftigen Winde jedes Jahr vom freigelegten Meeresgrund über riesige Landstriche und zerstören die Ernte auf den Feldern genauso wie die Gesundheit der Menschen.

Und damit nicht genug. Durch massiven Einsatz der chemischen Keule beim Landbau, besonders auf den Baumwollfeldern, ist die Erde mit Pestiziden, Herbiziden, Entlaubungsgiften und Kunstdüngern durchsetzt. Dieser Giftcocktail mischt sich in die Staubwolken und verseucht das wenige verbliebene Trinkwasser. Die Menschen der Region leiden unter verstärktem Auftreten von Krebserkrankungen im Mund- und Rachenbereich, Mißbildungen von Neugeborenen und hoher Kindersterblichkeit. Auch die Natur ist schwer betroffen: Von den 173 Tierarten, die früher um den Aralsee herum lebten – darunter Wildschweine, Bisamratten und Reiher – haben gerade mal 38 überlebt, und diese nur stark dezimiert.

Veränderungen im Kaspischen und Schwarzen Meer

Das Schicksal des Aralsees wird dem Schwarzen Meer vorläufig erspart bleiben, weil es durch den Bosporus ständig mit dem Mittelmeer verbunden ist. Daher kann stets Meerwasser zufließen, und Fische und andere Meerestiere können hin und her wandern. Allerdings ist die Fauna des Schwarzen Meeres recht arm, der Fischertrag gering. Das hat zwei Gründe. Erstens schwimmt das aus den Flüssen einströmende Süßwasser als dicke Schicht auf dem schweren salzhaltigen Meerwasser; eine Vermischung findet kaum statt. Durch das Fehlen von Aufwallungen können sich die tieferen Wasserschichten nicht mit Sauerstoff anreichern, so daß etwa 100 oder 150 Meter unter der Oberfläche nur noch anaerobe Bakterien überleben.

Zweitens sammelt sich in diesen Tiefen giftiger Schwefelwasserstoff, der von den sulfatreduzierenden Bakterien gebildet wird und aus Schwefelquellen am Meeresboden aufsteigt. Er wird in Lösung gehalten und bildet eine natürliche Barriere für Fische und andere Lebewesen. In den letzten Jahren ist die Trennlinie zwischen der giftigen unteren Schicht und der sauerstoffreichen oberen Schicht vor allem im Zentrum des Meeres näher an die Oberfläche gerückt, weil man die Zubringerflüsse zunehmend eingedämmt und zur Feldbewässerung angezapft hat.

Auch das Kaspische Meer erfährt Veränderungen – 1977 erreichte es seinen niedrigsten Wasserstand seit 500 Jahren. Fischerdörfer, einst direkt am Meer, lagen nun kilometerweit vom Ufer entfernt. Wichtige Laichgründe im Flachwasser wurden zerstört. Seitdem aber stieg der Wasserspiegel plötzlich wieder an – bis heute um etwa anderthalb Meter –, und bis zum Jahr 2000 rechnet man mit einem weiteren Anstieg um ein bis zwei Meter. Damit droht Hafenstädten wie Astrachan und Machatschkala eine ähnliche Überflutung wie Venedig. Außerdem werden weite Teile des Wolgadeltas im Meer versinken, und viele dort ansässige Vogelarten werden sich einen höhergelegenen Lebensraum suchen müssen.

Warum der Wasserstand so heftig schwankt, weiß niemand. Man hat die umfangreichen Bewässerungsprojekte an der Wolga und Klimaveränderungen als Gründe vermutet; möglich sind auch unterseeische Bewegungen der Erdkruste, durch die sich die Topographie des Meeresbodens verändert, wodurch wiederum der Pegel steigt oder fällt.

Ein »schwangeres« Seenadelmännchen hat den Laich des
Weibchens in seine Bauchtasche aufgenommen. Diese Art dieser
Seepferdchenverwandten lebt nur in der Kaspi-Region.

Die Ursprünge der kaspischen Fauna

Etwa 850 Tierarten leben im und am Kaspischen Meer – relativ wenige für ein Gewässer dieser Größe. Viele stammen ursprünglich aus dem Mittelmeer, übriggeblieben aus jenen Zeiten, als die beiden Meere noch miteinander verbunden waren. Bis vor zwölf Millionen Jahren bestand eine solche Verbindung über das Asowsche und Schwarze Meer und später noch einmal vor zweieinhalb Millionen Jahren. Zahlreiche Arten wanderten damals in das Kaspische Meer ein.

Eine von ihnen ist die Seenadel, eine Verwandte des Seepferdchens. Seenadeln tummeln sich in den Flachwassern des unteren Wolgadeltas. Wie die Seepferdchen sind sie durch einen beweglichen Panzer aus Knochenplättchen geschützt und haben mit ihnen auch eine ungewöhnliche Brutpflege gemeinsam, in der das Männchen »schwanger« wird. In einer Bauchtasche nimmt es den Laich des Weibchens auf und entläßt daraus nach kurzer Brutzeit ein Gewimmel winziger Seenadelbabys.

Auch in jüngerer Zeit sind neue Arten von Westen her eingewandert. Meeräschen, Flundern und Garnelen wurden vom Menschen angesiedelt, während sich Seepocken und einige Muschelarten an Schiffsrümpfen über den Wolga-Don-Kanal ins Kaspische Meer hineingemogelt haben. Die meisten Süßwasserfische, zum Beispiel der Karpfen, kamen aus den Flüssen; auch im brackigen Wasser der Mündungsgebiete fühlen sie sich offenbar wohl.

Einige Einwanderer sind arktischen Ursprungs. Während der letzten Eiszeiten, als gewaltige Gletschergebirge nach Rußland hinein- und wieder zurückwanderten, lag der Wasserstand des Kaspischen Meeres um 50 Meter über beziehungsweise unter der jetzigen Höhe, je nachdem, wieviel Wasser die Eisriesen in die Wolga abgaben. Noch vor 28 000 Jahren war das Meer doppelt so groß wie heute. Zeitweise bestand eine Verbindung zwischen Ostsee, Weißem Meer und Wolgabecken, so daß manche Bewohner des Nordens sich südwärts ausbreiten konnten. Gegen Ende der Eiszeit riß diese Verbindung wieder ab, und die arktischen Wanderer fanden sich als gestrandete Exoten im Binnenmeer wieder.

Zu diesen Neuankömmlingen gehört der Weißlachs, dessen hier lebende Unterart sich gegenüber ihren arktischen Verwandten kaum verändert hat. Forellen gelangten wahrscheinlich ebenfalls über die nördliche Route hierher, und auch für kühlere Gewässer typische Krebse und andere Schalentiere müssen von den schmelzenden Gletschern südwärts geschwemmt worden sein. Vielleicht sind auch die drei nördlichen Wasservogelarten, die hier kleine Brutpopulationen bilden – Zwergsäger, Samtente und Schellente –, Relikte aus kälteren Perioden.

Etwa 450 000 der kleinen Kaspi-Ringelrobben leben am Kaspischen
Meer; Fische und Krebse mögen sie besonders gern.

Ein besonders attraktiver Einwanderer aus dem hohen Norden ist die Kaspische
Ringelrobbe. Wann sie hier heimisch wurde, weiß keiner so genau, aber wahrscheinlich
stammt sie von der Eismeer-Ringelrobbe ab, die im Packeis der gesamten Arktis und
auch in den nördlichen Teilen der Ostsee lebt. Kaspi-Ringelrobben sind kleine Vertreter
ihrer Gattung, ausgewachsen werden sie etwas über einen Meter lang und einen Zentner
schwer. Ihr kurzhaariges Fell ist hellgrau mit dunkleren Flecken auf der Rückenseite.

Kaspi-Ringelrobben können bis zu 50 Jahre alt werden. Da es in ihrem Lebensraum
weder Schwertwale noch Eisbären gibt, haben sie keine natürlichen Feinde und verhalten sich sehr zutraulich, wenn man sich ihnen nähert. Gefahr droht ihnen im Februar
und März, wenn etwa 100 000 Weibchen aus allen Teilen des Kaspischen Meeres an die
eisige, flache Nordküste ziehen, um dort ihre weißpelzigen Jungen zur Welt zu bringen.
Dort werden sie schon von den Robbenjägern erwartet: Jedes Jahr töten sie zur

wissenschaftlich überwachten Bestandsregulierung zwischen 10 000 und 15 000 Jung-robben.

Schon im März folgen die Männchen in die »Kinderstube« nach und paaren sich wieder mit den Weibchen. Sobald das Eis aufbricht, wechseln die Robben ihr Haarkleid, bevor sie zurück in die tieferen Gewässer am südlichen Ende schwimmen. Hier herrscht zwar subtropisches Klima, aber starke Strömungen lassen ständig kaltes Wasser aus der Tiefe nach oben wallen, so daß die Oberfläche den Sommer über kühl bleibt und reichlich Nahrung bietet. So kommen die Kaspischen Ringelrobben mit einer für Robben außerordentlich großen Klimaschwankung gut zurecht.

Neben diesen Zuwanderern aus neuerer Zeit leben im Kaspischen Meer auch Tierarten, die als Erbe der urzeitlichen Tethys überdauert haben. Dazu gehören beispielsweise die Foraminiferen, einzellige Planktonlebewesen mit wunderschön geformten Kalkgehäusen. Auch verschiedene Schwämme und Borstenwürmer, Moos-tierchen, Krabben, Herzmuscheln und einige Fischarten wie Heringe und Groppen bevölkerten schon die Tethys. Ihnen ist die Umstellung auf das salzärmere Wasser des Kaspischen Meeres geglückt. Trotzdem bevorzugen einige Fische zum Laichen noch die flachen Brackwassergebiete, andere ziehen auf der Suche nach Laichgründen die Flüsse hinauf.

Die mächtige Wolga

Das Kaspische Meer und seine herrlichen Feuchtbiotope ziehen ihre Lebenskraft aus den vielen Flüssen, die ihnen Frischwasser und Nährstoffe zuführen. Dazu gehören Kura, Terek und Ural, vor allem aber die Wolga, die allein drei Viertel der zufließenden Wassermenge beisteuert. Sie ist für die Russen ein ganz besonderer Teil ihrer Heimat; liebevoll nennt man sie *Matuschka* – »Mütterchen« Wolga.

Die Wolga ist zwar der längste Fluß Europas, aber bei weitem nicht der längste in Rußland; die sibirischen Riesenströme Lena, Ob und Jenissei übertreffen sie noch. Als kleine Quelle sprudelt sie in den Waldaihöhen zwischen Moskau und St. Petersburg ans Licht, gerade mal 228 Meter über Meereshöhe. Weil der kurze Weg in die Ostsee durch hügeliges Land versperrt ist, fließt die Wolga nach einem kleinen Südschlenker lange ostwärts, dreht dann bei Kasan nach Süden ab und kommt nach einer Reise von 3685 Kilometern mitten durch das Herz Rußlands, gespeist durch zahlreiche Neben-flüsse, im Kaspischen Meer an.

Der seltsame Desman

In den überfluteten Ebenen des Wolgabeckens lebt eines der ungewöhnlichsten Säugetiere dieser Erde − der Russische Bisamrüßler oder Desman. Dieses lebende Fossil war vor Millionen Jahren in ganz Europa verbreitet. Der Bisamrüßler ist mit dem Maulwurf verwandt, sieht eher aus wie eine Ratte, ist etwa so groß wie eine kleine Katze und hat einen Rüssel!

Desmane sind vorzüglich für das Leben im Wasser ausgestattet. Die Zehen ihrer kräftigen Hinterfüße sind durch Schwimmhäute verbunden; der typische, mit Schuppen

Schnüffelnd erkundet ein Russischer Desman mit seiner
beweglichen Schnauze das eisige Schmelzwasser am Flußufer.

und kurzen Haaren bedeckte Ruderschwanz ist fast so lang wie der Körper und ermöglicht durch seine seitliche Abflachung zusätzlichen Antrieb beim Schwimmen. Das samtweiche, flauschige Fell schützt vor Kälte und ist durch fettige Deckhaare wasserabweisend. Wenn ein Desman taucht, entweichen aus dem Luftpolster im Fell manchmal kleine Bläschen, die dem Beobachter an der Oberfläche seinen Aufenthalt verraten.

Wegen seines kostbaren Felles und der Moschusdrüse an der Schwanzunterseite wurde der Russische Desman lange Zeit rücksichtslos verfolgt und stand vor 50 Jahren bereits knapp vor der Ausrottung. Glücklicherweise ergriff man noch rechtzeitig umfassende Schutzmaßnahmen, um diese faszinierenden kleinen Säuger zu retten. Heute leben wieder über 50 000 in den Niederungen der Wolga und ihrer Nebenflüsse. Im Naturschutzgebiet Oka, knapp 500 Kilometer südöstlich von Moskau, hat man sogar einige Seen und Teiche speziell für die Lebensgewohnheiten der Desmane angelegt. Die Population der hier lebenden Desmane umfaßt etwa 1000 Tiere.

Auffälligstes Merkmal des Bisamrüßlers ist sein Gesicht. Die winzigen Ohren sind – fast unsichtbar – tief im Fell versteckt, die Augen zwei schwarze Pünktchen, die von einem kleinen hellen Kranz umrandet werden. Trotzdem hören Desmane leidlich, gut sehen können sie allerdings nicht; nur plötzliche Veränderungen der Lichtstärke nehmen sie wahr. Ihre Umwelt erforschen die Desmane vor allem mit ihrer ungemein empfindlichen Nase. Diese bildet zusammen mit der Oberlippe einen Rüssel, der mit vielen Schnurrhaaren besetzt und sehr beweglich ist. Unaufhörlich schnüffeln sie rechts und links, in der Luft und im Wasser, ob sie irgendwo einen Leckerbissen ausfindig machen können. Die meiste Zeit des Tages liegen die Desmane faul in ihren Höhlen, aber wenn die Dämmerung hereinbricht, beginnen sie, den Gewässergrund nach Nahrung abzusuchen. Wie einen Staubsauger bewegen sie ihren Rüssel durch den Schlamm, um Beute aufzustöbern – Libellenlarven, Kaulquappen, kleine Frösche und Wasserschnecken. Letztere nehmen die Desmane mit an die Oberfläche und saugen sie geschickt mit ihren weichen, gummiartigen Lippen aus ihrem Gehäuse.

Am wohlsten fühlen sich Desmane in seichten Tümpeln mit wucherndem Pflanzenbewuchs entlang von Flußläufen. Hier leben sie meist in Paaren in einem Territorium, das vom Männchen gegen Eindringlinge verteidigt wird. Jeden Sommer nach Abflauen der Überschwemmungen ziehen sich die Desmane an die Uferbänke zurück, in die sie ihre Tunnel graben. Dort bringt das Weibchen in einer speziellen Kammer von der Größe eines plattgedrückten Rugby-Balles ihren Nachwuchs zur Welt – zwischen einem und sechs Junge pro Wurf. Die Kleinen sind bei der Geburt blind, zahnlos und fast nackt und werden vom Muttertier etwa einen Monat lang gesäugt. Danach übernimmt der Vater die weitere Betreuung, und die Mutter zieht noch einen zweiten Wurf auf.

Im Sommer geht der Wasserstand der Flüsse und Seen zurück, und viele der Tümpel trocknen aus. Die Desmane suchen sich dann einen neuen Teich. Wenn die harten Winterfröste die Wasserflächen zufrieren lassen, starten sie ihre Beutezüge von ihrem

Seite 44/45: Wenn die Wolga im Frühling ihre nährstoffreichen
Fluten ins Delta schwemmt, holt man sich schnell nasse Füße. Da
kommt dem Vieh ein alter Heuhaufen nicht ungelegen.

Tunnelsystem aus, dessen Ein- und Ausgänge unter Wasser liegen. Unter dem Eis suchen sie zwischen den abgestorbenen Schilfbüscheln nach Schnecken und Insekten. Die Schneeschmelze im Frühjahr zwingt die Desmane aus ihren unterirdischen Bauten in höhergelegene Uferregionen; dort finden sie während des Hochwassers vorübergehend Schutz in Nestern, die sie schon zuvor in Weidenbüschen und anderer ufernaher Vegetation gebaut haben.

Das grüne Juwel

Auf ihrem langen Weg durch Rußland münden über 200 Nebenflüsse in die Wolga; sie entwässert damit ein Gebiet von 2,6 Millionen Quadratkilometern und transportiert rund 350 000 Kubikmeter Wasser im Jahr. Heute wird ihr Lauf mehrfach durch mächtige Staudämme unterbrochen, um Elektrizität zu gewinnen; ein Teil des Wassers wird zur Feldbewässerung abgeleitet. Trotzdem kommt noch genügend Wasser im Kaspischen Meer an. Dort, an der Wolgamündung, hat sich ein riesiges fruchtbares Delta gebildet, in dem sich eine prächtige Tier- und Pflanzenwelt entfalten kann.

Deltas entstehen durch Erosion. Die Regenfälle in der osteuropäischen Ebene waschen dort Erde und Gesteinspartikel aus der Landschaft und schwemmen sie in die Flüsse; diese münden schließlich in die Wolga. Aber je näher der immer breiter werdende Strom dem Meer kommt, desto träger fließt er dahin. Irgendwann ist die Strömung nicht mehr stark genug, um die mitgeführte Erde weiterzutragen – sie setzt sich als Schlamm am Boden ab und versperrt dem nachfließenden Wasser den Weg. Der Fluß sucht sich nun einen neuen Weg um das Hindernis herum – ein Seitenarm entsteht. Dieses Phänomen beginnt schon kurz hinter der Industriestadt Wolgograd.

Weiter flußabwärts, wo die Wolga ins Kaspische Meer mündet, ist die Strömung am schwächsten. Dort haben die Sedimente im Laufe der Jahrhunderte ein 10 000 Quadratkilometer großes Netz solcher Seitenarme entstehen lassen. Immer wieder teilen sich die Wasser wie die Verästelungen eines gigantischen Baumes. Am Ende ergießt sich die Wolga auf einer Breite von 200 Kilometern über 800 Kanäle ins Meer. Manchmal kann man nicht unterscheiden, wo das Land endet und das Meer beginnt; ein blühendes Labyrinth von Wiesen, Schilfzonen, abgeschnürten Flußschlingen und Lagunen schiebt sich immer weiter in die nördlichen Flachwasser des Kaspischen Meeres hinein. Dieses

Das dunklere Männchen der Gebänderten Prachtlibelle wirbt um ein Weibchen. In der Nahrungskette im Wolgadelta sind diese schillernden Insekten ein wichtiges Glied und bei vielen Vögeln beliebt.

grüne Juwel inmitten von Trockengebieten, gesprenkelt mit Seerosen und Lotosblüten, ist eines der schönsten und reichsten Feuchtbiotope der Welt.

Die nährenden Fluten

Die Wolga ist die Lebensader dieser herrlichen Landschaft. Besonders im Frühjahr, wenn im Norden der Schnee schmilzt, schwemmt der Fluß riesige Mengen Sediment und Nährstoffe in das Delta und ins Meer. Zwischen März und Mai ist der Wasserstand der Wolga regelmäßig bis zu 1,3 Meter höher als im Winter.

Zuerst füllen sich die vielen kleinen Gräben und Bäche, später treten auch die großen Kanäle über ihre Ufer und überfluten weite Teile des Deltas. Die Wasserflächen tränken nicht nur den Boden so ausreichend, daß er die trockenen Sommer- und

Eine Ringelnatter verschlingt einen Frosch – ein kleines Drama unter Millionen, die sich täglich in der komplexen Lebensgemeinschaft des Wolgadeltas abspielen.

Herbstmonate über feucht bleibt, sie verteilen auch den fruchtbaren Schlick in jeden Winkel des Deltas und fördern somit einen üppigen Pflanzenwuchs.

Diese Wasserschwemme bestimmt die Ökologie des Wolgadeltas. Tiere, die sich normalerweise auf Teiche und Flußläufe beschränken, können sich nun landeinwärts ausbreiten. Wo früher Kühe grasten, legen heute Frösche und Fische ihren Laich in die überfluteten Wiesen. Das flache Wasser wird von der Frühlingssonne rasch erwärmt; das begünstigt ein schnelles Heranreifen des Laiches, und die Landschaft wimmelt von Insekten. Ein zuverlässiges Indiz für den Nahrungsüberfluß sind Millionen von Seefrö-

Im Frühling sprenkeln gelbe Schwertlilien den grünen
Schilfteppich des Wolgadeltas.

Seite 50/51: Mit glasigem Blick fixiert die Sumpfschildkröte ihren
Beobachter. Diese wachsamen Kriechtiere ernähren sich vor allem
von Insektenlarven, Kaulquappen und kleinen Fischen.

schen, die in der Abenddämmerung ein ohrenbetäubendes Quakkonzert anstimmen, mit dem sie um die Weibchen wetteifern.

Das nährstoffreiche Wasser und die Wärme lassen die Vegetation emporschießen; kilometerweit erstreckt sich ein dichter Bewuchs von Schilf und Rohrkolben. Die scharfen Halme mit ihren samtigen, braunen Kolben erreichen bis zu fünf Meter Höhe. Im Herbst, wenn die Fluten zurückgehen, schneiden die Bauern das Schilf und stapeln es als Winterfutter für ihr Vieh. Schwertlilien und Sumpfdotterblumen versehen die morastige Landschaft mit willkommenen gelben Farbtupfern.

Mitte Mai ist das Wasser warm genug zum Laichen. 50 verschiedene Fischarten leben in den weitverzweigten Kanälen des Wolgadeltas, darunter Schleie, Plötze, Barsch, Hecht, Elritze, Gründling und Stichling. Viele laichen in den flachen, ufernahen Zonen des Meeres; Karpfen wagen sich sogar an Land. Andere wandern aus den Brackwasser weit die Nebenflüsse der Wolga hinauf, um ihre Brut in den überschwemmten Wiesen abzulegen. Wenn die Temperatur zwischen 13 und 20 Grad Celsius erreicht hat, schwimmen die trächtigen Weibchen – von den Männchen begleitet – ins flache, nur wenige Zentimeter tiefe Wasser, wo jedes bis zu 1,5 Millionen Eier zwischen den Wasserpflanzen ablegt. Aber schon bald zieht es sie wieder in tiefere Gewässer; wenige Tage später schlüpfen die Jungen.

Ein Vogelparadies

Die unglaubliche biologische Produktivität des Wolgadeltas bietet auch vielen Vogelarten genügend Nahrung und Nistplätze. Insgesamt hat man hier 250 Spezies registriert, davon 56 Arten Wassergeflügel. Eine halbe Million Wasservögel nisten im Delta, dazu kommen jedes Jahr sieben Millionen Zugvögel, die hier auf ihrem langen Weg rasten und Kräfte sammeln, bevor sie weiter nach Süden fliegen. Zu den ständigen Bewohnern zählen auch 10 000 Graugans- und fast 3000 Höckerschwanpaare. Diese großen, anmutigen Entenvögel verhalten sich hier viel scheuer, als wir es von den zahmen Schwänen unserer Parkanlagen kennen; schon beim geringsten Anlaß fliegen sie auf. Die Schläge ihrer großen weißen Schwingen sind dabei von einem heulenden Flügelsausen begleitet, das anderen Schwänen fehlt. Die Höckerschwäne profitierten besonders von den

Ein Silberreiher bei der Balz. Die langen Schulterfedern wachsen nur zur Brutzeit; auch der Schnabel, die Beine und der Augenfleck werden nach dem Eierlegen wieder ihre normale Farbe annehmen.

Schutzmaßnahmen und vermehrten sich innerhalb von 50 Jahren von wenigen Exemplaren auf die heutige Population.

Auch verschiedene Reiherarten leben hier in großer Zahl. Herrlich anzusehen ist der weiße Silberreiher, der als Kosmopolit nur den kalten Norden Asiens und Amerikas nicht besiedelt. Bis zu 4600 Paare nisten hier im Delta. Ebenso strahlend weiß, aber kleiner, sind die vielen tausend Seidenreiher, die sich in den sumpfigen Schilfzonen tummeln. Sie unterscheiden sich von ihren größeren Verwandten durch die völlig schwarzen Schnäbel und die schwarzen Beine, an deren Ende gelbe Zehen leuchten, als sei der Vogel gerade durch ein Farbtöpfchen gewatet. Zur Brutzeit zeichnen sich beide Arten durch herrliche Schmuckfedern auf der Oberseite der Flügel aus, die sie während des Balzzeremoniells wie Fahnen aufrichten. Die verderbliche Gier des Menschen nach diesen filigranen Reiherfedern hatte diese grazilen Vögel fast ausgelöscht. Wieder einmal gelang es nur durch entschlossene, wenngleich späte Schutzmaßnahmen, eine Tierart vor dem Aussterben zu bewahren. Gleichzeitig gab die Rettung der Reiher in der Sowjetunion den Anstoß, dort ein staatlich geführtes und umfangreiches Netz von Naturschutzgebieten anzulegen.

Das ist vor allem das Verdienst eines Mannes – Nikolai Podjapolski aus Astrachan. Während des 19. und anfangs des 20. Jahrhunderts schmückten die modebewußten Damen Rußlands, Westeuropas und Nordamerikas ihre Hüte mit Reiherfedern. Auch die Kosakenoffiziere der zaristischen Armee ritten mit Vorliebe federverziert in die Schlacht oder zur Parade. Die Folgen waren unvermeidlich. Die Reiher wurden im Wolgadelta so gut wie ausgelöscht. Und sie waren nicht die einzigen: Auch Enten und Gänse wurden schonungslos gejagt, und die Fischer plünderten die Gewässer ohne einen Gedanken an die Zukunft. Podjapolski wurde diese Schlächterei schließlich so unerträglich, daß er sich 1919 direkt an Lenin wandte. Der hatte so kurz nach der Oktoberrevolution zwar genug zu tun, den jungen Sowjetstaat aufzubauen, teilte aber die Besorgnis um die Natur dieser Region und erklärte 9700 Hektar des Wolgadeltas zum Schutzgebiet. Außerdem beauftragte er Podjapolski, einen Gesetzentwurf zur Schaffung eines landesweiten Systems von Naturschutzgebieten, den *zapovedniki,* sowie geeignete Schutzmaßnahmen gegen Wilderei und übermäßige Plünderung vorzubereiten.

Ohne große Eile überfliegt dieser Purpurreiher das Schilf.

In ihrem schwarz-weiß-grauen Gefieder sieht die Weißbartseeschwalbe
wirklich adrett aus! Ihr Nest ist eine kleine schwimmende Insel aus Schilfhalmen.

Harmonie statt Wettbewerb

Im Wolgadelta müssen sich mehrere Reiherarten den Lebensraum teilen. Um sich dabei
nicht allzusehr ins Gehege zu kommen, hat jede Art eine andere Jagdtechnik entwickelt
und zeigt etwas andere Nahrungspräferenzen. Die größeren Reiher – wie Grau- und
Silberreiher – waten gemessenen Schrittes auch durch tieferes Wasser, wo sie dann
regungslos mit vorgestrecktem Hals nach Beute spähen und schließlich blitzschnell mit
dem kräftigen Dolchschnabel zustoßen. Die kleineren Seidenreiher hingegen verfolgen
ihre Beute oft schnellen Laufes am Ufer – im flotten Stechschritt sieht man sie hinter
flüchtenden Fröschen und Fischen hereilen. Manchmal schlagen sie auch mit ihren
Flügeln, um kleine Fische aus ihren Verstecken zu scheuchen. Aus demselben Grund
wühlen sie gelegentlich mit ihren gelben Füßen den Grund auf, um dann zielsicher
zuzupacken.

Rallenreiher und Purpurreiher lieben die weiten Rohrsümpfe. Das gelblich-braune
Gefieder des Rallenreihers und das violett-graue des Purpurreihers mit der rostfarbenen

Unterseite und den schwarzen Längsstreifen lassen die beiden Arten fast perfekt mit ihrer Umgebung verschmelzen. Beide leben solitär und jagen zumeist in der Morgen- oder Abenddämmerung.

Eine sehr häufige Reiherart des Deltas geht dem Rummel des Tages ganz aus dem Weg – der Nachtreiher wird erst bei Einbruch der Dunkelheit munter. Mit seinem gedrungenen Körper, dem blau-schwarz schimmernden Scheitel und Rücken und der weißen Unterseite ist er unverwechselbar. Mehr als 4000 Paare dieser fast weltweit vorkommenden Reiherart nisten in diesem Teil des Kaspischen Meeres. Wenn die Nacht hereinbricht, verlassen die gesellig brütenden Vögel ihre Schlafplätze auf den Bäumen und fliegen unter heiserem Krächzen auf Beutefang. Mit ihren großen, rubinroten Augen können sie nachts vorzüglich jagen. Obwohl sie sich hauptsächlich von Fischen, Amphibien und Wirbellosen ernähren, räubern sie gelegentlich Vogelnester aus und verschlingen sowohl die Eier als auch Jungvögel. Bei Sonnenaufgang kehren sie zu ihren Ruheplätzen zurück und überlassen das Schilfmeer den Tagjägern.

Die Zahl der Reiher ist von Jahr zu Jahr verschieden, sie schwankt mit der Wassermenge im Delta. Bleiben die Wiesen bis weit in den Sommer hinein mit genügend Wasser bedeckt, gibt es reichlich Nahrung, und die Altvögel können die meisten ihrer Nestlinge so lange durchfüttern, bis diese sich alleine versorgen. In relativ trockenen Jahren aber, wenn die Wolga weniger Wasser führt, wird die Beute spärlicher und das Jagen mühsamer. Dann gilt im Horst das Recht des Stärkeren, sobald die Eltern mit Futter zurückkehren; die zuletzt geschlüpften Jungen werden von ihren älteren Geschwistern beiseite gedrängt und müssen nicht selten verhungern.

Weniger zahlreich im Delta, aber nicht weniger ansehnlich, sind auch die schneeweißen Löffler und die rotbraun gefiederten Braunen Sichler, deren Oberseite erzgrün schillert. Auf den ersten Blick ähneln die Löffler den Reihern, sie sind aber den Ibissen näher verwandt. So fliegen sie auch, anders als die Reiher, mit ausgestrecktem Hals. Ihr einzigartiger Schnabel ist recht lang, an den Seiten abgeplattet und am Ende spatelartig verbreitert. Indem sie ihren Kopf in einer Sichelkurve ständig von einer Seite zur anderen schwingen, seihen sie nach Entenart Wasser und Schlamm nach kleinen Fischen und Schalentieren durch. Die Braunen Sichler stochern mit ihrem langen, abwärts gekrümmten Schnabel wie mit einer Sonde nach Wirbellosen.

Der König der Lüfte

Der weitaus beeindruckendste Fischjäger in diesem Teil Rußlands ist der gewaltige Seeadler. Seine mächtigen Schwingen spannen sich bis zu zweieinhalb Meter weit und

Ein Seeadler schaut an seinem Horst im Naturschutzgebiet
Astrachan nach dem Rechten. Ausnahmsweise scheinen die beiden
Jungvögel mal keinen Hunger zu haben!

tragen ihn mühelos in große Höhen. Er fängt sehr geschickt auch große Fische;
manchmal späht er auf seinem Ausguck sitzend nach Beute, manchmal kreist er bis zu
300 Meter hoch in der Luft und stößt von dort auf seinen Fang hinunter.

Meist greift er die Beute, indem er sie schräg anfliegt, im letzten Augenblick die
Beine vorschwingt und im Vorbeiflug seine kräftigen Klauen in sein zappelndes Opfer
schlägt. Wie beim kleineren Fischadler sind auch beim Seeadler die Füße auf der
Unterseite mit hornigen Sporen besetzt; sie helfen ihm, die schlüpfrige Beute in den
Griff zu bekommen. Manchmal vereinfacht er sich die Jagd auch damit, daß er

Fischadlern oder Möwen die Beute abjagt oder durch das flache Wasser watet, um einen gestrandeten Fisch oder ein Stück Aas aufzunehmen.

Andererseits zeigt er bei der Verfolgung von Wasservögeln erstaunliche Geduld. Diese tauchen meistens ab, wenn sie von einem hungrigen Adler überrascht werden, finden den Greif aber beim Auftauchen immer noch über sich schweben. Also tauchen sie nochmals, und dieses Spiel wiederholt sich so lange, bis der Wasservogel derart ermüdet ist, daß ihn der Adler leicht greifen kann. Bis zu 60 Attacken in 45 Minuten hat man schon beobachtet. Bisweilen fällt ein Seeadler auch in Kormoran- und Reiherkolonien ein oder bereichert seinen Speisezettel mit Säugetieren, Sumpfschildkröten, Fröschen und Schlangen.

In weiten Teilen Westeuropas wurde der Seeadler im 19. Jahrhundert ausgerottet. Auch heute ist er trotz Schutzmaßnahmen immer noch eine gefährdete Art. Alle Fürsorge um den Bestand scheint nutzlos gegenüber den ständig wachsenden Gefahren, vor allem durch Pestizide, die man in hoher Konzentration in erfolglos bebrüteten Eiern gefunden hat. Aber auch Jäger, Eierdiebe, vergiftetes Aas, Unfälle mit Stromleitungen und wasserwirtschaftliche Nutzung des Habitats lassen viele Seeadlerkolonien immer kleiner werden. In Schottland versucht man seit 1975, die seit 1916 erloschene Population durch Wiederansiedlung neu aufzubauen.

In der ehemaligen Sowjetunion trifft man diesen herrlichen Vogel noch hin und wieder in der Nähe von Flüssen, Seeufern und Feuchtgebieten an, die ihm reichhaltige Nahrung bieten. Als Endglied der Nahrungskette ist er aber nirgendwo häufig, doch besonders im Wolgadelta hat sich der Bestand stabilisiert – etwa 100 Seeadlerpaare nisten hier, allein 30 davon in den Naturreservaten. Sie bauen ihre Horste hoch in den Weidenbäumen. Meist sind es ausladende, unordentlich-struppige Gebilde aus Ästen und Zweigen, die sich in vielen Jahren angesammelt haben – manchmal sogar groß genug, daß sich freche Feldsperlinge in den unteren Etagen des Adlerhorstes als Logiergäste einquartieren. Im März sitzt hier das Adlerweibchen auf ein oder zwei (selten drei) kalkweißen Eiern.

Nach dem Schlüpfen sind die flauschig gefiederten Jungadler noch sehr anfällig, besonders gegen Unterkühlung durch den Regen. Die Mutter verläßt den Horst daher nur selten und wartet mit den Jungen, bis der Vater Futter, meist einen zappelnden Fisch, anbringt. Diesen teilt sie mit ihrem starken Hakenschnabel in kleine Bissen und füttert mit behutsamer Fürsorge die ungeduldig krächzenden Kleinen. Nach etwa drei Wochen nimmt auch das Weibchen an den Beutezügen seines Partners teil. Anfang Juli sind die Jungadler zwischen 70 und 75 Tage alt und nahezu ausgewachsen; jetzt probieren sie, noch etwas zaghaft, zum ersten Mal ihre mächtigen Flügel aus. In dieser Zeit des Hochsommers trocknen auch die ersten Teiche aus, und der Wasserstand im Delta sinkt, so daß die jungen Adler in den vielen gestrandeten Fischen eine leichte Beute finden. Aber erst in ein oder zwei Monaten werden sie sich gänzlich selbst versorgen. Den typischen weißen Schwanz, der die Altvögel ziert, bekommen die Adler erst mit fünf oder sechs Jahren.

Pelikane und Kormorane

Weit draußen im Delta, unerreichbar für Adler und Reiher, tummeln sich unzählige Fische im tieferen Wasser. Wer hier jagen will, muß ein guter Schwimmer sein. Krauskopfpelikane, mit nur 160 Brutpaaren auch im Delta recht selten geworden, leben und jagen hier gesellig. In einer langen Kette scheuchen sie die Fische mit Flügelschlägen und Schnabelstößen ins flachere Wasser oder zur Mitte eines enger werdenden Halbkreises, bis sie bequem viele von ihnen mit den breiten Unterschnäbeln in ihren dehnbaren häutigen Kehlsack schöpfen können.

Andere Vögel tauchen zur Jagd unter Wasser. Neben den Lappentauchern gehören dazu auch die Kormorane. Etwa 100 000 dieser Ruderfüßer verteilen sich im Wolgadelta auf ungefähr 60 dicht gedrängte, lärmende Kolonien. Ihre großen, unordentlichen Reisignester bauen sie in den Astgabeln hoher Weiden oder Eschen; oft trägt ein Baum ein Dutzend oder mehr. Der scharfe Kot verfärbt die Bäume leuchtend weiß und bringt sie nach wenigen Jahren zum Absterben. Dann müssen die Vögel nach einem neuen Standort für ihre Kolonie suchen.

Die jungen Kormorane schlüpfen in der ersten Aprilhälfte, gerade zur rechten Zeit, wenn die Wolga gewaltige Schmelzwasserströme ins Kaspische Meer trägt. Jetzt sprüht die Kolonie vor Leben – lautstark wetteifern die Jungen um die Gunst der Eltern beim Füttern, in der Luft herrscht ein ständiges Kommen und Gehen. Ein Kormoran braucht täglich zwischen 500 und 700 Gramm Fisch – etwa ein Sechstel seines Körpergewichts; sind Jungvögel zu ernähren, muß er entsprechend mehr fangen. Meist gibt es genug Fische in der nahen Umgebung, aber gelegentlich müssen die Kormorane bis zu 50 Kilometer aufs offene Meer fliegen.

Sie erbeuten ihre Nahrung nicht stoßtauchend oder gründelnd, sondern in längeren Tauchgängen, die bis zu einer Minute dauern. Mit den kräftigen Füßen rudernd, die Flügel angelegt, verfolgen sie ihre Beute unter Wasser. Große Fische bringen sie erst zur Oberfläche, bevor sie sie verschlucken. Wenn jeder seinen Kropf gefüllt hat, fliegen die Kormorane in einer langgestreckten Schlangenlinienformation zurück zur Kolonie;

Ein Kormoran füttert seine schon fast ausgewachsenen Jungen.
Sie sind jetzt alt genug, um feste Nahrung aus dem Schlund
der Altvögel zu nehmen.

dabei nutzen die Vögel geschickt wie Rennfahrer den Windschatten des Voranfliegenden. Am Nest angelangt, werden die rückkehrenden Altvögel von ihrem hungrig wartenden Nachwuchs regelrecht überfallen. Die Jungen stecken ihre Schnäbel bis tief in den Schlund ihrer Eltern, um an die mitgebrachte Mahlzeit zu gelangen.

Von der Jagd der Kormorane profitieren aber auch noch andere. Im Bereich der Kolonie halten sich viele der cleveren Nebelkrähen auf. Schon früh in der Brutsaison räubern sie aus unbewachten Nestern die Eier oder kleinen Nestlinge aus. Später passen sie die Fütterung durch die Altvögel ab. Sobald diese das Nest wieder verlassen haben, fallen die listigen Krähen ein und bedrängen die jungen Kormorane so lange, bis diese einen Teil ihrer Mahlzeit wieder hervorwürgen. Da kann es gut sein, daß der eine oder andere Brocken in das bernsteinfarbene Wasser fällt – ein willkommenes Zubrot für die Welse, die ob dieser »Abfälle« beträchtlich an Fett zulegen.

Verständlicherweise sehen die Fischer in den gefräßigen Kormoranen eine unliebsame Konkurrenz; seit Jahren stellen sie ihnen heftig nach. Wie jedoch russische

Biologen nachgewiesen haben, leisten Kormorane ihren gerechten Beitrag zum ökologischen Gleichgewicht: Ihr Kot ist äußerst kalk-, stickstoff- und phosphorhaltig. Jedes Jahr schwemmt das Wasser viele Hundert Tonnen dieses wertvollen Guanodüngers in weite Gebiete des Deltas – zum Nutzen von Tier- und Pflanzenwelt.

Der mächtige Stör

Eine besondere wirtschaftliche Bedeutung für den russischen Export haben die Störe – Fische, denen die Kormorane nichts anhaben können. Sie liefern den begehrten und teuren Kaviar. Unter den 25 Arten von Stören der nördlichen Hemisphäre finden sich die größten Süßwasserfische der Welt.

Heute sind Störe recht selten geworden, weil die unmäßige Gier nach den Fischeiern und die Wasserverschmutzung eine Art nach der anderen vernichtet haben. Zunehmend versperren ihnen auch Staudämme den Weg zu ihren Laichplätzen. Aber noch gibt es einige gesunde Populationen verschiedener Arten im Kaspischen Meer und im Wolgabecken. Dort lebt auch der größte der Störe, der Europäische Hausen, den man in Rußland »Beluga« nennt. Manche Exemplare wachsen zu wahrhaft gigantischer Größe heran. 1926 wurde ein etwa 75jähriger Beluga gefangen, der eine Tonne wog und fast vier Zentner Kaviar in sich trug. Andere sollen 1,3 Tonnen auf die Waage gebracht haben, bei einer Körperlänge von achteinhalb Metern. Die anderen Störarten des Kaspischen Meeres und des Wolgabeckens sind der Sterlet, der Waxdick oder »Russische Stör« und der Sternhausen; der Baltische oder Gemeine Stör lebt nur im Schwarzen Meer. Vor 15 Jahren hat man Hybriden zwischen Hausen und Sterlet in der Wolga ausgesetzt, die sich bis heute weit ausgebreitet haben.

Störe sehen nicht nur urtümlich aus, sie sind tatsächlich die einzigen Nachfahren einer prähistorischen Fischgruppe, die vor über 100 Millionen Jahren lebte. Ihr langgestreckter Körper mit der hohen Schwanzflosse und dem unterständigen Maul ähnelt dem eines Haies. Im Gegensatz zu Haien haben Störe jedoch keine Zähne, sind langsame Schwimmer, und ihr knorpeliges Skelett enthält einige Knochen, weshalb man sie zu den Knochenfischen rechnet.

Sie sind aber nicht geschuppt wie andere Knochenfische, sondern tragen fünf Längsreihen von Knochenschildern an den Flanken und am Bauch. Diese Panzerung und die lange, schnabelförmig ausgezogene Schnauze verleihen ihnen etwas Krokodilhaftes. Dabei sind sie völlig harmlos. Die meiste Zeit gleiten sie behäbig über den Meeresboden und durchwühlen mit dem Maul den schlammigen Grund nach Würmern, kleinen Fischen und Weichtieren, wobei sie sich nicht auf ihre Augen, sondern auf ihre äußerst sensiblen Bartfäden verlassen. So aufgespürte Beute saugen sie dann durch schlauchartiges Vorstülpen ihrer Lippen ein.

Seit Tausenden von Jahren steigen die geschlechtsreifen Störe zum Laichen aus den Küstengewässern flußaufwärts. Oft überwintern sie im küstennahen Unterlauf der Wolga, um sich an den niedrigeren Salzgehalt zu gewöhnen, und ziehen erst im Frühjahr in ihre Laichgebiete. In den wärmeren, aber strömungsreichen Nebenflüssen – der Laich braucht sehr viel Sauerstoff – legt das Weibchen große Mengen von Eiern ab, die von drei, vier oder noch mehr Männchen beim Austreten befruchtet werden und an den Steinen am Flußgrund hängenbleiben. Je älter ein Weibchen ist, desto mehr Eier produziert es. Mit 50 Jahren kann ein Belugaweibchen über drei Millionen Eier ablegen, braucht dann aber zwei oder drei Jahre zur Erholung, bevor es erneut laicht. Gemeine Störe können – je nach Größe und Alter – bis zu sechs Millionen Eier produzieren.

Aus den Fischeiern, die wie Bleikügelchen aussehen, schlüpfen nach wenigen Tagen die jungen, kaulquappenähnlichen Störe. Während der ersten Woche tragen sie noch einen Dottersack, aus dem sie sich ernähren. Danach – sie sind jetzt etwa einen Zentimeter groß – verzehren sie die ersten Wasserflöhe und Insektenlarven, und mit drei Wochen erkennt man sie als richtige Miniaturstöre, wenn sie mit ihren zarten Mäulern am Boden nach Nahrung gründeln.

Die Sterblichkeit unter den Kleinen ist enorm hoch; nur eines von hundert erlebt den ersten Geburtstag. Die Überlebenden werden von der sanften Strömung Jahr für Jahr näher zur Mündung hin und schließlich bis ins Meer getragen. Störe reifen langsam – mit fünf Jahren sind sie etwa einen halben Meter lang –, und manche werden erst nach 20 oder 25 Jahren zum Ablaichen in die oberen Flußläufe zurückkehren, in denen sie selbst geboren wurden.

Außer in der Wolga leben Störe auch im Don, der nahe Moskau entspringt und ins Asowsche Meer fließt. Heutzutage wird den Fischen in beiden Flüssen der Zugang zu ihren Laichplätzen immer häufiger durch die Staudämme der Wasserkraftwerke verwehrt, sofern diese nicht mit einer Fischtreppe ausgestattet sind. Um die Devisenquelle Kaviar zu erhalten, hat man deshalb umfangreiche Zuchtprogramme für Belugas und

Seite 64/65: Die kleinen Störe zeigen schon die typischen
Knochenschilder, die wie Sägeblätter den Rücken säumen, die
empfindlichen Barteln und die lange, flache Schnauze. Durch Zucht
und Aussetzung versucht man erfolgreich, die
Überfischung auszugleichen.

Wolgafischer landen ihren Störfang. Die großen Fische liefern schmackhaftes Fleisch,
Fischleim aus ihrer Schwimmblase und vor allem den begehrten Kaviar,
der aus den gereinigten und gesalzenen Eiern der Weibchen gewonnen wird.

Sternhausen eingeführt. Man fängt schwangere Weibchen im Mündungsgebiet der
Wolga und spritzt ihnen Hormone, durch die der Rogen schneller heranreift. Wenige
Tage danach entnimmt man die Eier und mischt sie mit dem milchigen Sperma der
Männchen. Die geschlüpften Jungstöre hält man 40 Tage lang in Zuchtbecken, bevor
man sie in den Fluß und ins Meer aussetzt. 100 Millionen solcher Winzlinge erblicken
auf diese Art jährlich das Licht der Welt. Der Lohn der Mühe winkt erst acht bis 17 Jahre
später, wenn die eiertragenden Weibchen aus den Tiefen des Kaspischen Meeres
aufsteigen und sich in den Netzen der Wolgafischer verfangen.

Die kaspische Störfischerei ist ein lukratives Geschäft; heute beschäftigt sie an die

1000 Menschen. Jedes Frühjahr säumen die Fischer die Wolga bei Astrachan und ziehen ihre Netze jeden Tag ein Dutzend Mal von Ufer zu Ufer. Ihren Fang bringen sie lebend in speziellen Kähnen zu Verarbeitungsschiffen, wo die Störe für ihr wohlschmeckendes Fleisch und den Rogen geschlachtet werden. Die Fischeier werden von den Sehnen gelöst, in Salzlake gereinigt und als glänzender Kaviar – als »schwarze Perlen des Kaspischen Meeres« – verpackt. Der seltenste Kaviar aus den goldfarbenen Eiern des Sterlets ist besonders wertvoll; einst war er dem Tisch des Zaren vorbehalten. Doch selbst der »gewöhnliche« schwarze Kaviar ist auf den Luxusmärkten der Welt fast sein Gewicht in Gold wert. Fast 1000 Tonnen werden jährlich gewonnen; das meiste ist für den Export gegen harte Westwährung bestimmt.

Die Inseln der Vögel

Die Unmengen von Sediment, die von der Wolga jedes Jahr eingeschwemmt werden, haben vielerorts im Delta Sandbänke und kleine Inseln entstehen lassen, die durch den Einfluß von Wind und Wellen ständig ihre Lage und Größe ändern. Eine davon ist Djemchusny – die »Perle«. Der schmale Sandstreifen liegt 85 Kilometer außerhalb des Deltas, etwa eine Tagesreise per Boot von Astrachan.

Fischmöwen nisten an der nördlichen Kaspi-See; mit über
60 Zentimetern Körperlänge gehören sie zu den größten Möwen.

Während die flauschigen Küken sich an ihr schneeweißes
Brustgefieder kuscheln, warnt die wehrhafte Raubseeschwalbe
einen Eindringling mit lautem Krächzen.

Djemchusny versinkt langsam im Meer. Ein Drittel seiner Fläche haben die steigenden Fluten bereits verschluckt; heute ist die Insel nicht mehr acht, sondern nur noch fünf Kilometer lang, und wenige hundert Meter breit. Trotzdem ist das kleine Eiland beliebter Nistplatz für Möwen und Seeschwalben. Im Frühling und Sommer lassen sich hier Zehntausende von Brutpaaren nieder und verwandeln die stille Sandbank in eine lärmende Kolonie voll hektischer Betriebsamkeit.

Vor allem Fischmöwen brüten hier. Etwa 80 Prozent der Weltpopulation dieser Vogelart leben am Kaspischen Meer. Mit einer Flügelspannweite von 1,7 Metern gehören sie zu den größten Möwen. Während der Brutzeit tragen Fischmöwen eine auffallende Maske mit pechschwarzem Kopf und rotgeränderten Augen in einem weißen Fleck. Diese »furchterregende« Maske soll zusammen mit dem orange-gelben Schnabel aufdringlichen Nachbarn signalisieren: »Nimm dich in acht, hier ist mein Platz!«. Am Kaspischen Meer ernähren sich die Fischmöwen vor allem von Fisch, hauptsächlich von Karpfen, Brassen

Auf Djemchusny nisten die Raubseeschwalben (vorne) unmittelbar
neben den Fischmöwen (im Hintergrund). Die Vögel verteidigen
ihre Kolonien zwar gemeinsam gegen Feinde, aber bei jeder
günstigen Gelegenheit stiebitzen die Möwen unbewachte
Eier der Seeschwalben.

und Plötzen, plündern aber auch, wie andere Großmöwen, die unbewachten Nester anderer Vögel. Selbst kleine Nager und Reptilien verschmähen sie nicht.

Futter gibt es in der Umgebung von Djemchusny im Überfluß. Daher haben sich nicht weniger als 25 000 Brutpaare der Fischmöwe diese Sandbank als Nistplatz ausgewählt. Ende Mai ist die Luft erfüllt von ein- und ausfliegenden Altvögeln, die Nahrung für ihre Küken heranschaffen. Sobald der Elternvogel mit einen halbverdauten Fisch im Kropf landet, picken die Jungen heftig gegen den roten Fleck am Schnabel, was die Möwe dazu bewegt, das Futter auszuwürgen.

Gleich nebenan haben die Raubseeschwalben ihre Kolonien errichtet. Diese größte Seeschwalbenart sieht im Fluge wie eine Möwe aus, doch unterscheidet sie der derbe rote Schnabel; auch ihr tiefes, rauhes Krächzen ist gar nicht möwenartig. Raubseeschwalben sind Kosmopoliten – sie nisten in Neuseeland ebenso wie in Nordamerika, Spanien und Afrika.

Etwa 2000 Brutpaare gibt es auf Djemchusny. In flachen Mulden warten die Dunenjungen, bis die Eltern kleine Fische im Schnabel zurückbringen, die sie im Stoßflug aus dem Meer erbeutet haben. Die jungen Seeschwalben verschlingen die mitgebrachten Fische im Ganzen. Raubseeschwalben sind äußerst wehrhafte Vögel; jeder Eindringling, der sich auf der Suche nach unbewachten Küken und Eiern in die Kolonie vorwagt, wird sofort von einer ganzen Gruppe aufs Heftigste attackiert. Mit Sturzflügen und Schnabelhieben vertreiben sie gemeinsam auch große Räuber wie die Fischmöwen.

Zwischenrast für müde Flieger

Wenn die Tage kürzer und die Lüfte kühler werden, zieht es zahllose Vögel aus ihren Brutgebieten im Norden in ihre Winterquartiere in Westeuropa, Afrika und Asien. Manche brauchen unterwegs einen Zwischenstopp, um sich auszuruhen und neue Kräfte für den Weiterflug zu sammeln. Das Wolgadelta ist einer der bedeutendsten Zugvogelrastplätze der Welt, weil es erstens ein günstiges Klima und reichlich Nahrung bietet und zweitens genau an einem flachen Ost-West-Korridor liegt, den die Vögel auf ihrem Weg von und nach Sibirien und Kasachstan durchfliegen. Insgesamt rasten über sieben Millionen Zugvögel während der Frühjahrs- und Herbstwanderungen hier im Delta.

Zum Ende des Sommers wimmelt es in den flachen Buchten und Lagunen von Enten, die sich bei kräftigem Futter innerhalb einiger Wochen ein neues, schlichtes Gefieder und genügend Körperfett zulegen, um ihre lange Reise fortzusetzen. Spießenten, Krickenten, Stockenten und Schnatterenten fliegen weiter ans südliche Kaspische Meer und in den Mittelmeerraum. Arktische Watvögel wie Rot- und Grünschenkel, Kampfläufer, Brachvögel und Uferschnepfen ziehen nach einer Zwischenrast sogar bis an die Küsten und Feuchtgebiete Afrikas.

Manche Zugvögel sind hier im Wolgadelta heimisch, zum Beispiel die Löffler und die Braunen Sichler, die den Winter in Indien und Bangladesch verbringen. 30 000 Graugänse, zum Teil aus Ostsibirien eingeflogen, genießen hier eine besondere orientalische Spezialität – die Lotosblume. Der Lotos stammt aus Asien und Nordaustralien, wo er in

Wie umgeklappte Regenschirme recken sich die Blätter der Lotosblumen zur Sonne; ihre zauberhaften Blüten verleihen dem sommerlichen Wolgadelta einen Hauch von Orient.

flachen Sümpfen mit nährstoffreichem Schlammboden prächtig gedeiht. Hier im Wolga-delta nehmen die Bestände zur Freude der Vögel ständig zu.

Im Sommer erkennt man die Lotosteppiche an den typischen, sonnenschirmförmigen Blättern, die sich in den sanften Brisen wiegen. Im Juli und August recken sich die herrlichen zartrosa Blütenwirbel auf den kerzengeraden Stengeln in die Luft. In der buddhistischen Lehre symbolisieren die Blütenblätter den ewigen Kreislauf des Lebens. Dort verehrt man den Lotos als heilige »Blume des Lichtes«. Sind die Blüten schließlich verwelkt, geben sie die Samenbehälter frei, die wie Pfefferstreuer aussehen und aus denen die schweren Samenkapseln herausfallen, sobald sie verrotten. Die Samen und Wurzeln haben es besonders den Graugänsen angetan: Zu Tausenden lassen sie sich in der kühlen Jahreszeit in den Lotosbeständen nieder, zupfen die Pflanzen aus dem weichen Untergrund und knacken die beliebten Leckerbissen mit ihren leicht gezähnten Schnäbeln.

Die Jagd auf Wasservögel ist in Rußland sehr beliebt. Im September beginnt rund um die Binnenmeere das große Vogelschießen – allein in Astrachan töten die Jäger jedes Jahr 200 000 Enten, Gänse und Bleßhühner.

Streng geschützt bevölkern derweil Rosaflamingos die salzigen Flachwasser im Nordosten des Kaspischen Meeres – es sind die nördlichsten Vertreter ihrer Art. Zwischen 30 000 und 50 000 dieser zauberhaften, langbeinigen und ausgesprochen geselligen Geschöpfe nisten am Tengis-See, einem Sodasee im nördlichen Kasachstan, und fliegen nach Ende der Brutzeit an das kaspische Nordufer. Dort, gleich neben der kasachischen Wüste, ist das Wasser noch warm, und in langen Reihen durchseihen die Flamingos, Kopf eingetaucht, mit ihren sonderbar gebogenen Schnäbeln das Wasser nach kleinen Krebstierchen.

Zum Herbst machen sie sich in großen Schwärmen auf den Weg ans südliche Ende des Kaspischen Meeres, um dort zu überwintern. Zwei Orte fliegen sie besonders gerne an. Der erste ist Krasnowodsk an der turkmenischen Küste, wo etwa 7000 Flamingos in den Brackwassern und Schilfzonen Unterschlupf finden. Die anderen steuern, 1000 Kilometer westlich, das gegenüberliegende Ufer an: die Bucht von Kirow an der aserbaidschanischen Seite. Diese Bucht umschließt das Naturschutzgebiet Kysyl-Agach, ein bevorzugtes Winterquartier vieler Wasservögel.

Im Sommer kann man hier eine der imposantesten Reiherkolonien der GUS bewundern. Nur hier nisten auch Kuhreiher. Selbst die für das tropische Asien, Afrika und Australien typischen Purpurhühner – große, exotisch anmutende Rallen mit roten Schnäbeln – gibt es hier in großer Zahl. Die Flamingos bauen in diesem Schutzgebiet sogar gelegentlich ihre schlammigen Nestkegel. Im Winter reicht der eisige Atem Sibiriens nicht bis hierher, und so finden eine halbe Million Wasservögel in Kysyl-Agach und der Bucht von Kirow eine sichere Bleibe bis zum Frühling.

Winter im Delta

Im Oktober schweben an die 20 000 Singschwäne aus ihrer nordischen Heimat im Wolgadelta ein. Die Luft hallt vom Trompetenkonzert des Schwanenheeres, während es von Bucht zu Bucht zieht. Wie die Gänse ziehen auch Schwäne in Familiengruppen; die Eltern entfernen sich nie weit von ihrem bereits ausgewachsenen Nachwuchs, den sie mehrere tausend Kilometer von den sibirischen Tundren zu den einladenden Lagunen des Wolgadeltas geführt haben. Hier tun sie sich an den Wasserpflanzen gütlich, bis der einsetzende Frost sie nach Süden weitertreibt. Viele bleiben, solange es irgendwie geht; zusammen mit Enten und Bleßhühnern ziehen sie sich auf eisfreie Flächen zurück. Am Rande des Eises sitzen oft hungrige Seeadler und lauern auf kranke oder schwache Vögel. Bald sind jedoch auch die letzten offenen Stellen zugefroren, und die Schwäne, Enten und Gänse fliegen endgültig an die Südstrände des Kaspischen Meeres oder weiter ans Mittelmeer.

Im Herbst kommen die Singschwäne von ihren Brutplätzen in der
Tundra ins Wolgadelta. Hier rasten sie einige Wochen, bevor der
Frost sie weiter nach Süden treibt.

73

Im tiefen Winter verwandelt sich die einst smaragdgrüne, dann goldbraune Landschaft in ein verlassenes, frostiges Ödland. Aus Sibirien fegt ein bitterkalter Wind herüber, der das Delta mit Schneestürmen in seinem eisigen Griff hält. Außer ein paar Nebelkrähen oder einem einsamen Seeadler, der von einer kahlen Weide aus in die Landschaft späht, rührt sich nichts. Aber tief unter dem Eis ziehen ungesehen schon die ersten Belugas langsam zu ihren Laichgründen – ein sicheres Anzeichen, daß mit den großen Fluten des Frühlings auch das Leben ins Delta zurückkehren wird. In den ersten Sonnenstrahlen des nächsten Jahres wird das grüne Juwel wieder funkeln.

Im Wolgadelta hält der Winter nur einmal im Jahr Einzug, aber es gibt im Reich des russischen Bären auch Orte, die ständig von Schnee und Eis bedeckt sind – die Gipfel der großen Berge.

Winter im Wolgadelta.

KAPITEL DREI

HIMMELHOHE BERGE

D AS GEBIET DER GUS besteht nicht nur aus endlosen Wäldern und Steppen; immerhin ein Drittel seiner riesigen Fläche türmt sich zu mächtigen Bergketten. Einige kennen wir zumindest dem Namen nach: Ural, Krim oder Kaukasus. Der Ural trennt Europa von Asien und verläuft, anders als die meisten asiatischen Gebirge, in Nord-Süd-Richtung. Mit den höchsten Gipfeln um etwa 2000 Meter ist er dabei relativ flach. Anders der Kaukasus: Hier reckt sich der Elbrus 5642 Meter über Meereshöhe. Aber die wahren Riesen liegen weiter östlich. Dort erstreckt sich eine gewaltige Felsmasse ununterbrochen vom Kaspischen Meer bis an die Pazifikküste.

Diese Gebirgskette stellt ein kaum überwindliches Bollwerk dar, das sowohl den feucht-warmen Tropenwinden als auch den meisten Tieren und Pflanzen den Zugang zu den südlichen GUS-Republiken verwehrt. Neben kleineren Gebirgszügen wie dem Kopet-Dag gehören auch Kolosse wie das Pamir-Alai- und das Tienschangebirge mit vielen Fünftausendern an der chinesischen Grenze dazu.

Nördlich des Tienschan liegt das Alataugebirge mit Gipfeln bis etwa 4400 Meter Höhe. Östlich schließt sich das Altaigebirge an, unter dessen zahlreichen Dreitausendern der Belucha mit 4506 Metern als höchste Spitze emporragt. Weiter gen Osten folgen das Sajan-, das Baikal- und das Stanowoigebirge. Rußlands östliche Flanke an der pazifischen Küste bilden schließlich die Sichota-Alin-Berge und das Kolymagebirge, hinzu kommen noch die Vulkanberge Kamtschatkas und einige kleinere Gebirge ganz im Nordosten. In Sibirien liegen weitere beeindruckende, wenngleich nicht so hohe

Im Tienschan fräsen sich zahlreiche Gletscher ihren Weg
durch die glitzernden Gipfel; der Iniltschik ist mit
60 Kilometern Länge der größte.

Bergzüge, erwähnt sei nur das Werchojansker Gebirge. Aber die imposantesten Gebirge mit den höchsten Gipfeln und einer faszinierenden Tier- und Pflanzenwelt sind Pamir und Tienschan − sie wollen wir als nächstes besuchen.

Tienschan − die himmelhohen Berge

Tienschan ist Chinesisch und bedeutet »himmelhohe Berge«. Aber die westliche Hälfte des Gebirges liegt auf dem Gebiet der GUS, größtenteils in Kirgisien, mit einigen Ausläufern nach Kasachstan.

Es ist eine atemberaubende Landschaft, steil und zerklüftet, die Gipfel in ewiges Eis gehüllt. Ihr höchster Punkt ist mit einer Höhe von 7439 Metern der Pik Pobeda an der Grenze zu China. Sein etwas niedrigerer Nachbar, der Chan Tengri, thront als majestätische Felspyramide über den bizarren Gletschern und Bergen des Tienschan. Seine marmorne Spitze aus den Sedimenten des einstigen Meeresbodens zeugt von den kolossalen Kräften, die ihn vor Urzeiten aus den Tiefen der Tethys auf 7010 Meter emporhoben.

Aufgrund der großen Höhe und dem reichlich vorhandenen Schnee finden wir in den Himmelsbergen zahlreiche Gletscher. Mächtige Eisblöcke schieben sich zentimeterweise über die scharfkantigen Felsen und schleifen alles mit, was sich ihnen in den Weg stellt. Diese Geröllmassen deponieren sie als Endmoränen viele Kilometer entfernt.

Der Iniltschik-Gletscher ist der längste im Tienschan. Bei einer Geschwindigkeit von zehn bis 20 Metern pro Jahr braucht er 2000 Jahre, um einen Felsbrocken vom Gipfel des Pik Pobeda bis an den Fuß des Berges in 60 Kilometern Entfernung zu tragen. Durch die gegenwärtige Erwärmung des Klimas schmilzen manche Gletscher jedoch vorzeitig und lassen ihre mitgeführten Felslasten auf halbem Wege als Geröllfelder liegen.

Der Pamir − Dach der Sowjetunion

Im Pamirgebirge finden wir die höchsten Berge der ehemaligen Sowjetunion. Die meisten fallen in tadschikisches Gebiet im Südwesten der Pamir-Alai-Kette nahe der Grenze zu Afghanistan und China. Aus dem rechteckigen Hochplateau ragen der Pik Lenin mit 7134 Metern und der Pik Kommunismus (der einstige Pik Stalin) mit 7495 Metern als höchste Gipfel empor.

Obwohl der Pamir in subtropischen Breiten liegt, herrscht in der großen Höhe ein kaltes Klima. Sein westlicher Teil fällt steil ab und ist äußerst niederschlagsreich, während die Landschaft der östlichen Region weniger schroff und sehr trocken ist. Kaum zu glauben: Keinen anderen Ort im Reich des russischen Bären erreichen mehr

Sonnenstrahlen – wir befinden uns hier an einem der sonnigsten Plätze der Erde. An fast 320 Tagen im Jahr scheint die Sonne auf die Hochebenen. Bei dem minimalen Niederschlag von 25 Millimetern jährlich bildet sich nur eine spärliche alpine Vegetation aus, die dem eisigen Wind und Frost trotzt. Auch den meisten Tieren ist es hier allzu unwirtlich; nur wenige, wie das Tibetische Steppenhuhn, das Tibetaner-Königshuhn, das Himalaya-Königshuhn, die Streifengans oder das Marco-Polo-Riesenwildschaf, halten es hier aus.

Die Schneegrenze liegt im Nordwesten zwischen 3600 und 3800 Metern, im mittleren und östlichen Teil steigt sie bis auf 5200 Meter. Trotz des trockenen Klimas gibt es im Pamir über 7000 Gletscher, die insgesamt 7500 Quadratkilometer bedecken. Der Fedtschenko-Gletscher, nach einem russischen Botaniker benannt, ist der mächtigste von allen; bei einer Länge von 77 Kilometern und einer Dicke von bis zu 1000 Metern fließt er jedes Jahr zwischen zehn und 20 Meter zu Tal.

Im Gletschereis dieser Berge sind immense Süßwassermengen gespeichert – insgesamt zwei Millionen Kubikmeter. Hieraus, und aus den schmelzenden Schneefeldern der Hochlagen, entstehen schätzungsweise 10 000 bis 12 000 Flüsse, einige von beachtlicher Größe wie der Pjandsch und der Wachsch, die später zum Amu-Darja zusammenfließen. Wo sich das eisige Wasser durch steile Felstäler zwängt, stürzt es mit hoher Geschwindigkeit über Millionen sprühender und rauschender Kaskaden zu Tal; werden die Täler weit und eben, mäandern die Flüsse gemächlich dahin, teilen sich und kommen wieder zusammen wie glitzerndes Perlengeschmeide. Hier oben, an den klaren Flüssen der Tienschanhochtäler, lebt der seltene Ibisschnabel.

Der Ibisschnabel

Dieser sonderbare Watvogel mit dem grau-weißen Federkleid, dem schwarzen Gesicht und dem langen, aber recht kräftigen abwärts gebogenen Schnabel, ist nur an den

Seite 80/81: Von Gletschern geschliffene Berghänge spiegeln sich in einem Bergsee im Pamir. Mit insgesamt 400 Kilometern Länge und 225 Kilometern Breite reicht dieses mächtige Gebirge bis nach China und Afghanistan hinein, aber der größte Teil liegt in der GUS-Republik Tadschikistan.

Bergbächen des Himalaya und, seltener, in den Hochtälern des Tienschan und des Pamir-Alai anzutreffen. Ende April oder Anfang Mai beginnen die Ibisschnäbel mit der Brut. Sie legen ihre Eier in flache Kieselmulden in Höhen zwischen 1700 und 4400 Metern; manchmal liegt dort sogar noch Schnee, und die Eier sind in Gefahr, vom Schmelzwasser weggespült zu werden.

In Zentralasien sind Ibisschnäbel selten – man schätzt ihre Zahl auf nur 150 Brutpaare. Sie leben als ausgeprägte Standvögel paarweise in einem klar abgesteckten Territorium. Will sich ein anderes Ibisschnabelpärchen in der Nachbarschaft niederlassen, muß es wenigstens einen Kilometer weiterziehen, um sein »Nest« in die Bachkiesel zu scharren.

Das Gelege ist von den umliegenden Steinen kaum zu unterscheiden; auch die Altvögel heben sich durch ihr unauffälliges Gefieder kaum vom Bachgeröll ab. Männchen und Weibchen teilen sich das Brutgeschäft; wer gerade »dienstfrei« hat, stöbert zwischen den rundgeschliffenen Kieseln nach Insekten, Schnecken und kleinen Krebsen oder Fischen.

Wenn die Küken schlüpfen, sehen sie noch unscheinbar aus: wie kleine grauschwarze Wollknäuel auf Stelzen. Sie verlassen ihre Nestmulde zwar recht bald, müssen von den Eltern aber so lange gefüttert werden, bis ihre Schnäbel lang genug sind, damit sie mit ihnen tief zwischen den Kieseln nach Nahrung bohren können. Sie sind schon tüchtige Schwimmer, werden aber erst mit 50 Tagen flügge. Bei ihren eleganten Flügen lassen sie ihr auffälliges schwarz-weißes Flügelmuster erkennen. Zum Winteranfang ziehen sie sich wie viele Vögel aus den hohen Berglagen in tiefere Täler zurück, um dem unwirtlichen Klima zu entkommen.

Der Vegetationsgürtel

Temperatur und Feuchtigkeit schwanken in den Bergen beträchtlich je nach Höhe und Ausrichtung; diese zwei Faktoren haben die Naturgeschichte jener wilden Urlandschaft bestimmt. So gibt es am Fuße des Tienschan glühendheiße, trockene Ebenen. Aber je höher man steigt, desto kälter und feuchter wird die Umgebung; alle 300 Meter fällt die Temperatur um zwei Grad Celsius – günstige Bedingungen für das Wachstum von Wäldern.

Viele der unteren Hänge des Tienschan sind mit Wäldern der Tienschanfichte bedeckt, wobei sich zwischen den Bäumen häufig auch Wacholderbüsche breitmachen, die mit ihrem feinen Wurzelwerk die trockene Erde festhalten und Erosion verhindern.

Der Ibisschnabel brütet an steinigen
Hochgebirgsbächen im Tienschan.

In den westlichen, trockeneren Zonen hat der Wacholder die Nadelbäume fast gänzlich ersetzt.

Im Pamir gedeihen in geschützten Tallagen sogar Walnuß- und Ahornhaine. Im Tienschan liegt die Baumgrenze bei etwa 2800 Metern, darüber werden die Fröste zu hart und die Winde zu eisig. Oberhalb des Waldgürtels bestimmen niederliegende Wacholderbüsche die Landschaft, aber mit steigender Höhe müssen auch sie dem Wetter weichen.

Noch weiter oben breiten sich alpine Matten aus flachen Gräsern und geduckten oder polsterförmigen Gebirgsblumen und schließlich Geröllhalden aus. In diesen Höhen, mehrere Kilometer über dem Meeresspiegel, droht den Lebewesen eine weitere Gefahr: Das intensive Sonnenlicht strahlt hohe Dosen der gewebeschädigenden ultravioletten Wellen aus. Einige Gebirgspflanzen stellen daher einen roten Farbstoff synthetisch her, der wie eine Sonnenschutzcreme wirkt und sie vor den zerstörerischen Strahlen abschirmt.

Der Knochenbrecher

Bereits mitten im Winter beginnt einer der eindrucksvollsten Greife sein Brutgeschäft – der Bart- oder Lämmergeier. Seinen Horst baut dieser außergewöhnliche Vogel in die Nischen steiler Bergwände oder auf unzugänglichen Vorsprüngen hoch im Fels. Jedes Jahr kehren die Bartgeier zu ihrem alten Nest zurück, bessern es mit Reisern und Beuteresten aus und kümmern sich dann um ihr Gelege, das meist aus nur einem Ei besteht.

Der Lebensraum des Bartgeiers sind wildzerklüftete Gebirge, wo er bei ausreichender Nahrung auch in die höchsten Berglagen vordringt. Ebenso kraftvoll wie anmutig schwingt er sich mit seinen fast drei Meter spannenden gefleckten Flügeln die Schluchten und Felsgrate entlang, um mit scharfen Augen den Boden nach Nahrung abzusuchen. Oft wird er dabei von Alpenkrähen, Alpenseglern, Gänsegeiern oder Steinadlern begleitet.

Zwischen Schnabel und Hals wachsen dem Bartgeier zwei kleine befiederte Hautlappen, die wie ein Spitzbart aussehen und ihm seinen Namen verliehen. Auch sonst hat er wenig Ähnlichkeit mit seinen aasfressenden Vettern. Anders als bei ihnen sind sein Kopf, sein Hals und seine Schenkel dicht befiedert, der keilförmige Schwanz ist auffallend lang, und als einziger Geier trägt er seine Beute mit den Krallen. Absonderlich ist vor allem seine Nahrung: Er lebt vorzugsweise von Knochen. Statt sich mit den Gänse-, Schnee- und Mönchsgeiern auf das frische Aas zu stürzen, wartet er lieber und hält die Nachlese am Skelett. Natürlich verschmäht er auch übriggebliebene Fleischreste nicht, aber er ist darauf spezialisiert, Knochen und Häute zu verdauen. Kaum zu glauben, was er dabei verschlingt: Ganze Wirbel vom Yak mit allen Fortsätzen, auch lange Rippen passen durch den dehnbaren Schlund. Mit zu großen Knochen oder Schildkrötenpanzern verfährt er folgendermaßen: Er trägt sie bis zu 60 Meter hoch in die Luft und läßt sie auf seiner immer wieder benutzten »Bartgeierschmiede« zerschellen, um an den nahrhaften Inhalt zu gelangen.

Anders als die meisten Geier jagt der Bartgeier manchmal auch lebende Beute wie Murmeltiere oder Schneehühner. Bisweilen hat man beobachtet, daß Bartgeier sogar größere Tiere bedrängen und sie in einen Abgrund zu treiben suchen. Aber ihre Hauptnahrung sind Knochen. Ihr ungewöhnlich früher Brutzyklus mag damit zusammenhängen, daß zum Ende des Winters, wenn das Junge gefüttert werden muß, große Mengen Fallwild von den schmelzenden Schneemassen freigegeben werden – eine günstige Zeit also, um den Nachwuchs mit Nahrung zu versorgen. Erst im Juli oder August werden die Jungen schließlich flügge.

Berge im Blütenschmuck

Im April beginnen die ausgedehnten Schneefelder, besonders an den Südhängen, abzuschmelzen. Die Eisdecke auf den Flüssen bricht auf, Frühlingsbächlein fließen wieder. Die Tage werden länger, die Sonnenstrahlen wärmer, und unter dem Schnee regt sich bereits erstes Leben. Wie Farbkleckse in der Landschaft stecken Wildtulpen ihre bunten Köpfe aus dem noch eisigen Boden in die Frühlingsluft.

Im westlichen Tienschan blühen über 20 Arten dieser attraktiven Wildblumen. In allen Farben überziehen sie die Hänge, mancherorts in einer Dichte von 60 Pflanzen pro Quadratmeter. Später im Frühling kommen Türkenbund, Steppenkerze, blaßvioletter Rittersporn und blauer Eisenhut hinzu. Natürlich dürfen auch Enzian und Edelweiß nicht fehlen. Im Sommer sind die wogenden violetten Trommelschlegel der wilden Zwiebeln allgegenwärtig; ein Nebenstrang des Tienschan heißt sogar Tsun Lin – die »Zwiebelberge«. An den trockeneren Hängen blühen genügsame Buschröschen in schlichtem Gelb und Weiß.

Über die bunten Bergwiesen flattern die herrlichsten Schmetterlinge durch die würzige Luft, darunter orangefarbene und braune Perlmutterfalter, leuchtende Feuerfalter, kleine, wie Juwelen glitzernde Bläulinge, marmorn gesprenkelte Weißlinge und der große Apollofalter mit seinen roten Augenflecken auf den milchigen Flügeln, mit denen er hungrigen Angreifern ein gefährlich dreinblickendes Gesicht vorgaukelt. Im Sommer werden einige der leichtflügeligen Insekten von den warmen Aufwinden hoch in die Berge getragen, wo sie auf den Schnee- und Gletscherflächen der Wolfsspinne zum Opfer fallen. Dieses erstaunlich angepaßte Tier ist so kälteunempfindlich, daß es seine Beute auf Schnee und Eis jagen kann. In diesen Höhen leben auch die mikroskopisch kleinen Springschwänze, die sich unter anderem von Pollen ernähren.

Vögel und Säuger im Frühling

In den tiefen Gebirgslagen sind viele Vögel schon eifrig mit dem Nestbau und der Brutpflege beschäftigt, wenn weiter oben noch tiefer Winter herrscht. Männliche Braunkopfammern, safrangelb mit rotbraunem Kopf, und Weißkehlsänger mit ihrem auffallend schwarz-weißen Gesicht und leuchtend orangeroter Brust zwitschern aus vollem Halse ihre Lieder von den Wacholderzweigen. Die Schwarzschopfmeise sieht der Tannenmeise ähnlich, ist aber deutlich kleiner. Ihr Reich sind die dichten Nadelwälder an den tiefer liegenden Berghängen, wo sie ihr Nest meist in Felsspalten anlegt. Auch die weiß-blauen Lasurmeisen brüten hier, dazu Gelbbrauenlaubsänger, Rotstirngirlitz und

Nach dem langen Winter in Tienschan regt sich unter dem schmelzenden Schnee schon erstes Leben (unten links); farbenprächtige Wildtulpen schmücken eine Bergwiese (unten rechts); Steppenkerzen recken ihre gelben Blütenstände in die Gebirgsluft (oben links), und wilde Zwiebeln wachsen wie Trommelstöcke aus dem kargen Boden (oben rechts).

Im kurzen Bergsommer bringt die Primel einen Farbklecks in die
grauen Schluchten des Tienschan oberhalb der kasachischen
Hauptstadt Alma Ata.

etliche Gimpelarten. Als Gast aus Indien nistet in den Wacholderbüschen das Schwarzwangen-Rubinkehlchen.

Der vielleicht exotischste Vogel dieser Gegend ist der Fahlbauch-Paradiesschnäpper.
Diese Schnäpperart ist zwischen Afghanistan, Nordchina und Java weit verbreitet; in
der GUS kommt er in Ussuriland im Osten und entlang der Wasserläufe in den
Waldstreifen der »Himmelsberge« vor. Die Männchen sind in dieser Region farbenfroh
gefiedert (die Färbung dieser Vögel ist im weiten Wohngebiet der Art sehr unterschiedlich): Kopf und Hals sind schwarz mit stahlblauem Schimmer, die Augen von einem
blauen Kreis umringt. Der Bauch ist weiß und das restliche Federkleid rostbraun. Ihr
auffälligstes Merkmal ist jedoch der 50 Zentimeter lange Schwanz, der dem kleinen
Vogel beim Anfliegen des winzigen Napfnestes äußerst lästig fällt. Um so erstaunlicher,
daß er sich trotzdem an der Brut beteiligt. Den Weibchen fehlen diese langen Schwanzfedern. Wie andere Schnäpper erbeuten die Paradiesschnäpper ihre Insektennahrung,
indem sie sie geschickt im Flug fangen.

Wenn der Winter zurückweicht, machen sich auch die ersten größeren Säugetiere
über die frische Vegetation her. Marco-Polo-Wildschafe und Sibirische Steinböcke
bekommen schon zeitig im Frühjahr Nachwuchs. Wie ihre domestizierten Verwandten

In Tienschan nistet auch eine ganze Reihe wunderschöner
Singvögel, zum Beispiel die Chinesische Pfeifdrossel (oben links);
sie lebt an schnellfließenden Gebirgsbächen. Den Weißkehlsänger
(Männchen, oben rechts) findet man auf trockenen, steinigen
Südhängen zwischen 1100 und 2300 Metern Höhe. Noch höher,
nämlich zwischen 2500 und 3500 Metern, nistet in
Wacholderdickichten das Schwarzwangen-Rubinkehlchen
(Männchen, unten Mitte).

springen die Lämmer aus purer Lebensfreude über die zartgrünen Frühlingswiesen. Mächtige Wildschweine, die man in den zentralasiatischen Bergen bis in 3000 Meter Höhe antrifft, durchwühlen in Familiengruppen einschließlich der Frischlinge den Boden nach Wurzeln und Knollen. Wenige Wochen zuvor hätten sie im steinhart gefrorenen Boden nichts ausrichten können, jetzt aber hat die Schneeschmelze die Erde aufgeweicht, und die Wildschweine können die nahrhaften Leckerbissen ausgraben.

Murmeltiere

Wenn die warme Frühlingssonne das saftige Gras auf den Berghängen zum Sprießen bringt, erwachen auch die Murmeltiere aus ihrem langen Winterschlaf, um den kurzen Gebirgssommer zu genießen. Fünf oder sechs Arten dieser großen Nager leben hier in den Bergen. Das farbigste ist das Rote Murmeltier des westlichen Tienschan und des Pamir. Mit einer Länge von 60 Zentimetern etwas größer als ein Feldhase, ziert es ein dichter kupferroter Pelz; damit ist es gegen die Kälte gewappnet, denn in seinem bevorzugten Habitat oberhalb der Baumgrenze sind die Nächte auch im Sommer stets frostig.

Jede Murmeltierfamilie beansprucht ein Gebiet von etwa einem Quadratkilometer. Zur Familie gehören neben den Eltern auch die Jungtiere der letzten beiden Jahre, weil deren Entwicklung verhältnismäßig langsam vorangeht. Die meiste Zeit verbringen die Murmeltiere in ihren über drei Meter tiefen und 60 Meter langen Tunnelbauten, in denen sie mehrere blinde Gänge als Winterschlafstuben und Latrinen einrichten. Neben diesen mehrere Jahre genutzten Bausystemen graben sie im Sommer noch einfachere Schlupflöcher, in denen sie vorübergehend Zuflucht finden.

Nach dem Aufwachen kommen die Murmeltiere im April oder Mai – je nach Höhenlage – an die Erdoberfläche; meist liegt noch Schnee. Jetzt brauchen sie täglich drei Pfund vorwiegend pflanzliche Nahrung, um sich genügend Winterspeck (etwa zwei Kilogramm) für die nächste, fast zehn Monate währende, Schlafperiode anzufressen. Dabei sind sie nicht allzu wählerisch: In den ersten Wochen graben sie nach Wurzeln und Knollen, später wenden sie sich über 100 verschiedenen Gräsern, Kräutern und Blumen zu. Die Samen wandern dabei unverdaut durch den Verdauungstrakt und werden mit dem Kot, der gleichzeitig als Dünger für die daraus sprießenden Schößlinge wirkt, wieder ausgeschieden. Murmeltiere sind jedoch keine strengen Vegetarier: Gelegentlich ergänzen sie ihren Speiseplan auch durch tierische Nahrung, vor allem Heuschrecken, Raupen und Schnecken.

Der Murmeltierbau ist so großräumig, daß ihn auch andere Tiere manchmal als

Niststätte mitbenutzen. Ist Wasser in der Nähe, wird sich vielleicht ein Mittelsäger oder eine Rostgans einquartieren. Die Riesenrotschwänze mögen besonders die Fliegenschwärme, die vom Murmeltierkot angelockt werden. Diese fast starengroßen Vögel brüten sogar in den Gängen. Mit ihrer robusten, unempfindlichen Konstitution leben sie im Himalaya, im Kaukasus und in den Bergen Innerasiens bis in 5000 Metern Höhe. Am wohlsten fühlen sie sich auf Gletschermoränen und Geröllfeldern, die von klaren Gebirgsbächlein durchzogen sind. Hier flattern diese prächtigen Vögel von Stein zu Stein, eifrig auf der Suche nach einem unvorsichtigen Insekt. Das Männchen ist unverkennbar gefiedert: Die Oberseite ist schwarz, Brust und Bauch sind in tiefes Rotbraun getaucht, und im Fluge leuchtet sein gefächerter Schwanz flammenrot. Das Weibchen hingegen ist, wie bei den meisten Vögeln, eher unauffällig gefärbt.

Der russische »Yeti«?

Die Berge des Tienschan und des Pamir sind die Heimat des hellen, sandfarbenen Isabellbraunbären. Die männlichen Bären wachsen hier zu einer stattlichen Größe heran und erreichen eine Länge von anderthalb Metern und bis zu 200 Kilogramm Körpergewicht; die Weibchen sind sichtlich kleiner. Im Mai tauchen sie aus ihren Höhlen auf, in denen sie ihre Winterruhe verbracht haben. Als erstes nehmen sie, wie alle Bären nach der Ruhezeit, große Mengen Wasser auf, dann stärken sie sich an frischen Gräsern, am saftigen Wildrhabarber, an Bärenklau, Riesenfenchel und an den Beeren und Früchten, die vom letzten Herbst übriggeblieben sind.

Wenn der Sommer auch die höheren Lagen erreicht, klettern die Bären bis auf 3000 Meter hinauf, um dort ungestört zu äsen. Manchmal gönnen sie sich einen saftigen Brocken Fleisch, indem sie Mäuse und Wiesel oder sogar die großen Murmeltiere ausgraben. Sie sind stark genug, um auf ihrer Suche nach kleinen Säugern und großen Insekten auch schwere Steine und gewichtige Felsplatten umzudrehen: Vielleicht versteckt sich dort ja ein Leckerbissen. Auch das im Winter verendete Fallwild fressen sie gern, wenn sie es mit ihren äußerst feinsinnigen Nasen aufspüren. Wenn Bären durch den Schnee stapfen, hinterlassen sie dort Spuren, die einem menschlichen Fußabdruck verblüffend ähnlich sind. Diese Spuren und der Anblick flüchtender Bären auf den Schneefeldern mögen die Ursache der örtlichen Legenden vom Yeti, dem geheimnisvollen Schneemenschen, sein.

Ein Rotes Murmeltier überblickt von seinem Ausguck das Gelände;
bei Gefahr warnt es die anderen mit einem gellenden Pfiff.
Diese kräftigen Nager halten in ihrem ausgedehnten, gut gepolsterten
Bau fast zehn Monate Winterschlaf.

Menschen der Berge

Während des Sommers begeben sich einige der kasachischen und kirgisischen Völker auf ihre traditionellen Wanderungen und folgen mit ihren Viehherden dem Wachstum der Pflanzen. Sie bleiben nie lange an einem Ort und treiben ihre Schafe, Ziegen, Rinder und Pferde durch die Täler bis in die Hochgebirgslagen. Im August, wenn das Wetter schlechter wird, kehren sie zurück.

Diese zähen Nomaden stammen ursprünglich aus der Mongolei, und ihre orientalischen Gesichtszüge kommen ihnen beim Leben in den Bergen zustatten: Die schmalen Augen bieten ihnen auch im gleißenden Licht der Schneefelder eine gute Sicht, und die kurze, flache Nase verringert die Gefahr des Erfrierens. Ihren Namen erhielten die Kasachen vom türkischen Wort für »Steppenreiter«, und in ihrer langen Geschichte war das Pferd ihr wichtigster Begleiter. Kinder lernen das Reiten fast noch eher als das Laufen. Seit den Zeiten von Dschingis Khan im 13. Jahrhundert haben die türkischen und mongolischen Reiterhorden den riesigen, 3000 Kilometer langen Steppenkorridor von Nordchina bis zur unteren Wolga durchstreift und unterworfen. Heute leben die meisten seßhaft, nur wenige führen das traditionelle Nomadenleben als Viehzüchter und Ackerbauern weiter.

Im Laufe der Jahrhunderte haben die Nomaden ein praktisches tragbares Zelt entwickelt, das ihnen während des Sommers als Behausung dient – die Jurte. Sie besteht aus einem leichten, zusammenlegbaren Holzrahmen aus Birken- oder Weidenstöcken, der sich innerhalb weniger Minuten zu einer runden Hütte mit Kuppeldach aufstellen läßt. Dicke Filztücher werden über das Gestell gelegt und lassen die Jurte mit einem Durchmesser von bis zu sechs Metern zu einer wetterfesten Unterkunft werden. Durch eine Klappe im Dach kann Licht in das Innere gelangen und der Rauch des Feuers entweichen. Es heißt, der Mann könne die Jurte in der Zeit aufbauen, in der seine Frau den Tee bereitet!

Sogar manche Stadtbewohner ziehen die Jurte einem gebauten Haus vor. Trotz der spartanisch ausgelegten Konstruktion läßt sich das Zelt mit bunten Tüchern, Teppichen, Kissen und kunstvoll geschnitzten Betten schnell in ein schönes, gemütliches Heim verwandeln.

Abends glimmt im Innern ein wärmendes Feuer, und Gästen bietet man Tee aus dem Samowar an, dazu Fleisch, Käse und das schwach alkoholische Kumyß, ein gegorenes, joghurtartiges Getränk aus Stutenmilch, das einen rauchigen, leicht sauren Geschmack hat.

Den Tag verbringen die Männer meist im Sattel und kümmern sich um das Vieh. Auch heute noch halten sich die Nachkommen der mongolischen Krieger ihre Pferde, hauptsächlich als Lieferanten von Fleisch und Milch. Die Stuten fohlen im April, und während der ersten vier Wochen ist ihre Milch ganz für ihren Nachwuchs bestimmt. In den nächsten drei Monaten nimmt dann auch der Mensch seinen Teil. Fünf oder sechs Mal am Tag wird das Fohlen an das Euter seiner Mutter angesetzt, um den Milchfluß anzuregen. Dann nimmt man es etwas zurück, aber nur so weit, daß es noch Kontakt mit der Stute hat, damit die Milch weiterfließt. Eine der Frauen melkt dann die Stute wie eine Kuh. Auf diese Weise gibt ein Muttertier bis zu vier Liter Milch am Tag. Im Herbst, wenn die Fohlen entwöhnt sind und der Milchfluß versiegt ist, kann die Stute wieder schwanger werden.

Ein kasachischer Hirte führt seine Yakherde zum Weiden
in die Berge. Die Vorfahren dieser robusten Rinder, die schwarzbraunen
Wildyaks, sind etwas größer und durch starke Bejagung
selten geworden.

Der Yak – das Rind der Berge

Die meisten Haustiere sind Nachfahren von Flachlandbewohnern. Ganz anders der Yak
– seine wilden Vorfahren lebten im rauhen Hochgebirge. Noch im 14. Jahrhundert
durchstreiften große Herden der Wildyaks das russisch-mongolische Grenzgebiet, aber
heute sind sie sehr selten geworden und nur noch in den unwirtlichsten Hochländern
Tibets und Szetschuans in über 6000 Meter Höhe anzutreffen. Es ist wirklich erstaunlich, wie sich diese massigen Tiere von der spärlichen Vegetation überhaupt ernähren
können. Ausgewachsene Bullen erreichen immerhin eine Schulterhöhe von über zwei
Metern und wiegen fast eine Tonne. Dagegen sind die domestizierten Hausyaks deutlich
kleiner.

Die Berge Kirgisiens bilden die nördliche Grenze ihres Verbreitungsgebiets. Hier hält man sie vor allem wegen ihres Fleisches und weniger als Lieferant von Wolle und Milch oder als Lasttiere wie im Himalaya. Hier oben, über der Baumgrenze, sind sie ganz in ihrem Element. Das ganze Jahr über kommen sie mit dem kümmerlichen Pflanzenbewuchs gut zurecht und brauchen kein zusätzliches Futter. Mit Hilfe ihrer Hufe kratzen sie den Schnee von der mageren Vegetation. Schafe und Ziegen müssen dagegen im Winter zu Tal getrieben werden, um sie vor der harten Witterung des Winters zu schützen.

Yaks sehen ähnlich aus wie Zebus (Buckelrinder), nur sind ihre Schulterbuckel etwas ausgeprägter, ihre Beine kürzer und die Köpfe etwas massiger. Ausgewachsene Bullen tragen kräftige, geschwungene Hörner auf den mächtigen Schädeln. Das lange, oft schwarze Fell der Yaks hängt zottelig von den Seiten, den Beinen und sogar vom Schwanz herab. Dieser dichte Haarpelz schützt sie vor dem eisigen Wind und isoliert sie gegen die Bodenkälte, wenn sie sich im Schnee ausruhen.

Die Bergseen

Während der letzten Eiszeit haben die gewaltigen Geröllverschiebungen in manchen Flußtälern der Gebirge natürliche Dämme aufgeschichtet und dem Wasser den Weg ins Tal versperrt. Im Tienschan ist der größte der so entstandenen Bergseen der Issyk-Kul. In 1600 Metern Höhe füllt er eine Talsenke von mehr als 6200 Quadratkilometern Ausdehnung bis zu einer Tiefe von 700 Metern. Sein tiefblaues Wasser verleiht diesem See vor den schneebedeckten Gipfeln eine atemberaubende Schönheit, wie sie in Eurasien vielleicht nur noch vom Baikalsee übertroffen wird.

Im Winter sind nur seine flachen Uferränder von einer zarten Eisdecke überzogen. Aus Armenien wurden Regenbogenforellen vom Menschen hier eingesetzt. Ihr Laichverhalten erinnert allerdings eher an das der Lachse, denn im Herbst steigen sie die Bäche und Flüsse hinauf, um ihre Eier abzulegen. Im See haben die Forellen keine Mitbewerber um die Insektennahrung, und so wachsen sie hier zu riesigen Exemplaren heran – manche Fische wiegen bis zu 15 Kilogramm, wenngleich der Durchschnitt wohl eher bei sieben oder acht Kilogramm liegt. In ihrer ursprünglichen Heimat erreichen diese Fische maximal vier Kilogramm Gewicht.

Der Kara-Kul ist der höchstgelegene der Bergseen. 3900 Meter über dem Meer erstreckt er sich mitten in der trockenen Steinwüste des Pamir. Mit maximal 236 Metern Tiefe ist er viel flacher als der Issyk-Kul und friert im Winter völlig zu. Im Sommer peitschen die Bergwinde das kalte, brackige Wasser in dunkle Wellen, was dem Kara-Kul seinen Namen einbrachte – der »Schwarze See«. Sein Wasser enthält nicht allzu viele Nährstoffe, und so entwickelte sich hier nur eine relativ bescheidene Lebewelt aus Wirbellosen, Fischen und Wasservögeln.

Zugvögel im Hochgebirge

Auf den kleinen Felseninseln im Issyk-Kul nisten Streifengänse. Diese Zugvögel überfliegen auf ihrer Wanderung sogar den Himalaya in fast 9000 Metern Höhe, wo die Luft so dünn ist, daß die meisten Menschen dort nicht ohne Sauerstoffmaske überleben würden. Dabei sind diese Vögel nur mittelgroße und eher zierliche Gänse. Auf der Rückseite des Kopfes und am Hals tragen sie zwei breite, hufeisenförmige Streifen.

Streifengänse leben nur in Asien; den Winter verbringen sie in den Ebenen Nordindiens, in Assam und im nördlichen Birma. Jedes Frühjahr gewinnen sie auf ihrem Rückflug zu ihren Brutstätten genügend Höhe, um die mächtige Schranke des Himalaya zu überwinden. Die meisten nisten an den bitteren Sodaseen im Tibetanischen Hochland, andere fliegen weiter bis zu den Südhängen des Altaigebirges und in das Gebiet südlich des Baikalsees. Einige schließlich ziehen weit nach Westen bis in den Pamir, den äußersten Rand ihres Verbreitungsgebiets. Auf kleinen Inseln scharren sie ihre Nestmulden ins kurze Gras und finden sich oft in lockeren Kolonien zusammen, aber längst nicht so gedrängt wie beispielsweise Möwen oder Seeschwalben. An der Grenze zur Mongolei sollen sie sogar auf Bäumen brüten.

Die große Höhe verzögert das Schlüpfen der Jungen; fast einen Monat lang bebrütet das Weibchen die Eier. Im Juli ist es dann soweit. Ihren ersten Lebenstag verbringen die Kleinen noch im Nest, dann werden sie von ihrer Mutter ans Wasser gelockt. Um diese Zeit werfen die erwachsenen Gänse all ihre Federn gleichzeitig ab, damit wieder neue wachsen können. Während des Übergangs sind sie flugunfähig und Raubtieren fast hilflos ausgeliefert, aber zum Glück verlieren sich außer einigen Füchsen nur wenige Räuber in diese Höhen.

Etwa 40 Gänsepaare haben sich durch die engen Hochtäler gefädelt, um sich am Rankulsee niederzulassen, der 80 Kilometer südöstlich in Tadschikistan liegt, nur einen

Seite 96/97:
Der Kara-Kul-See ist der höchstgelegene der zentralasiatischen Bergseen.
Hier nisten an die 400 Paare der seltenen Tibetlachmöve.
Jetzt im August führen sie ihre schon recht großen Küken.

Etwa 40 Brutpaare der eleganten Streifengänse nisten auf den salzverkrusteten Inseln des Rankul-Sodasees 4000 Meter hoch im Pamir. Bei brütender Hitze am Tage, aggressiv-salzigen Sandstürmen und klirrender Nachtkälte ist dies eine der ungemütlichsten Kinderstuben der Vogelwelt.

Steinwurf von der chinesischen Grenze entfernt. Bei gerade mal ein oder zwei Metern Tiefe ähnelt er mehr einer langgestreckten Pfütze als einem See. Das seichte Wasser erwärmt sich im Sommer schnell; dann schlüpfen Unmengen von Mücken und Köcherfliegen – ein Festschmaus für die heranwachsenden Gössel. Ihre Nester liegen auf kahlen, salzverkrusteten Inselchen, von denen die größte nur knapp 400 Meter breit ist. Das Inseldasein schützt die Gänse zwar vor Füchsen, nicht aber vor hungrigen Raben, die von den umliegenden Bergen einfliegen und die Eier in unbewachten Nestern fressen.

An den Bergseen nisten auch einige Möwen- und Seeschwalbenarten, darunter Fluß-

und Lachseeschwalben und die bereits vorgestellten Raubseeschwalben und Fischmöwen. Die seltene Tibetlachmöwe ähnelt unserer Lachmöwe, ist aber noch größer, hat
hellere Augen und zeigt eine etwas andere Färbung der Flügelspitzen. Wie ihre Vettern
im Flachland brütet auch sie in Kolonien.

Die geheimnisvolle Lönnbergmöwe

Die Lönnbergmöwe zählt zu den seltensten Möwenarten; es gibt nur noch wenige
tausend Paare. Sie ist der Fischmöwe sehr ähnlich, zeichnet sich aber durch einen
blutroten Schnabel, ebensolche Beine und einen weißen Augenring aus. Weil sie so
selten gesehen wird, wußte man lange nicht, wo ihr Brutgebiet zu finden war. Schließlich entdeckte man in den sechziger Jahren kleinere Kolonien am Barun-Torei-See und
am Alakolsee nahe der kasachisch-chinesischen Grenze. Lange hielt man diese beiden
für die einzigen Brutkolonien der Art. Erst in den achtziger Jahren fand ein chinesischer
Ornithologe eine große Kolonie in der Inneren Mongolei.

Lönnbergmöwen brüten dicht gedrängt, die Nester oft nur einen halben Meter
auseinander und oft unmittelbar neben Raubseeschwalben. Um ihre Gelege vor Land-
räubern zu schützen, ziehen auch diese Möwen sich auf Inseln zurück. Naturschützer
sorgen sich sehr um die Bestände dieser Möwen, da die Populationen stark schwanken.
So finden sich am Alakolsee manchmal 1200 Paare ein und im darauffolgenden Jahr nur
noch 30. Durch die zahlreichen Stürme werden oft die Nester überflutet, und in
besonders kalten Jahren gibt es nicht genügend Insekten, daß die Möwen ihre Brut
durchbringen können.

Königshühner

Vögel gibt es im unwirtlichen Hochgebirge nicht allzu viele, aber die Königshühner
fühlen sich hier an der Schneegrenze offenbar sehr wohl. Durch ihr grau-braunes
Tarngefieder heben sie sich kaum von ihrer felsigen Umgebung ab, dafür kann man sie
um so deutlicher hören – das helle langgezogene Pfeifen der Hähne hallt während der
Balzzeit weither von den Felswänden. Ihre Statur erinnert an Rebhühner, ihre Größe
eher an die gewichtigen Perlhühner.

Die Hähne werden bis zu 56 Zentimeter lang und wiegen dann etwa drei Kilogramm,
die Hennen sind deutlich kleiner und erreichen nur knapp zwei Kilogramm. Im
Tienschan und Pamir leben zwei Arten: Das Himalaya-Königshuhn ist recht verbreitet,
während das Tibetaner-Königshuhn seltener und nur im Pamirgebirge vorkommt. Für

ihre plumpe Gestalt können Königshühner erstaunlich schnell laufen. Oft finden sie sich in Gruppen zusammen, um die spärliche Vegetation nach Knospen, Beeren, Samen und sogar Knollen abzusuchen, die sie mit ihren kräftigen Schnäbeln ausgraben. Ihr saftiges, zartes Fleisch macht sie zu einer bevorzugten Beute für Adler und Wölfe.

Der Sommer geht zu Ende

Wie im hohen Norden ist der Sommer im Gebirge eine kurze Jahreszeit und schnell wieder vorbei. Eisregen und Schnee setzen hoch in den Bergen ein und schieben sich langsam in die unteren Lagen vor; die Nächte werden bitterkalt.

Bereits Ende Juli beginnt die Vegetation auszutrocknen, und die Murmeltiere bereiten sich auf ihren Winterschlaf vor. Bevor sie sich endgültig in den Bau zurückziehen, bringen sie die Polsterung für einige Wochen zum Lüften und Trocknen an die Oberfläche. Mitte September schlafen sie bereits fest in ihren frisch gemachten Betten.

Inzwischen wandern auch die Riesenrotschwänze in tiefere Lagen und überwintern im Serawschan-Tal, westlich bis nach Samarkand. Die undurchdringlichen Dickichte des überall an den Flüssen wachsenden Sibirischen Kreuzdornes sind jetzt von leuchtend orangefarbenen Beeren übersät. Diese sind für die Rotschwänze und viele andere Zugvögel ein willkommener Herbstschmaus.

Auch die Braunbären verlassen nun die hochgelegenen Bergwiesen und suchen die Wälder und Buschzonen auf, wo sie sich mit Hagebutten, Beeren, den fettreichen Walnüssen und wilden Äpfeln ihr Winterpolster anfressen.

Der erste Schnee treibt selbst die robusten Königshühner weiter ins Tal, doch verbringen sie den Winter stets oberhalb der Baumgrenze. Im November beginnen sie mit der Balz, die sich durch die Balzpfiffe der Männchen ankündigt.

Fleißige Sammler – die Pikas

Unter jenen Bergbewohnern, die Vorsorge für den Winter treffen müssen, sind die Pikas oder Pfeifhasen besonders eifrig. Mehrere Arten kommen in der ehemaligen Sowjetunion vor, aber in den Bergen Innerasiens trifft man vor allem den Großohr- und den Roten Pika. Diese niedlichen Gesellen, etwas größer als Meerschweinchen, leben in Kolonien auf den Bergwiesen, wo sie zwischen den verstreuten Felsen ihre Nestbauten anlegen.

Pikas bevorzugen Südhänge. Das ist kein Zufall, denn diese emsigen Verwandten der Hasen und Kaninchen brauchen die Sonnenwärme, um ihre Nahrungsvorräte für den

Oben: Lönnbergmöwen zählen zu den seltensten Vögeln überhaupt;
es gibt nur noch wenige hundert Brutpaare, unter anderen am
Alakolsee in Kasachstan.
Unten: Dieses Paar gut getarnter Himalaya-Königshühner schaut
prüfend in ein Flußtal im Pamir.

Winter zu trocknen. Da sie keinen Winterschlaf halten, müssen sie beizeiten genügend Futter sammeln – sie machen buchstäblich Heu.

Pikas verteidigen ihren Standort verbissen gegen aufdringliche Nachbarn, weil sie die knappe Vegetation selbst als Wintervorrat brauchen. Eifrig sammeln sie Gras und belaubte Zweige und schichten sie zu kleinen Haufen an, die in der Sonne trocknen können. Diese Heuhaufen werden auch regelmäßig gewendet, so daß möglichst viel Feuchtigkeit entweichen kann. Ist das Heu fertig, tragen es die Pikas an ein wettergeschütztes Lager unter Steinen oder in Felsspalten; sie zehren dann während der kalten Wintertage davon.

Bis zu einem Dutzend solcher Heuhaufen mit einem Gesamtgewicht von etwa zehn Kilogramm legt eine Pikafamilie auf einem Hektar Bergwiese an. Das bringt sie sicher durch den Winter. Manchmal aber finden sich auch ungebetene Gäste ein – Moschustiere, die kleinste Hirschart der GUS, stoßen hin und wieder auf ein Heulager, befreien es mit ihren Hufen vom Schnee und tun sich am Fleiß der kleinen Sammler gütlich.

Ein kleiner Altai-Pika sammelt fleißig Futtervorräte für seine Miniheuhaufen zwischen den Steinen. Im Winter muß er davon leben – wenn ihm nicht andere zuvorkommen.

Schafe und Ziegen

Wildziegen und Wildschafe sind die Bergsteiger unter den Säugetieren, aber selbst sie müssen sich zur härtesten Winterzeit in freundlichere Zonen zurückziehen. Ihre Brunft fällt in die Monate November und Dezember. Die kurze Trächtigkeit der Geißen zwingt die Tiere zur Paarung im Winter, damit die Lämmer rechtzeitig zum Frühjahr zur Welt kommen. Die stärksten Widder und Böcke zeugen in der Regel auch die meisten Jungen.

Zuvor gibt es aber harte Kämpfe um die Weibchen. Auf die Hinterbeine aufgerichtet, lassen die Männchen ihre Hörner aufeinanderkrachen. Wären ihre Schädelknochen nicht verstärkt, würden sie dabei unweigerlich zertrümmert. Diejenigen, die aus diesen Kämpfen als Sieger hervorgehen, versammeln einen Harem von 20 oder 30 Weibchen um sich.

Wildziegen und -schafe besitzen ein äußerst robustes Verdauungssystem, mit dem sie auch die derben und rauhen Pflanzen der Gletscher- und Hochgebirgszonen verwerten können. Diese Gräser sind oft mit Erde und Sand bedeckt, so daß die Tiere lange und nachwachsende Backenzähne entwickelt haben, um dem rapiden Verschleiß entgegenzuwirken.

Sechs verschiedene Ziegenarten leben verteilt über weite Gebiete der Hoch- und Mittelgebirge Südeuropas, Nordafrikas und Asiens. Ihr nördlichster Lebensraum ist Sibirien.

In den Bergen der früheren Sowjetunion ist der Sibirische Steinbock am weitesten verbreitet. Mit einem Meter Schulterhöhe ist er schon ein kräftiger Bursche; seine mächtigen, wie Krummsäbel geschwungenen Hörner werden bis zu anderthalb Meter lang und verstärken die imposante Erscheinung. Die Hörner der Geißen erreichen nur knapp ein Drittel dieser Länge und sind mehr oder weniger gerade.

Steinböcke klettern und springen äußerst geschickt und traumhaft sicher durch die steilen Felshänge, so daß Wölfe nicht mehr mithalten können und dadurch meist das Nachsehen haben. Wie bei allen Huftieren wächst die Hornsubstanz der Hufe ständig nach, ist aber beim Steinbock relativ weich und erhöht so die Trittsicherheit im steilen Gelände. Etwa 500 000 dieser Tiere, so schätzt man, leben im großen Reich des russischen Bären, sowohl in der Nähe des Waldgürtels, als auch bis in Höhen von 5000 Metern.

Die Schraubenziege

Die größte und eindrucksvollste der Wildziegen ist der Markhor, wegen seiner spiraligen Hörner auch Schraubenziege genannt. In den Bergen Tadschikistans, ihrem einzigen Verbreitungsgebiet in der GUS, gibt es nur noch 400 Tiere, beispielsweise im Naturreservat Dashti Dzum am Fuße des Pamir. Ausgewachsene Böcke erreichen über einen Meter Schulterhöhe; die Vliesfarbe schwankt von Rotbraun bis Grau. Bei älteren Tieren wachsen die Haare als dichter Bart von Hals und Brust, besonders im Winter, wenn ein eisiger Wind durchs Hochgebirge pfeift.

Auffälligstes Merkmal sind jedoch die Hörner. Bis zu drei Mal winden sich die korkenzieherartigen Schrauben um die eigene Achse bis auf anderthalb Meter Länge. Die meiste Zeit des Jahres leben die Schraubenziegen in kleinen Gruppen von fünf bis sieben Tieren, am liebsten an steilen Hängen und Schluchten – selten über 2600 Meter Höhe –, wo sie sich von den Blättern der Pistazien- oder Wacholderbüsche ernähren. Ihre Paarungszeit beginnt Mitte November und reicht bis weit in den Dezember. Die Zicklein kommen im Mai zur Welt, oft als Zwillinge, und beginnen schon nach einem Tag, unbeholfen hinter der Mutter herzutapsen.

Marco-Polo-Schafe

Nur wenige Tiere trotzen dem Winter in den höhergelegenen Regionen der Berge, aber die Marco-Polo-Schafe ringen der kargen Landschaft noch in 4600 Meter Höhe eine Existenz ab. Dort, wo der starke Wind den pulverigen Schnee hinweggefegt hat, kratzen sie sich ihren kümmerlichen Lebensunterhalt zusammen. Im Laufe ihrer Entwicklungsgeschichte haben sich diese Wildschafe vorzüglich an das harte Leben im Hochgebirge angepaßt.

Während der letzten Million Jahre breiteten sich die Vorfahren der Wildschafe von ihrer Heimat Innerasien in die Gebirgsregionen Europas, Nordafrikas, Asiens und Nordamerikas aus. Diese Aufsplitterung über drei Kontinente hat eine kaum übersehbare Vielzahl von Unterarten hervorgebracht, die sich auf sechs Arten zurückführen lassen, darunter vor allem das amerikanische Dickhornschaf, der europäische Mufflon und das Riesenwildschaf oder Argali. Das Marco-Polo-Schaf ist eine Unterart des Argali. Wie alle asiatischen Schafe hat es lange, schlanke Beine, einen schmalen Schwanz, und die Widder tragen tief geringte Hörner.

Der Herdentrieb der Schafe ist sprichwörtlich. Ihre angebliche sanfte Wesensart ist allerdings ein Märchen – besonders die Widder zeigen sich als rauflustige Gesellen.

Wie mächtige Korkenzieher ragen die Hörner der Schraubenziege
in den Gebirgshimmel. Dieser Bock ist schon in den besten Jahren,
außer am Gehörn zu erkennen an den langen
Bart- und Brusthaaren.

Wenn die Schafe von einem Weidegrund zum nächsten ziehen, wandern die Geschlechter in getrennten Gruppen. Die Widder bilden Junggesellenherden und folgen dabei dem höchstrangigen Leittier mit den kräftigsten Hörnern; die weiblichen Tiere sammeln sich hinter dem ältesten Mutterschaf und dessen Lämmern. Töchter halten auch noch als erwachsene Tiere die Bindung zu ihrer Mutter aufrecht.

Die untersetzten Widder tragen geschwungene Hörner von wahrhaft gigantischen Ausmaßen – manche sind fast zwei Meter lang und haben am Schädelansatz einen Umfang von 50 Zentimetern. So ein Paar wiegt an die 23 Kilogramm – mehr als der ganze Rest des Skeletts. Hörner und Schädel machen zusammen 13 Prozent des Gesamtgewichts dieser Tiere aus. Die Hörner dienen weniger als Waffen als vielmehr dazu, die Rangordnung in der Herde festzulegen – je größer die Hörner, desto höher der Status.

Die Männchen stellen hierzu ihre Hörner auf speziellen Turnierplätzen zur Schau; durch Präsentieren der Breitseite kann jedes die Stärke des Rivalen einschätzen. Nur wenn sich ein junger Widder nicht unterordnen will und den Streit herausfordert, kommt es zum Kampf. Dabei ringen die Widder nicht ineinander verzahnt, wie viele andere geweih- und horntragende Tiere, sondern rennen aufeinander zu, richten sich

auf die Hinterbeine auf und krachen mit den Hörnern zusammen. Daß sie diese mächtigen Rammstöße überleben, liegt an den dicken Schädelknochen, die sie im Laufe der Evolution entwickelt haben.

Die scheue Schneekatze

Hoch in den Bergen Zentralasiens lebt eines der rätselhaftesten Tiere dieser Welt – der Schneeleopard. Nur selten hat man diese elegante Raubkatze in der Wildnis beobachten können.

Der Schneeleopard ist ein ausgesprochener Hochgebirgsbewohner, der in Höhen zwischen 2000 Metern und der Schneegrenze lebt. Viel tiefer steigt er ohne Not nie hinab. In den Bergen des Himalaya, Innerasiens und des südlichen Sibiriens verteilen sich diese Großkatzen in äußerst geringer Dichte; auf etwa 2000 Tiere schätzt man den Bestand im gesamten Pamir, Tienschan und östlichen Sajangebirge. Sie sind zwar streng geschützt, werden aber immer wieder von Wilderern und Viehzüchtern geschossen, aus deren Schafherden sie sich manchmal ihren Anteil holen. Noch bedrohlicher ist aber die stetige Vernichtung ihres Lebensraumes, die von der zunehmenden Überweidung der Berghänge durch immer weiter vordringende Viehherden ausgeht.

Wie alle Katzen sind Schneeleoparden kraftvoll und geschmeidig; leicht überspringen sie acht Meter breite Schluchten oder drei Meter hohe Hindernisse. Höhenangst kennen sie ebensowenig wie Unsicherheit beim Balancieren auf schmalen Baumstämmen oder Felsvorsprüngen, wenn sie ihre Beute verfolgen. Dazu zählen kleine Säuger wie Hasen und Murmeltiere, aber auch größere Tiere wie Wildschafe, Steinböcke und Wildschweine.

Schneeleoparden sind so scheu und ihr Lebensraum ist so unzugänglich, daß man sie bisher kaum hat in Freiheit beobachten können. Im Zoo geben sie sich friedfertig und scheinen auch untereinander Freundschaft zu schließen. Sie ruhen oft in Körperkontakt, reiben die Köpfe aneinander und lecken sich gegenseitig das Fell. Dieses soziale Verhalten kann in der Natur nützlich sein, weil sich die Tiere leicht zu Paaren zusammenfinden – gemeinsame Jagd verspricht mehr Erfolg. Auch sind die Weibchen

Seite 106/107: Schneeleoparden fühlen sich im Hochgebirge am wohlsten. Wenn sie nicht Futtermangel zwingt, steigen sie selten unter 2000 Meter herab.

zwischen Dezember und März nur wenige Tage im Monat empfängnisbereit, so daß es für die Arterhaltung von Vorteil ist, wenn sich die Geschlechtspartner in unmittelbarer Nähe aufhalten. Sind die Kätzchen dann geboren, haben beide Elternteile genug zu tun, sich selbst und ihren Nachwuchs zu ernähren. Im Winter müssen sie dazu ihrer Beute auch bis in den Baumgürtel hinunter folgen. Anders als der zweite große Räuber dieser Region, der Braunbär, jagen sie den ganzen Winter hindurch.

Im Frühling schmelzen die Schneemassen des Pamir und Tienschan und speisen die mächtigen Flüsse Innerasiens, die das einzige bärenlose Gebiet der GUS durchqueren – die heißen Wüsten und trockenen Steppen.

KAPITEL VIER

DIE GROSSEN WÜSTEN UND STEPPEN

DIE FRÜHERE SOWJETUNION umfaßt ein so riesiges Gebiet, daß sich in ihren Grenzen nicht nur Tundra, Taiga und schneebedeckte Berge, sondern auch flirrende Wüsten ausbreiten. Über eine Länge von 1000 Kilometern erstreckt sich das sonnenverbrannte Ödland in weitem Bogen über Kasachstan und Innerasien vom Fuße des Tienschan und Pamir-Alai bis hinauf zum 48. Breitengrad – etwa auf der Höhe Wiens –, wo das Klima freundlicher wird. Westwärts wird die Steppe erst von der salzverkrusteten Küste des Kaspischen Meeres aufgehalten, ostwärts geht sie in die kalte, abweisende Steinlandschaft der Wüste Gobi über.

In einigen dieser Landstriche gibt es fast überhaupt kein Leben mehr; sie erinnern mit ihren wind- und wettergeschliffenen Oberflächen an eine Mondlandschaft. Insgesamt bedecken die Steppen und Wüsten zwei Millionen Quadratkilometer, das entspricht etwa der Fläche Deutschlands, Englands, Spaniens und Frankreichs zusammengenommen.

Zwischen dem Kaspischen Meer und dem Amu-Darja erstreckt sich die Karakum-Sandwüste, benannt nach dem türkischen Wort für »Schwarze Wüste«. Der Sand wurde vor Urzeiten vom Amu-Darja aufgeschwemmt, als der Fluß über die Ufer trat und seinen Lauf durch die Ebenen Turkmeniens verlegte. Bei Repetek, genau auf der turkmenisch-usbekischen Grenze, wird der lose Sand zu hohen sichelförmigen Dünen, den sogenann-

Eine Herde Halbesel donnert über die staubige Steppe im Naturschutzgebiet Badchys; um die Kulane vor dem Aussterben zu bewahren, richtete man 1941 dieses Reservat im südlichsten Zipfel der Sowjetunion ein.

Wie in einer Mondlandschaft erheben sich in Badchys die Krater
erloschener Vulkane; im Tal glitzert die weiße Salzkruste
eines verdunsteten Sees.

ten *barchans*, aufgeblasen. Jedes Jahr wandern sie einige Meter hin oder her – je nach Windrichtung – und schaffen eine Landschaft sanft geschwungener Sandkegel, die man eher in Arabien oder der Sahara vermuten würde.

Gleich an die Karakumwüste schließt sich die Kysylkumwüste – die »rote Wüste« – an und setzt die sandige Landschaft bis zum Syr-Darja fort. Zusammen bilden beide Gebiete mit einer Fläche von 640 000 Quadratkilometern die viertgrößte Wüste der Welt.

Verschiedene Formen der Wüste

Wüsten müssen nicht immer aus Sand bestehen; auch Innerasien weist eine Reihe von Geröll-, Fels- und Lehmwüsten auf, die sich an die Kysylkum anschließen. Am Fuße des Kopet-Dag, Tienschan und Pamir zieht sich ein Gürtel von Lehmwüsten entlang. Die größte ist Betpak-Dala zwischen dem Syr-Darja und dem Balchaschsee, der von oben

Zu den lebensfeindlichsten Regionen Innerasiens
gehören die Salzwüsten; mancherorts gibt es weder
Pflanzen noch Tiere.

wie ein großer gestrandeter Stör aussieht. Eine ganz andere Art von Wüste erstreckt sich auf dem Ustjurtplateau zwischen Kaspi- und Aralsee – endlose Ebenen aus Stein und Felsbrocken.

Extrem trockene Luft und salzhaltiger Boden schaffen eine weitere fast leblose Landschaft, die *solonchaki* genannt wird – den dort vorkommenden lockeren Boden bezeichnet man auch bei uns als Solontschak. Solche Gebiete entstanden an den Terrassen der Wüstenflüsse, wo die Feuchtigkeit der Uferregionen von dem verdörrten Boden rasch aufgesogen wird und fast ebenso schnell wieder verdunstet. Zurück bleibt eine bittere Salzkruste, in der nur wenige salztolerante Pflanzen, sogenannte Halophyten, überleben.

Wüsten bilden sich dort, wo Feuchtigkeit rar ist. Bevor sie Zentralasien erreichen, haben die atlantischen Wetterfronten den Großteil ihres lebensspendenden Wassers schon über Mittel- und Osteuropa abgegeben. Auch die feuchte Tropenluft wird im

Süden vom Pamir und Tienschan abgeblockt, wo sie kondensiert und als Schnee auf den Bergen niedergeht. Dieses Süßwasser wird zwar während der Schneeschmelze freigesetzt, aber die meisten der Flüßchen verdunsten oder versickern in der trockenheißen Landschaft, noch bevor sie großen Nutzen stiften können – buchstäbliche Tropfen auf den heißen Stein. Allein Amu-Darja und Syr-Darja schaffen den weiten Weg in den Aralsee, aber auch ihr Wasser reicht nicht aus, um die Wüste zu beleben.

Auch globale Klimaeinflüsse spielen bei der Wüstenbildung in diesen Breiten eine Rolle. Dieses Phänomen beginnt am Äquator, wo sich die feuchte Luft erwärmt und in Konvektionsströmungen in die Atmosphäre aufsteigt. Beim Herabsinken kühlt sie wieder ab, der Wasserdampf kondensiert und geht als sintflutartiger Gewitterregen über den tropischen Regenwäldern nieder. Die nunmehr trockene Luft fließt in mittlere Breiten ab, wo sie unter sich die Landstriche verödet; auch die Sahara, die Gobi und die innerasiatischen Steppen leiden unter ihrem Einfluß.

Die Luftfeuchtigkeit über den Wüsten ist so niedrig, daß sich kaum ein Wölkchen am Himmel zeigt. Also brennt die Sonne am Tage unbarmherzig, bei Nacht steigt die Hitze ungehindert nach oben, und es wird bitterkalt. Nur die Winter bringen etwas Niederschlag, und die Wüstentiere und -pflanzen können auf eine bescheidene Wasserration hoffen, die das ganze Jahr über reichen muß.

Auf eine Wüste treffen, *per definitionem*, weniger als 250 Millimeter Niederschlag pro Jahr, der meist innerhalb einer kurzen Regenzeit fällt, während der Rest des Jahres trocken bleibt. Im Naturschutzgebiet Repetek studiert man das Wüstenklima schon seit 1928. Die Aufzeichnungen verdeutlichen, wie lebensfeindlich eine solche Umgebung wirkt.

Durchschnittlich fallen in Repetek 114 Millimeter Regen jährlich, aber die Verteilung schwankt von Jahr zu Jahr erheblich. So wurden in extrem trockenen Jahren gerade mal sechs Millimeter gemessen, die nicht einmal die Oberfläche richtig anfeuchteten, in anderen Jahren 200 Millimeter, was eine für Wüstenverhältnisse üppige Vegetation aufblühen ließ. Auch die Temperatur zeigt jahreszeitliche Extreme: Im Winter liegt sie durchschnittlich um den Gefrierpunkt, im Juli hingegen – dem heißesten Monat –

Die Dünen der innerasiatischen Sandwüsten erinnern an die Sahara.
Gräser verleihen den Wanderdünen etwas Stabilität.

steigt sie auf 29 Grad Celsius. Noch deutlicher sprechen die höchsten und niedrigsten in der Karakum ermittelten Meßwerte: Im Januar 1969 sank die Temperatur in Repetek auf sibirische 31 Grad unter Null, im Juli 1983 kletterte das Quecksilber auf 50,1 Grad Celsius – ein Brutofen! Selbst nach ergiebigen Winterregen ergibt sich bei solch trockener Hitze im Endeffekt ein Feuchtigkeitsdefizit.

Das russische Wort für Wüste ist *pustinia* und bedeutet »leerer Ort«. Dabei sind diese Dürregebiete alles andere als unbewohnt; allein in Repetek leben 1000 Arten von Insekten und Spinnen, 23 Reptilien-, 196 Vogel- und 29 Säugetierarten. Dazu kommen 211 verschiedene Pflanzen, die durch ihren äußerst ökonomischen Wasserhaushalt hier überleben können.

Der Hitze entkommen

Die wichtigste und wirksamste Strategie vieler Tiere besteht ganz einfach darin, die Hitze des Tages zu meiden und das Leben in die Nacht zu verlegen. Andere werden in den frühen Morgenstunden aktiv; wird es zu heiß, ziehen sie sich in die Kühle ihrer Baue zurück.

Vierzehenschildkröten packen das Wichtigste – sich selbst sattzufressen und für Nachwuchs zu sorgen – in die drei freundlichen Monate des Jahres und graben sich dann wieder im Sand ein, wo sie die restlichen neun Monate bewegungslos verharren und auf den Regen des nächsten Winters hoffen. Diese Reptilien werden bis zu 18 Zentimeter lang und krabbeln im Frühjahr an die Oberfläche, wenn das Land mit frischem, saftigem Grün bedeckt ist. Ende Mai ist das Weibchen beschäftigt, etwa ein Dutzend befruchteter Eier im Sand zu vergraben. Haben sich die erwachsenen Schildkröten dann ausreichend Körperfett angefressen, verschwinden sie wieder in ihre zwei Meter tiefen Tunnel, um ihren »Sommerschlaf« zu halten. Inzwischen reifen die Eier in der Hitze schnell heran, und die Jungen schlüpfen zwischen August und Oktober. Aber auch sie wagen sich erst im Frühjahr ins Freie.

Kleine und große Echsen

Wüstenbewohnende Agamen findet man hier überall dort häufig, wo es Sträucher gibt. Kurz nach Sonnenaufgang liegt der 30 Zentimeter lange Hardun ganz oben in den Sträuchern und läßt sich von den ersten Sonnenstrahlen erwärmen. Liegen Männchen in Sichtweite voneinander, dann zeigen sie sich gegenseitig ihren Dominanzanspruch durch heftiges Kopfnicken, wobei sie ihre blaue Kehle zur Schau stellen. Wird es ihnen dann zu heiß, huschen sie flink zurück in den Schatten.

Blitzschnell verschwindet die Krötenkopfagame bei Gefahr im Sand.
In seiner Tarnfarbe ist das kleine Reptil kaum
vom Boden zu unterscheiden.

Äußerst wachsam und schwer zu überrumpeln sind Krötenkopfagamen wie der Bärtige Krötenkopf. Bemerkenswert sind vor allem die verblüffenden Drohgebärden dieser 25 Zentimeter langen Echsen. Die Männchen durchstreifen tagsüber ihr Revier und lassen dabei ihren Schwanz wie eine Uhrfeder vor- und zurückschnellen. Hin und wieder verharren sie auf der Spitze einer Sanddüne. Werden sie doch überrascht, verschwinden sie augenblicklich im losen Sand oder zeigen ihre Verärgerung, indem sie leuchtend rote Hautfalten an den Mundwinkeln ausbreiten, durch die der Mund plötzlich doppelt so groß erscheint. Eine etwas kleinere Agame, der Stachelkopf, schwingt seinen Schwanz wie eine schwarz-weiße Signalflagge, um Rivalen zu vertreiben. Gerade dies wird ihm oft zum Verhängnis, weil er damit einem hungrigen Weißflügelspecht oder einer Buchara-Meise seinen Aufenthalt verrät.

Die weitaus größte Echse dieser Region ist der Wüstenwaran. Dieser gut getarnte Räuber wächst bei einem Gewicht von zweieinhalb Kilogramm bis zu einer Länge von 1,6 Metern heran, beißt zu wie ein Krokodil und kann mit seinem muskulösen Schwanz sehr schmerzhafte Hiebe austeilen. Aus seiner Erdhöhle − oft ein erweiterter Rennmausbau − streift er bis zu 500 Meter in die Umgebung, wobei er mit seiner gespaltenen Zunge ständig die Luft auf Gerüche prüft. Auf den ersten Blick sieht ein träge dahinkriechender Waran urtümlich und plump aus. Aber wehe, wenn sich Beute nähert: Dann schnellt er vor und läßt auch flinken Nagetieren kaum eine Chance, zu entkommen. Für einige Minuten hält er die zappelnde Beute zwischen seinen mächtigen Kiefern fest, dann schlingt er sie ganz hinunter. Wüstenwarane plündern auch Vogelnester, fressen

Ein junger Wüstenwaran erkundet seine Umgebung. Die großen
Echsen werden über anderthalb Meter lang und fressen außer
Nagetieren, Schildkröten und anderen Echsen sogar Giftschlangen!

Schildkröten und kämpfen mit Schlangen. Nicht einmal die stachelbewehrten Igel sind vor dem gefräßigen Räuber sicher.

Zu den vielen kleinen Echsen der Karakum zählt auch der Wüstenrenner, eine kleine Art mit verbreiterten Zehen, die ihr Gewicht gut auf den lockeren Sand verteilt, so daß sie nicht einsinkt. Wird der Boden gar zu glühend, kann man sie manchmal beim »Sandtanzen« beobachten: Rhythmisch schwingt sie ihre Beine auf und ab, um ihre Zehen vor Verbrennungen im bis zu 70 Grad heißen Wüstensand zu schützen. Andere Echsen verfolgen eine weniger sportliche, aber nicht minder wirkungsvolle Technik, um sich nicht die Füße zu verbrennen: Sie verlagern ihr Gewicht auf den hinteren Teil des Fußes und strecken die Zehen in die Luft.

Vögel der Wüste

Vögel leben mit Körpertemperaturen, die wir Menschen nur kurze Zeit ohne Schaden überstehen können – etwa 41 Grad Celsius. Vermutlich leiden sie deshalb weniger unter der Hitze als andere Wüstenbewohner. Wie Reptilien scheiden sie kaum Urin aus, schwitzen nicht und haben eine luftundurchlässige Haut, was sie aber durch ihr isolierendes Federkleid wettmachen: Die Körperwärme bleibt drinnen, die Außenwärme bleibt draußen. Viele Wüstenvögel scheinen ohne Trinken überleben zu können. Einer davon ist der Wüstensperling.

Wüstensperlinge sind cremefarbene Vögel, wobei das Männchen mit einer grauen Rückenpartie und seinem kecken schwarzen Latz und Augenstreif etwas auffälliger ist. Der Wassermangel in ihrem Lebensraum scheint ihnen nichts auszumachen. Was sie an Feuchtigkeit brauchen, gewinnen sie aus den Samen der Pflanzen.

Man findet die Wüstensperlinge in den Wüsten Nordafrikas, des Irans und Turkmeniens, wo sie ihre ausladenden Nester am liebsten in kleinen Baumgruppen bauen. Jedes Nest gleicht einem kleinen Heuhaufen, ist etwa fußballgroß und liegt anderthalb bis vier Meter hoch über dem Boden. Die eingeschlossene Luft sorgt innerhalb des Nestes für einen gewissen Temperaturausgleich: Tagsüber schützt die Nestkugel die Vögel vor übermäßiger Hitze, nachts ist es darin noch einige Grade wärmer als draußen. Außerdem nisten Wüstensperlinge oft unterhalb eines ausgedienten Krähen- oder Raubvogelnestes, was ihnen zusätzlichen Schatten bietet.

Andere Vögel müssen ihren Durst jeden Tag stillen; dabei können sie dank ihrer Flugfähigkeit auch lange Strecken zum Wasser zurücklegen. So fliegen die taubenartigen Flughühner, die hier in drei Arten vorkommen, jeden Tag bis zu 60 Kilometer an die Wasserstellen, um zu trinken. Meist versammeln sie sich dazu in großen Schwärmen und folgen einer immer gleichen täglichen Routine, um ihre Versorgung mit dem lebenswichtigen Wasser sicherzustellen. Haben sie Junge im Nest, dann trägt der Hahn in speziellen saugfähigen Brustfedern genügend Wasser zu seiner Familie zurück, um auch die Küken zu versorgen. Die Technik ist faszinierend einfach: Erst reibt er seine

Brust im Sand, um den wasserabweisenden Fettfilm von den Federn zu entfernen, dann watet er durch das Wasser, bis die Federn vollgesogen sind. Wieder am Nest angekommen, richtet er sich auf und läßt das Wasser über eine kleine Rinne im Brustgefieder in die Schnäbel der durstigen Küken tropfen.

Wüstenpflanzen

Pflanzen müssen, um zu überleben, ständig Feuchtigkeit über ihre Blätter an die Luft abgeben. In der Wüste ist das problematisch, weil die enorme Hitze die Pflanzen rasch austrocknet. Viele Wüstenpflanzen verdichten deshalb ihren Lebenszyklus auf wenige Wochen im Frühjahr, wenn die Erde von den winterlichen Niederschlägen getränkt ist und die Sonne noch nicht so gnadenlos brennt. Diese Lebensform nennt man ephemerisch, das heißt, die Pflanzen keimen, blühen, reifen und sterben innerhalb kurzer Zeit, während ihre Samen noch mehrere Jahre lang keimfähig bleiben.

Aber Pflanzen entwickeln noch weitere Strategien, um in den extremen Bedingungen der Wüste zu überleben. So werfen einige bei großer Hitze einfach ihre Blätter ab, um Wasser zu sparen, oder überdauern die heißeste Zeit als Wurzel, Knolle oder Rhizom.

Wenn es im Winter ausreichend regnet, verwandelt die Frühlingssonne die Wüste für kurze Zeit in einen prächtig blühenden Farbenteppich. In der Karakum wachsen kleine Seggen, deren dichtes Wurzelwerk die Feuchtigkeit knapp unter der Oberfläche bindet. Wilder Rhabarber mit dicken, rubinroten Stengeln und tellergroßen, dunkelgrünen Blättern gedeiht in den feuchten Dünentälern. Nachts breitet er seine Blätter aus und drückt sie fest gegen den Boden, um sie vor der Austrocknung durch den Wind zu bewahren. Selbst mit diesem Trick dauert sein Leben nur ganze sieben Tage. Blüte und Blätter verwelken und werden vom Wind weggeweht, aber seine Wurzeln überdauern die nächsten zehn Jahre.

Im April, wenn Mohn und Tulpen blühen, ist die Wüste in flammendes Rot getaucht. Mohnblumen leben als einjährige (annuelle) Pflanzen zwar nur kurz, aber die Tulpen speichern in ihren fleischigen Zwiebeln genug Feuchtigkeit und Nährstoffe, um die Generation des nächsten Frühjahrs hervorzubringen. Ein flämischer Diplomat brachte diese Wildtulpen im 16. Jahrhundert nach Europa, wo sie wegen ihrer prächtigen Farben rasch zu einer beliebten Gartenblume wurden. Die Turkmenen nannten sie *tulbant* nach der Turbanform ihrer Blüten – daraus wurde unser Wort Tulpe.

Nach dem leuchtenden Rot von Mohn und Tulpen folgt bis zum Frühsommer ein Kaleidoskop an Farben, von den blaßvioletten Levkojen über gelbe Kreuzkräuter und weiße Margeriten mit ihrem schwefelgelben Blütenstand bis zur purpurnen Schwertlilie.

Im April leuchtet roter Mohn zwischen den Pistazienbäumen
in Badchys.

Wenn das spärliche Wasser des Bodens aufgebraucht ist, werfen die Pflanzen ihren
Samen und sterben oder ziehen sich in ihre Knollen und Zwiebeln zurück. Nach dem
kurzen Aufflackern des Lebens regiert nun wieder die sengende Hitze.

Ein »Dschungel« in der Wüste

Zu den erstaunlichsten Anblicken in der Wüste gehören einige Wälder aus scheinbar
abgestorbenen, strauchartigen Bäumen im Süden der Karakum – es sind Dickichte aus
Weißem Saxaul, der auf sandigem Boden gedeiht und winzige Blätter bildet, oder aus
Schwarzem Saxaul, der in salzhaltigem Boden wächst und überhaupt keine Blätter
hervorbringt. Durch die so verringerte Oberfläche vermögen diese Pflanzen viel Feuchtigkeit zu bewahren; andererseits birgt die kleine Verdunstungsfläche auch Probleme. Denn
grüne Pflanzen ernähren sich bekanntlich dadurch, daß sie aus Kohlendioxid und Wasser
mit Hilfe von Chlorophyll und Sonnenlicht Kohlehydrate erzeugen. Das dazu erforder-
liche Chlorophyll speichern sie gewöhnlich in ihren Blättern. Weil die Sauxaulbäume aber
keine, beziehungsweise nur winzige Blätter hervorbringen, lagern sie das Chlorophyll in
ihren grünen Stämmen ein. Auf diese Weise gelingt ihnen trotz der fehlenden Blätter die
Photosynthese. Wenn der Saxaul Früchte getragen hat, fallen auch noch seine Äste ab, um

die Verdunstung gering zu halten; das Unterholz wird dadurch undurchdringlich wie ein Dschungel. Die Wurzeln der Saxaulbäume reichen bis an den Grundwasserspiegel.

Aber Saxaulbäume haben noch weitere ungewöhnliche Eigenschaften, die ihr Überleben in dieser unwirtlichen Umgebung sicherstellen. So tolerieren Schwarzer und Weißer Saxaul zum Beispiel salzhaltiges Wasser, wenn ihre tief ins Erdreich vordringenden Wurzeln nichts anderes finden. Während der heißen Monate des Jahres verlangsamt sich das Wachstum ihrer Äste fast bis zum Stillstand; auch diese Strategie trägt dazu bei, den Wasserbedarf der Bäume so weit zu verringern, daß die trockene

Bäume ohne Blätter: Schlaff hängen die Zweige dieses
Saxaulbaumes im Biosphärenreservat Repetek in
der sengenden Mittagshitze.

Sommererde noch genügend Feuchtigkeit zum Leben hergibt. Im September, wenn sich das Wetter allmählich abkühlt, fallen die winzigen Früchte der Saxaulbäume wie Sandkörnchen von den Ästen herab. Dann verteilt sie der Wind weit über Repetek, diese kleine Oase in der Sandwüste der Karakum.

Hier schätzt man das Holz des Schwarzen Saxaul vor allem als Brennstoff, denn zum Sägen ist es zu hart. Die Saxaulwälder bieten einer großen Pflanzengemeinschaft Schatten und Feuchtigkeit. An die 100 Arten finden zwischen den Bäumen ein Zuhause.

Im März, wenn auch die Saxaulbäume blühen, gleicht der Waldboden einem bunten Teppich blühender Gräser und Mohnblumen, gesprenkelt mit weißer Kamille und rosafarbenem Rittersporn. Auch Parasiten ernährt der Saxaul: Der blaßviolett-goldenen Sommerwurz fehlt das Chlorophyll, also zapft sie die Wurzeln ihre Wirtes tief im Boden an; wie riesige Hyazinthen ragen diese Schmarotzer fast einen Meter aus dem Sand.

Jetzt vibriert das Saxauldickicht vor Leben: Bienen summen auf der Suche nach Pollen hin und her, Ameisen füllen ihre unterirdischen Kornkammern, Raubkäfer lauern auf Beute. Einer von ihnen, der Wüstenlaufkäfer *Anthia mannerheimi,* ist ein fünf

Wie Wächter der Wüste stehen die Stengel der Sommerwurz in Repetek. Als Parasiten entziehen sie anderen Pflanzen Wasser und Nährstoffe.

Zentimeter langer schwarzer Riese mit sechs weißen Flecken; mit seinen kräftigen, sichelförmigen Kiefern greift er Ameisen, knackt sie auf, saugt das Innere aus und läßt nur die leeren Hüllen zurück.

Auch viele Nagetiere suchen hier Schutz vor der Hitze. Den Zieseln droht von überall Gefahr: Am Boden nähern sich lautlos Schlangen, aus der Luft stürzen sich Greife wie der Adlerbussard auf sie herunter. Diese Räuber decken ihren Wasserbedarf vollständig aus dem Fleisch und Blut ihrer Opfer.

Von den über 200 Vogelarten im Saxaulwald bei Repetek legen die meisten hier nur eine kurze Pause ein, bevor sie nach Norden weiterziehen: Hierzu zählen Blaukehlchen, Rotschwänze oder der eurasische Kuckuck. Die wenigen Vögel, die das ganze Jahr hier leben, sind meist Pflanzenfresser, darunter der Weißflügelgimpel, ein hübscher, tauben- grauer Vogel mit fein gezeichneten Flügeln. Mit seinem kurzen, kräftigen Schnabel knackt er Samen und Nüsse. Weißflügelgimpel nisten im schattigen Geäst der Saxaul- bäume, wo das Schlüpfen der Nestlinge genau mit dem Nahrungsüberfluß zusammen- fällt; die immer hungrigen Kleinen werden von beiden Eltern mit einem Brei aus zerkleinerten Kernen gefüttert, den sie aus dem Schlund hervorwürgen.

Der Saxaulhäher ist einer der wenigen Vögel, die ganzjährig in Repetek bleiben. Dieser elegante, drosselgroße Vogel kommt nur in den Saxaulwäldern der Karakum und anderer Sandwüsten der ehemaligen UdSSR vor. Als bodenlebender Vogel zieht er es vor, bei Gefahr auf seinen langen Beinen davonzurennen, statt wegzufliegen. Er ernährt sich von Insekten und Samen, die er mit seinem spitzen, abwärts gebogenen Schnabel ausgräbt. Für die kärgliche Jahreszeit legt er in der Nähe von Büschen und Bäumen Vorratslager an.

In der salzhaltigen Erde entlang der Täler mancher Wüstenflüsse wie dem Syr-Darja oder Amu-Darja wächst eine weitere Form von »Dschungel«, die unter ihrem russischen Namen *tugaj* bekannt ist − undurchdringliche Wälder aus Bäumen, Sträuchern und stacheligen salztoleranten Pflanzen und Schlinggewächsen. Hier leben auch größere Tiere wie der Bucharahirsch, eine Unterart des Rothirsches, und mehrere Subspezies des Fasans; früher streifte hier sogar der Kaspische Tiger durch das dichte Unterholz.

Leben im Untergrund − eine Alternative

Ebenso einfach wie wirksam ist die Strategie mancher Tiere, ihr Leben unter die Erdoberfläche zu verlegen; schon in 50 Zentimetern Tiefe herrschen erträgliche 20 bis 25 Grad Celsius bei 75 Prozent relativer Feuchtigkeit.

Besonders geschickt erweist sich beim Graben von Erdbauten die Große Rennmaus, ein in den Trockenzonen Innerasiens sehr verbreiteter Nager. Mit einer Körperlänge von 15 bis 20 Zentimetern sind Rennmäuse etwa zehnmal so schwer wie Hausmäuse, erinnern also eher an Ratten, wenngleich sie durch ihren pelzig-behaarten Schwanz eleganter und »niedlicher« aussehen. Sie sind damit auch etwa dreimal größer als die Mongolische Rennmaus, die zu einem beliebten Haustier geworden ist. Ihr sandfarbe- nes Fell tarnt sie in der Wüstenlandschaft vorzüglich.

Mit der Hitze werden Rennmäuse, auch Gerbils genannt, auf ganz interessante Weise fertig. In der Regel genügt ihnen die Feuchtigkeit, die sie mit der Pflanzennahrung aufnehmen, aber wenn sich die Gelegenheit bietet, nippen sie auch gerne an frischen Tautropfen. Ihr Darmsystem absorbiert auch kleinste Mengen Wasser, so daß ihr Kot kaum noch Feuchtigkeit enthält; ihre Nieren arbeiten so effizient, daß die Rennmäuse täglich nur ein oder zwei Tropfen hochkonzentrierten Urins abgeben. Anders als die meisten anderen Gerbils ist die Große Rennmaus tagaktiv und sucht ihr Futter in der glühenden Mittagshitze, um sich danach in ihrem Bau abzukühlen.

Große Rennmäuse graben ausgedehnte, reich verzweigte Erdbauten, die bis zu 50 Meter Durchmesser aufweisen. Jeder Tunnel ist fünf bis sechs Zentimeter weit und verbindet ein System von fußballgroßen Kammern, die auf drei Ebenen angelegt sind und spezielle, streng getrennte Funktionen erfüllen: Manche dienen als Kotplätze,

Aufmerksam sichert eine Große Rennmaus, ob ihr bei der
Nahrungssuche Gefahr droht.

andere als Futterlager, von dem die Bewohner während des Winters zehren, und die zentral gelegene Kinderstube liegt mindestens eineinhalb Meter tief im Boden. All dies ist, wohlgemerkt, die Leistung einer einzigen Familie.

Die Weibchen sind ungeheuer fruchtbar. Unter günstigen Umständen werfen sie viermal im Jahr bis zu zwölf Junge, von denen die Erstgeborenen nach wenigen Wochen geschlechtsreif sind und noch im gleichen Jahr selbst Nachwuchs haben. Im Sommer explodiert die Rennmausbevölkerung förmlich – jetzt gibt es auch Samen im Überfluß. In solch dichten Populationen wird auch der Boden tüchtig durchgewühlt; mehrere tausend Tunnelsysteme verbergen sich oft unter der Fläche eines Fußballfeldes. Das wirkt natürlich auf die Vegetation zurück: Je nachdem, welche Bodenart die emsigen Wühler nach oben schaufeln, etablieren sich salztolerante oder andere Pflanzen.

Die Katakomben der Rennmäuse ziehen auch andere Tiere an; über 70 Arten nutzen die schattige Kühle der Tunnel. Käfer und Kriechtiere ziehen sich hierhin zurück, auch der cremefarbene Isabellsteinschmätzer bringt seine Familie hier in Sicherheit.

Besonders auffällig an diesem Vogel ist der weiße Bürzel und sein kühn gemusterter schwarz-weißer Schwanz, der hier und da aufblitzt, wenn der Steinschmätzer in den weiten Ebenen der Wüste nach Insekten jagt. Während der Balzzeit benutzt das Männchen seine Schwanzfedern auch als weithin sichtbares Signal, um die Aufmerksamkeit des Weibchens auf mögliche Nistlöcher zu lenken.

Das Männchen wählt einen geeigneten Gang, und wenn das Weibchen einverstanden ist, bauen sie ihr ziemlich unordentliches Nest aus Gras und Federn bis zu drei Meter tief in den Tunnel. Hier bebrüten sie die Eier und ziehen ihre Küken groß. Zehn Tage bevor die Kleinen flugtüchtig werden, krabbeln sie an die Oberfläche, um den räuberischen Echsen und anderen Jägern zu entkommen, die überall in den Gängen des unterirdischen Labyrinths lauern.

Einer davon ist die Sandrasselotter. Anders als die meisten Schlangen bewegt sich diese Viper seitwärts über den losen Sand, indem sie ihren Körper nur an zwei Stellen an Vorder- und Hinterende kurzzeitig an den Boden drückt, den mittleren Teil seitlich hindurchwindet und sich in kleinen Hüpfern ihrem Ziel nähert. Durch diese als »Seitenwinden« bezeichnete Fortbewegungsweise hält sie große Teile ihres Körpers von der heißen Sandoberfläche fern. Wenn sie sich bedroht fühlt, erzeugt sie durch schnelles Aneinanderreiben ihrer gezähnelten Seitenschuppen ein zischendes Rasseln – eine deutliche Warnung an den Angreifer. Wenn ihm sein Leben lieb ist, zieht er sich sofort zurück, denn diese Otter ist hochgiftig und ihr Biß gefährlicher als der jeder anderen Viper!

Erwachsene Sandrasselottern fressen am liebsten junge Rennmäuse, während sich die Jungschlangen mit Insekten begnügen. Zornnattern und die giftigen Mittelasiatischen Kobras zwängen sich ebenfalls durch die Gänge der Rennmäuse, wenn es ihnen oben zu heiß wird. Wenn die bronzeschimmernde Kobra überrascht wird, richtet sie sich auf, zischt vernehmlich und breitet ihr typisches Halsschild aus, das den Angreifer abschrecken soll. Nur in äußerster Bedrängnis verteidigt sie sich durch ihren hochgiftigen Biß, mit dem sie sonst ihre Beutetiere lähmt: Frösche, andere Reptilien, kleine Vögel und Nager. Etwa 350 000 dieser Kobras leben in den Wüsten und Gebirgsrändern Innerasiens.

Die Nachtschicht

Viele Wüstenbewohner gehen der Tageshitze aus dem Weg und werden erst nachts aktiv. Nach Sonnenuntergang, wenn sich das Blau des Himmels in ein tiefes Samtschwarz verwandelt und leuchtend klar die Sterne funkeln, geht es am Boden erstaunlich lebhaft zu: Es raschelt in jedem Busch, ein Kauz ruft, Insekten zirpen, und in der Ferne hört man ab und zu das langgezogene Heulen der Wölfe. Bei einem Spaziergang in der Dunkelheit kann man einige der Nachtschwärmer dieses vielstimmigen Chores entdecken.

Kleine Säugetiere, Echsen und Spinnen erstarren meist, wenn sie von einer hellen Lampe angestrahlt werden. Die acht Augen einer kleinen Tarantel glänzen im Licht. Husch – schon ist sie in ihrem Sandbau verschwunden. Geschäftig eilen Skorpione durch den Sand; eine Berührung sollte man tunlichts vermeiden, denn mit ihrem Giftstachel können sie schmerzhaft zustechen.

Tagsüber verkriechen sich die Skorpione in Erdlöcher oder unter Steine. Ihre Beutetiere – Käfer, Schaben und Spinnen – orten sie durch zwei Tastorgane am Hinterleib, die bereits auf allerfeinste Vibrationen ansprechen. Einmal im Griff der scharfen Scherenzangen, ist das Opfer rettungslos verloren; erst wird es durch einen giftigen Stich mit dem Schwanzstachel gelähmt, dann zerrissen und schließlich verspeist. Skorpione haben eine sonderbare Eigenschaft, deren arterhaltender Nutzen bis heute nicht geklärt ist: Wenn sie von ultraviolettem Licht bestrahlt werden, leuchten sie grün. Möglicherweise ist das eine zufällige Reaktion, die von der chemischen Zusammensetzung ihrer Außenhaut herrührt.

Typische Bewohner der Trockengebiete sind auch die Solifugen oder Walzenspinnen; sie bieten mit ihren kräftig ausgebildeten Mundwerkzeugen einen furchteinflößenden Anblick. Sie verfolgen ihre Beutetiere behend auf dem Sand oder graben geschickt Insekten unter der Oberfläche aus.

Im Schein der Lampe leuchten zwei winzige Punkte an einem Dünenhang – die Augen einer Springmaus. Im nächsten Augenblick ist diese »Maus auf Stelzen« mit einem eleganten Satz auch schon verschwunden. 16 Arten von Springmäusen gibt es in Zentralasien, und alle sind gebaut wie Minikänguruhs: überlange Hinterbeine und ein noch längerer Schwanz, der ihnen hilft, das Gleichgewicht zu halten, wenn sie mit 35 Stundenkilometern durch die Wüste flitzen. Bis zu sieben Kilometer legen sie jede Nacht auf der Suche nach Knollen und Insekten zurück.

Wie gut Springmäuse an ihre Umgebung angepaßt sind, beweist ihr Körperbau. Die meisten haben große Ohren – was die Wärmeabgabe fördert –, und die sandlebenden Arten weisen an den Hinterfüßen kleine Haarpolster auf, die ihnen im losen Sand besseren Halt verleihen. Bei manchen sind die Ohreingänge durch Haarbüschel vor eindringendem Sand geschützt; eine Art kann sogar ihre Nasenlöcher mit einem Hautlappen abdecken, damit sie nicht am eingeatmeten Sand erstickt, wenn sie ihren Tunnelbau gräbt.

Auch Springmäuse gehen mit dem kostbaren Wasser sehr haushälterisch um. Was sie brauchen, stellt ihr Stoffwechsel aus Fetten und Kohlehydraten selbst her. Sie scheiden kaum Urin aus und konservieren sogar die Feuchtigkeit ihres Atems, die sich in der vergrößerten Nasenhöhle sammelt. Wenn die Hitze gar zu groß wird, flüchten die Nager tief in ihren Bau und erstarren in einer Art Sommerschlaf. Nachts müssen die Springmäuse vor Schlangen auf der Hut sein; sie sind aber nicht nur schnell, sondern

Die kleine Springmaus ruht sich aus, bevor sie mit mächtigen
Sätzen die Wüste durchquert.

auch äußerst wendig. Werden sie verfolgt, versuchen sie mit gewaltigen Sätzen und Haken dem Jäger zu entkommen.

Dazu gehört auch die Sandboa, die knapp unter der Oberfläche im Sand lauert. Sie wird zwar nur 80 Zentimeter lang, wagt sich aber auch an große Beutetiere heran. Ihr Verhalten und ihr Körperbau sind für sie der Schlüssel zum Erfolg: Selbst wenn sie sich eingegraben hat, kann sie noch sehen, weil ihre Augen besonders weit oben am Kopf liegen. Wie ihre größeren Vettern erwürgt die Sandboa ihre Beute. Sobald ein ahnungsloses Opfer – meist ein Nager oder eine kleine Echse – nah genug herangekommen ist, packt die Schlange blitzschnell zu, schlingt ihren muskulösen Körper um das Tier und erdrückt es. Nicht immer liegt sie wartend auf der Lauer; manchmal pirscht sie sich auch an ihre Opfer heran.

Einige Tiere, die hier nachts durch die Wüste streifen, würde man eher in Afrika als in Asien vermuten: Stachelschweine, Honigdachse, Wüstenluchse und die scheue Streifenhyäne. Tatsächlich kommt die Streifenhyäne in einem weiten Gürtel von Afrika über Arabien und Zentralasien bis nach Indien vor. Sie weist den typischen, nach hinten abfallenden Körperbau aller Hyänen auf und trägt auf dem Rücken attraktive gelbe und schwarze Streifen.

Anders als die Tüpfelhyänen der ostafrikanischen Savanne machen Streifenhyänen nicht rudelweise Jagd auf lebende Beute, sondern begnügen sich mit dem, was die anderen übriglassen oder nicht verwerten können – sie sind die Aufräumtrupps der Wüste. Bei Sonnenuntergang beginnen die paarweise lebenden Tiere ihren Streifzug

Leben und Sterben in der Wüste:
Eine Sandboa verschlingt eine kleine Echse.

durch ihr Revier; stoßen sie auf ein verendetes Tier, fressen sie nicht nur das Aas, sondern zerbrechen mit ihrem mächtigen Gebiß auch die Knochen und schlingen sie hinunter. Sie lassen wirklich nichts übrig. Aber in der kargen Landschaft müssen sie gelegentlich mit Vogeleiern, Insekten oder gar vegetarischer Nahrung vorliebnehmen.

Die Streifenhyänen verdeutlichen, daß sich die Fauna in diesem Teil der Welt aus Tieren unterschiedlicher Herkunft zusammensetzt. Die meisten Arten sind eurasischer Abstammung, einige haben ihre Wurzeln jedoch auch in Afrika.

Der Langohrigel bewohnt Wüstengebiete von Marokko bis in die Mongolei und ist in Innerasien häufig anzutreffen. Schlanker gebaut und flinker als sein europäischer

Verwandter, hat er auch ein Paar übergroßer Ohren. Vermutlich hört er damit besser, vor allem aber wirken sie als Kühlfläche für das durchströmende Blut – eine Technik, mit der viele Wüstentiere eine Überhitzung vermeiden. Der Langohrigel ist ein furchtloser Jäger. Neben seiner üblichen Kriech- und Kerbtiernahrung versucht er sein Glück selbst an jungen Sandrasselottern, obwohl diese sehr aggressiv sind und einen gefährlichen Giftbiß haben. Einen hungrigen Igel können sie jedoch mit ihrem Zischen und Rasseln nicht abschrecken!

In den Wüsten Zentralasiens leben mehrere nachtaktive Echsenarten. Wenn die Nacht hereinbricht, wachen die Wundergeckos auf und gehen auf die Jagd. Im fahlen Mondlicht pirschen sie sich an Insekten heran und lassen ihre Zunge vorschnellen. Daß sie in diesem Licht so gut sehen können, verdanken die Geckos ihren großen Glubschaugen. Allerdings fehlen ihnen die Lider, also säubern sie ihre Augenhornhaut einfach mit ihrer langen feuchten Zunge von Staub und Sand. Tagsüber ziehen sie sich in ihren Erdbau zurück und verbarrikadieren den Eingang mit Sand.

Kleine Echsen sind die Lieblingsbeute der auf die Karakumwüste beschränkten und

Oben: Der Langohrigel ist als Wüstenspezialist deutlich flinker und etwas kleiner als unser heimischer Igel.

Links: Die Streifenhyäne ist ein ungewöhnlicher und vielseitiger Bewohner der innerasiatischen Wüsten.

äußerst angriffslustigen Turkestan-Wüstenspitzmaus. Wie alle Spitzmäuse ist auch sie sehr geschäftig und hat daher einen sehr großen Tagesbedarf an Nahrung. Sie ist ein wahres Energiebündel, flitzt bald hier- und bald dorthin und sucht jede Spalte und jedes Gestrüpp nach Heuschrecken oder kleinen Reptilien ab. Dabei schreckt dieser kleine Räuber auch nicht vor einer Auseinandersetzung mit Beutetieren zurück, die ihm an Größe gleichkommen: Mit einer Vielzahl von Bissen werden selbst solche Opfer rasch getötet.

Auch einige Vögel sind nachts unterwegs. Schemenhaft gleitet ein Ziegenmelker vorbei; er hat es auf saftige Nachtfalter und andere Großinsekten abgesehen. Seine langen Flügel machen diesen beinahe habichtsähnlichen Vogel ungemein beweglich,

Der kleine nachtaktive Wundergecko mit dem schönen Namen
Teratoscincus scincus meidet die Tageshitze
und verkriecht sich in seinen Bau; den Eingang
verschließt er mit angefeuchtetem Sand.

und mit seinen scharfen Augen erkennt er seine Beute auch im schwachen Licht des Mondes. Tagsüber ruht sich der Ziegenmelker am Boden aus; dort tarnt ihn sein eulenhaft gesprenkeltes Gefieder ausgezeichnet vor den spähenden Blicken hungriger Jäger.

Eulen sind die Nachtvögel schlechthin und ein wichtiger Bestandteil der nächtlichen Wüste. Auch der Steinkauz beginnt seine Jagd erst nach Einbruch der Dunkelheit, nachdem er den heißen Tag schlafend in einem der vielen Rennmauslöcher verbracht hat. Mit seinen großen, scharfen Augen und dem fabelhaften Gehör durchdringt er den Mantel der Dunkelheit, als wäre es heller Tag. Besonders empfindlich ist sein Gehör nicht etwa für die Tonlage seiner eigenen Stimme, sondern für die hohen Töne seiner Beutetiere, etwa den Mäusepfiff. Aber die Ohren sind nicht nur scharf: An dem großen Kopf liegen die Gehörgänge weit auseinander, und jede Ohröffnung ist von einem Federkranz umgeben, der wie eine Parabolschüssel wirkt. Damit kann der Kauz auch bei leisesten Geräuschen genauestens orten, wo sie herkommen. Seine nach vorne weisenden Augen erlauben ihm ein ausgezeichnetes räumliches Sehen und somit ein exaktes Abschätzen von Entfernungen. Die Beute des Steinkauzes besteht vor allem aus Grillen und Käfern, die er entweder zerkleinert oder ganz verspeist; die unverdaulichen Chitinreste der Kerbtiere spuckt er später als feste Kügelchen wieder aus.

In den Wüsten Innerasiens jagt auch die größte Eulenart, der Uhu. Er ist herrlich anzusehen und ungeheuer kraftvoll. Nahezu lautlos fliegt das etwas größere Uhuweibchen mit fast zwei Metern Spannweite auf seine Beute zu, vor allem Hasen und Rennmäuse. Aber man hat Uhus auch schon mit einem schweren Rotfuchs in den Klauen im Fluge beobachtet!

Im Osten kündet ein rötlicher Schein vom Beginn eines neuen heißen Tages. Die Nachtschicht ist vorüber, die nachtaktiven Tiere ziehen sich zurück. Nur die zahllosen Spuren im Wüstensand erzählen die aufregenden Geschichten der Nacht: die Wellenlinien einer Sandrasselotter, die Raupenspuren der sechsfüßigen Käfer, ein kleiner Erdhaufen, den ein Stachelschwein beim Graben nach Tulpenzwiebeln aufgeworfen hat, und ein Fleckchen zerstobener Erde, an dem eine Springmaus ihrem Jäger begegnete. Der nächste Wind wird die kleinen Schicksale vergessen machen.

Ein Erfolgsrezept: Kamele

Von allen großen Pflanzenfressern, die sich die Wüste zum Lebensraum erwählt haben, sind die Kamele wohl die erfolgreichsten. Insgesamt leben etwa zwölf Millionen Kamele auf der Welt, davon gut 250 000 in den Trockenzonen Innerasiens. Man trifft hier beide

Arten: das zweihöckerige Trampeltier in den nördlichen Wüsten Kasachstans und das einhöckerige Dromedar in den Weiten der Karakum- und Kysylkumwüste. Dromedare wandern sogar bis in die Saxaulwälder in Repetek, wo sie behäbig die spärlichen Blätter abäsen.

Die Halbnomaden Turkmeniens halten sich zahlreiche Kamele als Nutztiere. Wie in Arabien dienen sie als Lasttiere: Unverdrossen marschieren die Kamele bei einer stetigen Geschwindigkeit von zehn Stundenkilometern mit vier Doppelzentnern Gepäck acht Stunden ohne Pause, Tag für Tag. Vor allem aber versorgen sie ihre Besitzer mit Nahrung und Kleidung. Aus der Stutenmilch − etwa 400 Liter gibt jede Stute im Jahr − wird Kumyß gegoren oder Butter und Käse gemacht; die Haare werden zu hochwertigem Stoff versponnen, das Fleisch gegessen und die Haut zu Leder verarbeitet.

Die große Zeit der Hengste kommt im Frühling, wenn sie nur noch an eines denken − sich zu paaren. Sie schäumen ums Maul und werden äußerst aggressiv. Wild um sich

Oben: Nach einer kurzen Freßpause ziehen die Dromedare
gemächlich weiter durch die Karakumwüste.
Links: Ärgerlich schaut der Uhu, wer ihn bei seinem
Nickerchen gestört hat!

135

beißend und tretend tragen die Hengste ihre Rangordnungskämpfe aus, manchmal sogar mit tödlichem Ausgang. Die Sieger nähern sich mit speichelquillendem Maul den Stuten, die sich zur Begattung auf den Erdboden niederlassen. Nach einer Tragzeit von zwölf bis 14 Monaten erfolgt die Neubegattung bereits wenige Stunden nach der Geburt des Fohlens, das noch etwa ein Jahr lang am Euter der Mutter etwa fünf Liter Milch pro Tag saugt.

Die halbwilden Kamele der Trockengebiete vermitteln immer noch den Eindruck, als würden sie wie einst ihre wilden Ahnen leben. Der Ursprung dieser Haustiere liegt aber ziemlich im dunkeln. Als domestizierte Form sind sie seit etwa 2000 Jahren in Arabien und Turkmenien nachgewiesen. Lange glaubte man, die wilden Stammformen beider Großkamele seien ausgestorben. Zumindest vom zweihöckerigen Trampeltier weiß man heute, daß noch ungefähr 800 seiner wilden Vorfahren in der südwestlichen Gobi leben, vom wilden Dromedar fehlt jedoch jede Spur. Einer Theorie zufolge ist das Dromedar eine domestizierte Weiterentwicklung des Trampeltieres; gestützt wird diese Vermutung durch den Fötus des Dromedars, der noch im Mutterleib zwei kleine Höcker aufweist, bevor sie zu einem verwachsen. Rekapituliert die Embryonalentwicklung – wie so oft – auch hier die Evolution?

Im Reich der Halbesel

Andere große Huftiere leben vorwiegend im Naturschutzgebiet Badchys, einer atembe-raubenden Wildlandschaft an der Südspitze Turkmeniens, nahe den Grenzen zu Afgha-nistan und Iran. Wir betreten das Reich der Halbesel und Kropfgazellen.

Badchys ist ein wunderbares Fleckchen Erde, so ganz anders als die verbrannten Dünen der Karakum. Süßwasser ist auch hier knapp, wie fast überall in Turkmenien; etwa 250 Millimeter Niederschlag fallen im Jahr, das meiste davon im Winter. Aber das undurchlässige Felsgestein sammelt das Wasser und läßt bis in den Mai eine Vielzahl von Bächlein aus dem Boden sprudeln. Diese wiederum speisen den Mur-gab-Fluß, die wichtigste Lebensader für Tiere und Pflanzen während der langen hei-ßen Sommer.

Badchys (der poetische Name bedeutet »Wind ist aufgekommen«) ist eine 75 000 Hektar große Landschaft mit malerischen abgerundeten Hügeln, die von tiefen Schluchten und grünen Pistazienhainen durchzogen ist. Im Süden wird sie von der gewaltigen Senke Jer-Oilan-Dus begrenzt, einem Grabenbruch, an dessen tiefstem Punkt eine Reihe kleiner Salzseen liegt, die in der Bruthitze des Sommers meist zu strahlend weißen Salzflächen verdunsten.

Aus einer Höhle fällt der Blick über die Jer-Oilan-Dus-Senke;
in der Ferne liegen Salzseen zwischen *kasans*, den erloschenen
Vulkankratern in Badchys.

Von hier unten fällt der Blick des Betrachters auf die umliegenden Bergkegel – Relikte aus der Zeit, in der die Vulkane noch glühende Lava in die Luft spuckten. Der Boden dieser Mondlandschaft ist mit zahllosen versteinerten Muscheln bedeckt, die von seiner Vergangenheit als Meeresgrund der Tethys erzählen. Die rosa Sandsteinfelsen und Terrassen von der Jer-Oilan-Dus gehen schließlich in den Kysyl-Dschar über, eine spektakuläre rote Felsschlucht, die das umliegende Tafelland auf 18 Kilometern Länge 450 Meter tief durchschneidet.

Die Schluchten und Klippen erzeugen mächtige Aufwinde und schaffen einen idealen Jagdgrund für Raubvögel. An die 30 Arten kreisen hoch in der warmen Luft, darunter mehrere Geierarten, Steinadler und Schlangenadler. Die vielen Adlerbussarde tun sich am Gewimmel der Springmäuse gütlich. Im Sommer lassen sich Steinrötel- und Felsensteinschmätzerpaare an den Geröllhängen nieder – Beute für den Wanderfalken. Hier und da ragt wilder Fenchel bis zu zwei Meter aus dem flachen Grasland – strahlend gelbe Farbtupfer auf dem grünen Teppich. Die Sprosse dieser Riesenpflanzen können an der Basis bis zu zehn Zentimeter Durchmesser haben. Ende des Sommers scheinen sie abzusterben, treiben aber jedes Jahr aufs Neue aus, um schließlich nach neun Jahren ihre herrlichen gelben Blütenstände hervorzubringen.

In weiten Teilen erinnert Badchys an ostafrikanische Savannen, allerdings wird hier die Monotonie der Landschaft nicht durch Schirmakazien, sondern durch Pistazienbäume unterbrochen. Die afrikanische Illusion setzt sich fort: statt Zebras und Thompsongazellen stürmen hier Halbesel und Kropfgazellen über die Ebenen. Am Himmel ziehen die Geier ihre Kreise. Sogar einige Leoparden der persischen Subspezies überlebten in den felsigen Schluchten von Badchys.

Der Riesenfenchel inmitten
roter Tupfen der Mohnblumen
blüht nur alle neun Jahre.

Die zierlichen Kropfgazellen, von den Einheimischen Djeran genannt, stillen ihren Flüssigkeitsbedarf fast vollständig aus den Hunderten verschiedener Pflanzen, von denen sie sich ernähren; manche davon sind so giftig, daß Schafe an ihnen zugrunde gehen. Die kraftvoll-geschmeidigen Böcke tragen leicht gebogene Hörner; ihr Kehlkopf ist kropfartig vergrößert, was ihnen ihren Namen eingebracht hat. Auch geben sich die Kropfgazellen, wenn sie denn trinken, mit einer bitteren, salzigen Brühe zufrieden, in der andere Tiere nicht einmal baden würden. Folgerichtig sind diese robusten Gazellen auch weit verbreitet – man findet sie in den Wüsten Arabiens, Zentralasiens, Pakistans und des westlichen Chinas.

Ganz anders die hier vorkommenden asiatischen Halbesel, die Kulane: Sie sind fast ständig mit der Suche nach Wasser beschäftigt, ohne das sie nicht länger als ein paar Tage auskommen. Das beschleunigte ihren Niedergang.

Zwar können die Kulane, genau wie Kamele, einen Wasserverlust von bis zu einem Drittel ihres Körpergewichtes ertragen, anders als Trampeltiere und Dromedare aber müssen sie diesen Flüssigkeitsverlust sehr rasch wieder ausgleichen.

Witternd blickt sich ein Kropfgazellenbock
zwischen dem Saxaulgestrüpp um.

Früher bewohnten viele und große Herden dieser hübschen braun-weißen Esel mit ihren kurzen Mähnen und schwarzen Rückenstreifen riesige Gebiete der trockenen Steppen, die sich fast ohne Unterbrechung von den Osthängen des Uralgebirges bis zur Wüste Gobi und südlich bis nach Arabien und Nordindien hinein ausdehnten. Das änderte sich, als der Mensch den Lebensraum der Kulane immer dichter zu besiedeln begann und den Tieren den Zugang zu dem lebenswichtigen Wasser dadurch häufig verwehrte.

Überall, wo die Menschen die Wasserstellen für sich beanspruchten, mußten die Kulane weichen; außerdem wurden sie wegen ihres wohlschmeckenden Fleisches und ihrer Haut vielerorts frei gejagt. Die einst weit verbreiteten Halbesel wurden bis auf wenige verstreute Reliktpopulationen dezimiert. 1941 verloren sich noch 150 Tiere in dem riesigen Gebiet, und man beschloß, Badchys als Naturschutzgebiet besonders zur Erhaltung der Kulane einzurichten.

Kulane sind schön gebaute, relativ kleine Tiere mit einer Widerristhöhe von kaum 1,20 Meter. Geschmeidig, langbeinig und muskulös galoppieren sie durch die Steppe – mit 65 km/h so schnell wie Rennpferde. Der lustige Schwanz mit der kleinen Quaste flattert dabei im Wind. Mit etwas über 3000 Tieren ist ihr Bestand in Badchys heute gesichert, allerdings reichen die Wasservorkommen nicht aus, um eine weiter wachsende Population zu versorgen – die obere Grenze scheint erreicht. Daher hat man überzählige Tiere in andere Gebiete Zentralasiens umgesiedelt, aus denen sie schon verschwunden waren.

Kostbare Pistazien

Eine überragende Bedeutung für die Ökologie in Badchys hat der Pistazienbaum. Unverkennbar ist seine Silhouette: Wie ein mächtiger Pilz sieht er aus, mit seiner dunkelgrünen, halbrunden Blätterkrone auf dem kurzen kräftigen Stamm. Besser als jede andere Nußbaumart ist die Pistazie an das heiße, trockene Klima angepaßt. Des Rätsels Lösung liegt unter der Erde: Bis in einen Umkreis von über 30 Metern schickt der Baum seine weitverzweigten Wurzeln auf der Suche nach Wasser; auch der kleinste Tropfen, den die Erde bietet, wird aufgenommen.

Diese mächtigen Wurzelsysteme sind der Grund, warum Pistazien relativ weit auseinander wachsen; müßten sich zwei Bäume um Wasser streiten, gingen beide ein. Nach Ende des zweiten Jahres ist das junge Pistazienbäumchen noch nicht größer als 15 Zentimeter, dafür reichen seine Wurzeln schon zweieinhalb Meter tief in den Boden. Seine volle Größe von zehn Metern wird es erst in 300 oder 400 Jahren erreichen; einige der knorrigen Nußbäume sollen schon seit 1000 Jahren hier stehen! Das gemächliche Wachstum bringt ein hartes, schweres Holz mit feiner dunkelbrauner Maserung hervor, aus dem man vorwiegend hochwertige Möbel herstellt.

Zu Recht nennt man die Pistazienhaine den grünen Schatz der Badchys-Botanik. Eine Vielzahl von Tieren profitiert von ihrer Gegenwart. Im Sommer nisten zahlreiche Vögel in den schattenspendenden Kronen. Höhlen im Stamm werden gerne von der Buchara-Meise, einer grauen Version unserer Kohlmeise, angenommen. In den äußeren

Pistazienhaine sind der »grüne Schatz« von Badchys.
Im Sommer spenden sie Schatten und laden die Vögel
zum Nisten ein, im Herbst schenken sie Menschen
und Tieren ihre nahrhaften gelb-grünen Nüsse.

Zweigen bauen Kolonien von Weidensperlingen ihre unordentlichen Nester, und nur hier nistet der Rotschulterwürger. Selbst einige Paare des wuchtigen Mönchsgeiers bauen ihre ausladenden, plattformartigen Nester aus aufgestapelten Zweigen in das obere Astwerk besonders stämmiger Pistazien. Meist suchen sie solche an steil abfallenden Hängen, von wo sie sich bequem in die Luft schwingen können. Aber es sind vor allem die nahrhaften goldgrünen Kerne, die zu ihrer Reifezeit im Herbst Menschen wie Tiere gleichermaßen anziehen.

Pistazien sind zweihäusig, das heißt, männliche und weibliche Blüten stehen auf verschiedenen Pflanzen. Erst im Alter von 15 bis 20 Jahren tragen die weiblichen Bäume Früchte. Bis zu 45 Kilogramm geschälter Nüsse soll ein ausgewachsener Baum im Jahr liefern können; der durchschnittliche Ertrag liegt jedoch nur bei zwei Kilogramm. Dafür sind die kleinen Kerne wahre Energiebomben: Knapp 60 Prozent sind Fett, über 20 Prozent Eiweiß, und der Rest verteilt sich auf Kohlehydrate und Wasser. In Badchys wachsen die Pistazien auf 400 Quadratkilometern Wüstenland, und alle drei bis fünf Jahre fällt die Ernte besonders reichlich aus.

Im Herbst versammeln sich unzählige Tiere aus Steppe und Wüste in diesen Hainen des Schlaraffenlandes, um die Nüsse – und sich gegenseitig – zu fressen. Kulane und Arkal-Wildschafe ziehen gemächlich äsend durch die Baumreihen; Gazellen recken ihren langen Hals und knabbern die Leckerbissen von den unteren Zweigen. Was hinunterfällt, wird von emsigen Rennmäusen in ihre unterirdischen Lager gebracht, um für den harten Winter vorzusorgen. Bei Nacht tun sich Weißschwanzstachelschweine und Korsakfüchse an den gefallenen Früchten gütlich. Selbst die Streifenhyänen scheinen diese willkommene Abwechslung von ihrer eintönigen Aas- und Knochendiät zu genießen!

Auch Vögel haben Pistazienkerne in ihren Speiseplan aufgenommen: Zippammer, Haubenlerche und Chukarsteinhuhn suchen sie am Boden zusammen, während der Felsenkleiber sie zu Felsspalten trägt. Diese dienen ihm als Amboß, wenn er mit seinem kräftigen Schnabel auf die Nüsse einhämmert, um an den schmackhaften Inhalt zu gelangen. Einen Teil der Nüsse versteckt der Felsenkleiber jedoch für die harten Wintermonate.

Abwartend beäugt eine kleine Gruppe von Arkal-Wildschafen
ihren Beobachter. Anderswo fast bis zur Ausrottung gejagt,
gedeihen sie im Naturschutzgebiet Badchys
zu prächtigen Exemplaren.

Den Großteil der Pistazien erntet jedoch der Mensch – zuviel, wie selbst einheimische Fachleute meinen. Die Turkmenen pflücken die Nüsse von den Bäumen und breiten sie zum Trocknen in der Sonne aus. Sobald die Hitze die Schale zum Platzen gebracht hat, werden die kostbaren Kerne maschinell von den Hüllen getrennt und verpackt. Bis zu 90 Kilogramm gereinigter Nüsse bringt ein Hektar gesunder Bäume hervor; insgesamt werden 2000 Tonnen jährlich aus Badchys vor allem ins westliche Ausland exportiert.

Auf den Pistazienblättern findet man oft eine Vielzahl von Gallen. Sie werden durch Läuse erzeugt und unterscheiden sich je nach Art in ihrem Aussehen. *Slavum lentiscoides* ruft beispielsweise nußförmige Gallen hervor, *Forda hirsuta* drei Zentimeter lange hohle Gallen, von den Turkmenen *buzgunch* genannt. Einst sammelte man diese Gallen wegen ihrer Inhaltsstoffe. Sie enthalten 44 Prozent Gerbsäure – im Gegensatz zu neun Prozent im Blatt –, die medizinische und industrielle Verwendung fand; außerdem ein hellgrünes, aromatisch duftendes Harz sowie dunkelrote, schwarze und blaue Farbstoffe, die man zum Färben von Stoffen verwendete.

Der Winter naht

Wenn die Tage kürzer werden und die Sonne auf ihrer flachen Bahn die staubige braune Landschaft kaum noch erwärmt, fallen die Winde nun von Norden her ein und tragen den eisigen Hauch Sibiriens nach Turkmenien. Nachtfröste setzen ein. Die Pistazien haben Nüsse und Blätter abgeworfen, die Riesenfenchel stehen kahl und bleich im verdorrten Gras. Die meisten Vögel sind nach Süden weitergezogen, und nur einige Geier warten geduldig auf kranke oder schwache Tiere, die dem strengen Regime der Natur erliegen. Unter der Erde sind die Kriechtiere, Igel und Springmäuse bei den ersten Frösten in eine tiefe Winterstarre verfallen. Nur die Rennmäuse schlafen nicht. Ein oder zwei Dutzend Tiere kuscheln sich eng zusammen, um sich gegenseitig zu wärmen, und zehren bis zum Frühjahr von den Nüssen und trockenen Pflanzen, die sie beizeiten in ihren unterirdischen Scheunen gebunkert haben.

Von den größeren Säugern kommen nur die Kropfgazellen um diese Jahreszeit in die Brunft. Gegen Ende November, Anfang Dezember werden die Böcke ungestüm und stolzieren kraftstrotzend durch ihre drei Hektar großen Reviere, die sie alle 20 Meter durch kleine Kothaufen oder aus Duftdrüsen an den Hufen und vor den Augen markiert haben.

Ständig versuchen vorwitzige Jungböcke, den Alten ihr Territorium streitig zu machen, indem sie ihre eigenen über deren Duftmarken setzen. Werden sie dabei erwischt und können sich nicht rechtzeitig aus dem Staube machen, dann werden sie von den Altböcken gestellt. Abschätzend umstelzen sich die Kontrahenten einige Male, um die Kampfkraft des Gegners auszuloten, dann krachen die Hörner. Sind die Kräfte ungleich verteilt, ist der Kampf schnell vorbei, und der Jungbock flüchtet. Treffen aber zwei gleichwertige Gegner aufeinander, dann kämpfen beide erbittert und unnachgiebig, bis einer weicht oder gar stirbt.

Die Böcke wollen mit ihrer Kraftprotzerei möglichst viele Weibchen anziehen. Diese beobachten in gebührender Entfernung ihre Bewerber; vor allem prüfen sie, was die Reviere der einzelnen Böcke an nahrhaften Blättern zu bieten haben. Je besser das Nahrungsangebot, desto länger bleiben sie.

Erfolgreiche Böcke können auf diese Weise bis zu zehn oder zwölf weibliche Tiere in ihr Revier locken, die alle von ihnen gedeckt werden. Für viele männliche Kropfgazellen ist dies ihre erste und einzige Gelegenheit, ihre Gene an die nächste Generation zu vererben. Denn der tägliche Kampf um die Reviere und Weibchen ist äußerst anstrengend; viel Zeit zum Fressen bleibt da nicht. In dieser Periode verlieren die Böcke täglich an Gewicht. Am Ende der Paarungszeit wiegen sie statt 40 Kilogramm nur noch 25 oder 30 – in der harten Wildnis oft zu wenig, um den strengen Winter zu überleben. Viele sterben und ernähren hungrige Füchse, Streifenhyänen und die stets wachsamen Geier.

Kropfgazellenkitze werden im Mai geboren, mitten in die herrlichen Frühlingswiesen hinein. Jüngere Weibchen werfen nur ein Junges, ältere häufiger Zwillinge. Die Mütter lassen die wackeligen Neugeborenen in einem Versteck zurück und suchen sie dort regelmäßig zum Säugen auf. Nach etwa zwei Wochen sind die Kleinen stark genug, um ihren Müttern in die üppige Vegetation zu folgen und ihre ersten Blätter zu zupfen.

Eine Wüste stirbt

Leider sind nicht alle Trockengebiete der ehemaligen UdSSR so gesund wie Badchys oder Repetek. In einigen spielen sich ökologische Dramen in einem unfaßlichen Ausmaß ab.

Ende der vierziger Jahre entstand der Plan, das Wasser der Flüsse Amu-Darja, Murgab und Tedschen in einen 1000 Kilometer langen Kanal zu leiten, der nördlich am Kopet-Dag-Gebirge vorbei bis ins Kaspische Meer führen sollte. Dieser Karakum-Kanal sollte riesige Gebiete Usbekistans und Turkmeniens landwirtschaftlich nutzbar machen. 1954 begann man mit dem Bau, brach ihn aber ab, bevor die Verbindung

Usbekische Frauen ernten Baumwolle, das »weiße Gold« Zentralasiens.
Durch gewaltige Bewässerungsprojekte wurden Plantagen
dieser durstigen Pflanze aus dem ausgedörrten Boden gestampft.
Gewaltige Schäden an der Umwelt sind die Folge.

zum Kaspischen Meer hergestellt war. Trotzdem flossen unermeßliche Mengen kostbaren Süßwassers in die kargen Steppen.

Man begann, gewaltige Monokulturen der lukrativen Baumwolle anzubauen; zu Beginn der achtziger Jahre wurden fast 7,5 Millionen Tonnen jährlich geerntet. Nun ist Baumwolle eine besonders durstige Pflanze, und je mehr »weißes Gold« der Weltmarkt verlangte, desto hemmungsloser wurden die Zuflüsse erschöpft. Amu-Darja und Syr-Darja wurden zu Rinnsalen, der Aralsee schrumpfte zur Salzwüste.

Auch der Boden bereitete den Landnutzern Probleme. Wenn das Wasser aus der getränkten Erde nach oben verdunstete, nahm es Salze mit zur Oberfläche und verarmte die ohnehin karge Wüstenerde noch mehr. Dieser Gefährdung des Ertrags versuchte man mit massenhaftem Einsatz von Kunstdünger entgegenzuwirken. Derweil wurden die Fünfjahrespläne der Breschnew-Regierung immer ehrgeiziger, es wurden immer mehr Chemikalien nötig, und die tödliche Spirale drehte sich weiter.

Entlaubungsgifte sollten rationelles Ernten ermöglichen, vergifteten aber den ohnehin chemisch verseuchten Boden noch mehr. Schließlich gelangte die Giftbrühe, die man Grundwasser nannte, ins Trinkwasser, und die ökologische Katastrophe hatte den Kreis zurück zum Menschen geschlossen.

Ein Ausweg scheint nicht in Sicht. Zumindest ließ man Pläne fallen, einige Flüsse aus dem Norden umzuleiten, um den Aralsee wieder aufzufüllen. Am besten wäre es, der Amu-Darja dürfte sein Wasser behalten; das ginge aber auf Kosten der landwirtschaftlichen Erträge und wäre in diesen Zeiten des politischen und wirtschaftlichen Umbruchs wohl von keiner Regierung erfolgreich zu propagieren. Vermutlich werden die Schäden an der Natur in diesem Teil der Welt noch lange nachwirken oder gar noch zunehmen.

Die wogende Steppe

Zu den typischen Merkmalen des paläarktischen Eurasien gehört ein riesiges, überwiegend baumloses Gebiet im Zentrum des Erdteiles. Dieser Steppenkorridor erstreckt sich fast ohne Unterbrechung über 5600 Kilometer von der Ostgrenze Rumäniens bis nach Nordchina. Die weiten Grassteppen Südrußlands und Westsibiriens überziehen einen schwarzen, humusreichen Boden, auf dem neben dem Raygras vor allem mehrere Arten des Federgrases wachsen, dessen silber-grüne Blütenstände sich im Sommerwind wiegen, der unaufhörlich durch die endlos dahinfließende Landschaft fegt. Die aufgehende Sonne taucht Millionen Halme in goldenes Licht – ein unvergeßlicher Anblick.

Für kurze Zeit im Jahr hellen auch die leuchtenden Farbtupfer der Blumen das eintönige Grasmeer auf: Wilde rote und gelbe Tulpen, bläulich-violette Schwertlilien, duftende purpurne Hyazinthen, Baldrian, Krokusse und wilde Zwiebeln blühen hier – viele sind uns in ähnlicher Form aus unseren Gärten vertraut. Dabei offenbart sich ein erstaunlicher Artenreichtum in dem scheinbaren Einerlei: Auf einem Quadratmeter Steppe können über 80 verschiedene Pflanzenarten wachsen – vielleicht die größte Vielfalt in der gesamten GUS.

Die flüchtige Pracht ist jedoch schnell vorbei, wenn die heiße Sonne die Vegetation verbrennt. Nach der Sommerdürre mit bis zu 40 Grad im Schatten ist das Land von gelbbraunen Grasstengeln bedeckt, die den Boden für das Wachstum des nächsten Jahres düngen. Hin und wieder lädt ein krachendes Gewitter monsunähnliche Regenmassen auf der Steppe ab oder bombardiert den Boden mit glitzernden, faustgroßen Hagelkörnern.

Obwohl etwa ein Sechstel der GUS im Steppengebiet liegt, ist nur noch ein klei-

Sanft wogen die Köpfe des Federgrases im Steppenwind. Die
Eintönigkeit trügt: Zwischen den langen Halmen verstecken sich
viele bunte Blumen und kleine Tiere.

ner Teil davon echte Steppe. Der Grund ist die *tschernosjom,* die berühmte
schwarze Erde Rußlands, die unter der Steppe liegt; dieser ungeheuer fruchtbare
Boden bildete die Grundlage der sowjetischen Landwirtschaft. Die einzigartige trok-
kenresistente Flora aus Kräutern und Gräsern mußte zumindest im europäischen
Teil fast überall dem Pflug weichen, Weizen und Zuckerrüben haben ihren Platz
eingenommen. Nur wenige kleinere Flächen wurden zu Schutzgebieten erklärt, von
denen Askanja Nova in der Südukraine vielleicht am bekanntesten ist. Die trockeneren Steppen Zentralasiens hingegen entgingen der Umwandlung in Nutzflächen.
Hier findet eine der gewaltigsten Wanderungen von Säugetieren statt – der lange
Marsch der Saigas.

Die unglaubliche Saiga

Was für die afrikanische Savanne das Gnu, ist die Saiga für die Steppe. Zusammen mit ihrer einzigen nahen Verwandten, der Tibetantilope oder Tschiru, ist diese kleine, seltsam aussehende Antilope charakteristisch für diesen Lebensraum. Die männlichen Tiere tragen bernsteinfarbene, fast durchsichtige Kurzhörner. Kennzeichnend für die Saiga ist aber ihr langgezogenes Elchmaul mit einem kurzen, beweglichen Rüssel, die sogenannte Ramsnase.

Die auffällige Nase sieht nicht nur lustig aus, sondern leistet den Saigas im Leben auf der staubigen Steppe wertvolle Dienste. In den großen Nasenhöhlen liegen Schleimhautmembranen, die ihren Atem aufwärmen und anfeuchten, bevor er die Lunge erreicht. Das ist besonders im Winter nützlich, wenn die Luft kalt und trocken ist. Vermutlich dienen die Nasenhöhlen auch als Filter zur Absorption des aufwirbelnden Staubes, der den Saigas vom Wind und von der hin und her galoppierenden Herde ständig ins Gesicht bläst. Werden die Saigas erschreckt, dann senken sie ihre Köpfe und stürmen mit 50 Stundenkilometern davon, wobei sie eine mächtige Staubfahne hinter sich herziehen.

Im Winter ziehen die Saigas gen Süden und legen sich ein wolliges, weißes Fell zu, um sich gegen den Frost zu wappnen. Die Kälte scheint der Liebeslust der Böcke aber keinen Abbruch zu tun: Während der Brunft im Dezember, wenn schon der erste Schnee und Frost die Landschaft überziehen, zeigen sie hektische Betriebsamkeit. Sie markieren ihr Revier mit einem öligen Drüsensekret aus ihren Voraugendrüsen, erwehren sich nach allen Richtungen ihrer Rivalen und versuchen möglichst viele Weibchen für sich zu gewinnen. Die erfolglosen Liebhaber schließen sich zu Junggesellengruppen zusammen; vielleicht klappt es ja im nächsten Jahr!

Ihre Chancen stehen gut, denn nach der Paarungszeit sind die männlichen Saigas so erschöpft, daß nur ein Sechstel von ihnen den kommenden Winter überstehen wird. Während der Brunft haben sie nur sporadisch gefressen, so stark hat sie das Werben um die Weibchen in Anspruch genommen. Nun werden Kälte und Wölfe sie dahinraffen.

Seite 148/149:
Eine Herde Saigas stürmt auf der Suche nach neuen Weidegründen
durch die kasachische Steppe.
Die Rettung dieser bemerkenswerten Antilopen
vor dem Aussterben ist einer der großen Erfolge
des weltweiten Artenschutzes.

Die Herde zieht weiter. Auf ihrem langen Weg schließt sie sich mit anderen Saigas zusammen und wandert bei einem stetigen Tempo von 15 Kilometern pro Stunde bis zu 1500 Kilometer von dem Ort weg, an dem ihre Kälber gezeugt wurden. 100 000 Saigas drängen auf der Suche nach ihrer Lieblingsnahrung – Wermutblätter – zu den saftigen Weiden des Nordens, und nichts hält sie auf: Sie überqueren Straßen, Eisenbahnlinien, sogar mächtige Flüsse.

Die Zeit der Gefahr

Im Mai legen die hochschwangeren Saigaweibchen eine Pause ein und bringen ihre Jungen zur Welt, die Erstgebärenden ein Einzelkind, alle anderen meist Zwillinge. Ihre ersten Tage verbringen die Kleinen liegend, rappeln sich aber unbeholfen auf, um die Mutter zu begrüßen, wenn sie vom Grasen heimkommt, und um bei ihr zu saugen. In dieser Phase sind sie besonders verwundbar: 20 Prozent sterben noch während ihres ersten Lebensmonats durch Wölfe und Steppenadler.

Bald sind die Jungen kräftig genug, um der Mutter zu folgen, und der große Trek nach Norden kann weitergehen. Im Laufe des Sommers zerstreut sich die Riesenherde allmählich; in kleinen Gruppen grasen die Saigas langsam die Steppe ab. Im August wird die Nahrung spärlich, und wieder beginnen die kleinen, zähen Antilopen ihren langen Marsch zu ihren Winterquartieren im Süden.

Der harte Winter fordert jedoch seinen Tribut. Weniger als 40 Prozent der Kälber erleben den nächsten Frühling. Von den überlebenden weiblichen Kälbern erreichen aber immerhin 85 Prozent im folgenden Dezember die Geschlechtsreife – und das nur acht Monate nach ihrer Geburt. Sie haben dann schon 2000 Kilometer oder mehr zurückgelegt. Saigas können somit nach einem Niedergang ihre Zahl rasch wieder aufstocken – eine Fähigkeit, die ihnen in ihrer jüngeren Geschichte schon sehr zustatten kam.

Die Auferstehung der Saigas

Um 1930 sah es um die Saigas noch schlechter aus als um die Kulane oder Wildpferde; Jäger, Wölfe und Wilddiebe hatten den Bestand auf wenige hundert Tiere dezimiert. Trockenperioden und Dasselfliegenbefall hatten ein übriges getan. Die Saigas drohten auszusterben.

Gerade noch rechtzeitig wurden die Jagden auf Saigas verboten und strenge Schutzbestimmungen erlassen. An diesem kritischen Punkt kam die ungewöhnliche Fruchtbarkeit der Saigas zum Tragen. Die natürliche Auslese der Böcke nach der anstrengen-

151

den Paarungszeit sicherte auch die manchmal knappe Nahrung demjenigen, der die Art erhält, dem Weibchen. So kam es zu einer wahren Bevölkerungsexplosion. Schon Anfang der fünfziger Jahre lebten wieder nahezu eine Million Saigas in den Steppen Kasachstans und westlich der Wolga. Heute haben sich die Bestände so gut erholt, daß sie wieder eine gezielte Nutzung erlauben – jedes Jahr werden über 100 000 Tiere zur Gewinnung von Fleisch und Häuten geschossen.

Vögel der Steppe

Wenn der Frühling die Steppe zum Leben erweckt, kommen auch die Vögel zurück. Pfeifend, trällernd und balzend beginnen sie emsig mit dem Nestbau und der Partnersuche. Auf salzhaltigen Böden stecken Mohrenlerchen ihr Revier ab, die Hähne im schwarz-glänzenden Gefieder, die Weibchen in unauffällig graubrauner Tarnfarbe. Weil es hier keine Bäume gibt, von denen aus man seine Anwesenheit kundtun könnte, schwingen sich die Mohrenlerche und viele andere Vögel wie Kurzzehenlerche und Brachpieper in die Lüfte und überfliegen laut singend »ihr« Gebiet. Jeder soll wissen: »Hier wohne ich!«

Andere haben ein so auffälliges Balzzeremoniell entwickelt, daß es in der offenen Landschaft weithin sichtbar ist. Die Hähne der Kragentrappe balzen mit einem Aufwand, als wären sie Paradiesvögel. Diese recht großen Trappen, entfernte Verwandte der Kraniche, bewohnen Trockengebiete von den Kanarischen Inseln und Nordafrika bis in die Mongolei.

Die Kragentrappen Zentralasiens müssen im Winter besonders weit reisen: Sie suchen die warmen Gefilde Pakistans, Nordindiens und Arabiens auf. Aber der Rückweg ist gefährlich: Tausende von Trappen werden jedes Jahr von Jägern getötet, die meisten durch die Jagdfalken wohlhabender Scheichs. Daher ist diese Art in ihrem Bestand gefährdet.

Die überlebenden Hähne gehen bald nach ihrer Ankunft auf Partnersuche. Dann verwandeln sich die ansonsten hervorragend getarnten Vögel in auffällige Federbälle. Die Dramaturgie ihrer Balz ist ebenso aufwendig wie eindrucksvoll – nicht nur für die Hennen. Zuerst stellt der Hahn seine Kopffedern auf wie eine Puderquaste. Danach plustert er seinen Hals auf, zieht ihn leicht zurück und stellt seine langen, weißen Brustfedern zur Schau. Zum Schluß stolziert er in einem hüpfenden Stechschritt vor den Weibchen hin und her, so daß sein langes Brustgefieder wie ein Schleier auf- und niederflattert. Dabei stolpert er gelegentlich in die umliegenden Büsche, weil ihm sein eigenes Gewedel die Sicht versperrt. Aber er erreicht sein Ziel – welches Weibchen könnte so viel männlicher Anmut widerstehen?

Das Leben der Tiere und Pflanzen in den Wüsten und Steppen der früheren Sowjetunion wird vor allem durch Hitze und Wassermangel erschwert. Aber auch das Leben im anderen Extrem, bei Kälte und Wasserüberfluß – ist nicht unbedingt leichter: Viele tausend Kilometer von der staubigen Heimat der Kragentrappe entfernt liegt ein Gebiet, das ganz andere Überlebenstechniken verlangt. Es ist die eisige Wildnis des hohen Nordens – das Reich des Eisbären.

Der Kragentrapphahn strengt sich mächtig an, um den Hennen
zu gefallen. Nach der Paarung allerdings läßt sein Eifer deutlich nach:
Das Weibchen muß die Küken alleine großziehen.

KAPITEL FÜNF

AM RANDE DES EISMEERES

Es ist Ende März. Hoch in der russischen Arktis auf der abgelegenen Wrangelinsel hat der Polarsommer die ewige Nacht besiegt, und im jungen Tageslicht erwacht die blendend weiße Welt am Rande des Eismeeres. Wie feinster Diamantstaub glitzert die Landschaft, wenn sich die Sonnenstrahlen in den gläsernen Myriaden der Eiskristalle brechen. Der tiefblaue Himmel macht die jungfräuliche Schönheit vollkommen. Aber was so herrlich erscheint, bedeutet für die Tiere dieser kältestarrenden Wüste einen harten Lebenskampf. Selbst am Mittag wird es nicht wärmer als 30 Grad unter Null, und ein beißender Nordwind, bis ins Innerste spürbar, fegt über den Schnee. Trotzdem rührt sich unter der weißen Decke Leben.

Zuerst ist es nur ein kleines schwarzes Etwas, das aus der Schneedecke hervorlugt. Langsam bewegt es sich, hält inne, und aus dem herabrieselnden Schnee erhebt sich die Nase, dann der Kopf und schließlich die mächtige zottelige Gestalt einer Eisbärin, die ihre lange Winterruhe beendet. Noch etwas benommen blinzelt sie in die gleißende Pracht. Nach fünf Monaten in der engen Eishöhle bewegt sie sich noch ein bißchen steif und begnügt sich vorerst damit, sich aufmerksam umzusehen und nach bekannten Gerüchen zu schnüffeln. Plötzlich krabbelt zwischen ihren stämmigen Hinterbeinen ein kleiner blökender Pelzball hervor – zum ersten Mal sieht das Bärchen die Welt, in der es leben wird. Es ist jetzt etwa drei Monate alt und interessiert sich vor allem noch dafür, den Kontakt zur wärmenden Mutter nicht zu verlieren; es versucht, an die Zitze zu

Nach der langen Winterruhe verläßt eine Eisbärin ihre Schneehöhle.
Etwas zweifelnd betrachtet das Bärchen, das im
Winterlager geboren wurde, zum ersten Mal die Welt,
in der es leben wird.

gelangen, die aber unerreichbar ist, solange die Bärin aufrecht steht. Also verschwinden beide wieder in der behaglichen Höhle und kommen erst am nächsten Tag erneut ans Licht.

Der Eisbär ist zweifellos der Herrscher dieser Region; ein riesiges Tier, das sich auf dem Treibeis des gesamten Nordpolarmeeres, seltener auf Inseln und an den Küsten aufhält. 20 000 bis 40 000 dieser großen weißen Bären leben in der Arktis, davon etwa ein Viertel auf russischem Gebiet. Auf der Wrangelinsel am nördlichen Zipfel Sibiriens überwintern jährlich an die 250 Bärinnen, weitere 50 gleich nebenan auf der Heraldinsel – das ist die höchste Eisbärdichte der Welt.

Die Jungen werden zwischen Ende Dezember und Ende Januar während der Winterruhe geboren. Fast drei Viertel der Bärinnen gebären Zwillinge, ein Viertel sind Einzelkinder, Drillinge dagegen äußerst selten. Wie bei allen Bären sind die Jungen zunächst blind, nur spärlich behaart und im Verhältnis zur Mutter winzig. Neugeborene Eisbären sind nicht größer als eine Ratte und damit in der Relation zu ihrer Mutter bei der Geburt die kleinsten höheren Säugetiere. Würden Frauen ihre Babys im gleichen Größenverhältnis zur Welt bringen, wären wir bei unserer Geburt gerade einmal daumengroß gewesen!

Wenn sie Nachwuchs hat, hält die Bärin keinen Winterschlaf, sondern behält fast ihre normale Körpertemperatur und kann bei Störungen die Höhle schnell verlassen. Nahrung nimmt sie in dieser Zeit nicht auf – die Robben sind ohnehin weit weg auf hoher See; die Fettreserven des Vorjahres genügen ihr, um sich und ihren Nachwuchs bis zum Polarsommer zu ernähren. Eisbärenmilch ist stark fetthaltig, fast sahnig, und läßt die Jungen in den ersten sechs Monaten rasant heranwachsen.

Wenn sie aus der Winterhöhle krabbeln, sind die drei Monate alten Jungbären bereits so groß wie ein kleiner Hund. In den folgenden Tagen unternimmt die Mutter mit ihren Kindern kleinere Ausflüge in die Umgebung, kehrt aber stets zu ihrer gemütlichen Höhle zurück. Dann, nach etwa zwei Wochen, sind die Jungen kräftig genug, und die Bärin führt ihre kleine Familie über das schneebedeckte Land an die gefrorene See. Doch hier droht den Jungen eine tödliche Gefahr: Männliche Altbären, bis zu dreimal so schwer wie die Weibchen, fressen durchaus auch den Nachwuchs der eigenen Art. Es hängt also vom Geschick der Bärin ab, ihre Kinder von den männlichen Tieren fernzuhalten und sie sicher auf das Packeis zu führen. Erst im folgenden Jahr wird sie sich wieder paaren.

Hier draußen verbringen die Bären einen sorglosen, faulen Sommer – die meiste Zeit dösen sie ausgestreckt auf dem Packeis. Ab und zu fangen sie eine Robbe oder ein kleines Walroß, und die Jungen entwickeln einen gesunden Appetit. Eisbären fressen fast ausschließlich und in großen Mengen Fleisch, reich an gesättigten Fettsäuren und fast ohne Ballaststoffe; Wissenschaftler verblüfft es immer noch, wie der Stoffwechsel der Bären mit dieser einseitigen Diät schadlos fertig wird, die beim Menschen schwere Herz-, Magen- und Nierenerkrankungen hervorriefe.

Wrangel – die Schatzinsel

Wrangel liegt im äußersten Nordosten Rußlands in der Tschuktschensee, 140 Kilometer vor der sibirischen Küste. Mitten durch die 150 Kilometer lange und bis zu 125 Kilometer breite Insel verläuft der 180. Längengrad, die Datumsgrenze; hätte man diese Grenze nicht einige hundert Kilometer ostwärts in die Beringstraße verschoben, könnte der Besucher auf Wrangel mit einem Schritt in den nächsten Tag springen – und wieder zurück.

Die Insel ist nach dem russischen Entdecker Ferdinand Petrowitsch Wrangel (1796–1870) benannt, der zusammen mit Alexander Puschkin das Kaiserliche Lyzeum bei St. Petersburg abschloß. Puschkin begründete als sprachlich vollendeter Lyriker die moderne russische Literatur, Wrangel bereiste die Arktis, um die sibirische Küste zu vermessen. Bereits 1824 vermutete er in Kolyma aufgrund der Flugrouten von Seevögeln, daß es weiter östlich eine größere Insel geben müsse, die aber erst 1876 von einem amerikanischen Walfänger tatsächlich gefunden wurde – als Wrangelinsel trug man sie in die Landkarten ein.

Heute leben auf Wrangel noch einige Tschuktschen und Inuit mit ihren Rentierherden in einer kleinen Siedlung, die benachbarte Heraldinsel ist unbewohnt. Wegen ihres unschätzbaren biologischen Reichtums erklärte man 1976 beide Inseln zu internationalen Biosphärereservaten, um die dortige einzigartige arktische Lebensgemeinschaft intakt zu halten.

Seite 158/159: In Wolken und Nebel gehüllt steigt die Wrangelinsel aus dem Eismeer. Knapp 8000 Quadratkilometer dieses arktischen Eilandes sind Naturschutzgebiet: Ungestört können hier Eisbären, Walrosse, Moschusochsen und Schneegänse ihre Jungen aufziehen.

Im Norden erstreckt sich ein Teppich aus Moosen und Flechten
quer über Rußland – die Tundra. Auf dem steinharten
Permafrostboden steht das Wasser in unzähligen Tümpeln oder
mäandert in Flüssen und Bächlein in Richtung Eismeer.

Die russische Arktis – eine Abgrenzung

Noch heute sind sich die Geographen uneinig, wo die Arktis eigentlich anfängt. Man hat unter anderem tier- und pflanzengeographische, sogar astronomische Kriterien zur Eingrenzung vorgeschlagen, aber weil die arktische Zone vor allem als Kältegebiet eingestuft wird, definiert man sie am sinnvollsten als den Bereich, in dem die Durchschnittstemperatur im Juli zehn Grad Celsius nicht übersteigt. Diese Zehn-Grad-Isotherme des Juli fällt ziemlich genau mit der nördlichen Baumgrenze zusammen, verläuft also dort, wo die Taiga abrupt in die karge Tundra übergeht, die fraglos bereits zur Arktis zählt.

Die russische Arktis umfaßt einen schmalen Landstreifen von 5000 Kilometern Länge, der sich von der finnischen Grenze am Eismeer entlang bis fast nach Alaska ausdehnt – zwei Millionen Quadratkilometer baumloser Ebenen, auf deren Dauerfrostböden nur Moose, Flechten, Gräser, Seggenbülten und Zwergsträucher gedeihen. Zahllose Teiche und Seen sprenkeln die Landschaft wie blaue Perlen, silbrig-klare Flüsse schlängeln sich zum Eismeer.

Treibeis im Juni − die Halbinsel Taimyr ist auch im Sommer für
Tiere und Pflanzen ziemlich ungemütlich. Sie liegt auf der gleichen
geographischen Breite wie Nordgrönland!

Aber nicht die gesamte russische Arktis ist flach: Das Uralgebirge reicht bis an die Karische Küste, verschwindet unter dem Meer und taucht als Nowaja Semlja (»Neues Land«) wieder auf − zwei langgezogene Inseln, auf denen das sowjetische Militär viele Jahre lang Atomwaffen testete. Weiter östlich schiebt sich die Halbinsel Taimyr mit dem Byrrangagebirge ins Eismeer. Ihr vorgelagert ist die Inselgruppe Sewernaja Semlja (»Nördliches Land«).

Das russische Hoheitsgebiet reicht bis auf 700 Kilometer an den Nordpol heran: Kronprinz-Rudolf-Land, die nördlichste der etwa 800 Inseln von Franz-Josef-Land östlich von Spitzbergen, liegt bereits auf dem 82. Grad nördlicher Breite. Hier bietet die Arktis einen trostlosen Anblick. Unaufhörlich peitschen die Wellen des Eismeeres gegen die steilen Klippen der Gletscher; ab und zu »kalben« die Eisberge direkt ins Meer. Nur 40 Arten höherer Pflanzen ertragen diese frostklirrende Wüste. Dafür ernährt das kalte, sauerstoffreiche Wasser Unmengen von Plankton und kleinen Meerestieren, so daß sich auf jedem verfügbaren Fleckchen Land lärmende Kolonien brütender Seevögel breitmachen.

Küstenseeschwalben brüten hier an den Stränden; jedes Jahr fliegen diese Reisewelt-
meister 36 000 Kilometer zwischen ihren arktischen Nistplätzen und den antarktischen
Winterquartieren hin und her. Dickschnabellummen, Eissturmvögel, Dreizehenmöwen
und Eismöwen drängeln sich auf den Felssimsen; Krabbentaucher nisten an den
abfallenden, mit massigen Felsen übersäten Geröllhängen. An den Küsten der Tundra
lassen sich Ringelgänse, Seetaucher, Meerstrandläufer und die hübsch gezeichneten

Aufmerksam sichert ein Gelbschnabel-Eistaucher sein Nest in der
Tundra. Der kräftige helle Schnabel kann dolchartig zustoßen –
er gab diesem schönen Vogel seinen Namen.

Schwalbenmöwen nieder. Zierliche Schneeammern tippeln über die Kiesel am Strand,
und die strahlend weißen Elfenbeinmöwen suchen für ihre kleinen Kolonien die Nähe
der Gletscher.

Weiter östlich erheben sich die Neusibirischen Inseln auf 75 Grad nördlicher Breite
bis gut 500 Meter hoch aus der Laptewsee; sie sind allerdings nicht vergletschert und
nur spärlich bewachsen. Dagegen steigen die Berge auf Wrangel fast bis auf 1100 Meter
über den Meeresspiegel. Die Tiere, die sich diesen unwirtlichsten aller Lebensräume
ausgesucht haben, müssen während der langen Polarnacht dem Eise täglich ihre
Existenz abringen.

Die harten Bedingungen der Arktis ermöglichen nur eine deutlich geringere Artenvielfalt als in den meisten anderen Gebieten der Erde: Allein in Texas leben 5000

Pflanzenarten, in der gesamten Arktis nur 1000! Etwa 200 Pflanzenspezies treten zirkumpolar auf, das heißt, sie kommen im gesamten Tundren- und Eismeergürtel rund um den Nordpol vor. Dasselbe gilt für die Tiere: Beispielsweise leben Eisfuchs, Eisbär und Schnee-Eule im amerikanischen Teil der Arktis ebenso wie im russischen. Und doch weist die russische Arktis einige interessante Besonderheiten auf, die wir in Kürze noch vorstellen werden.

Die arktische Landbrücke – Beringia

Die sibirischen Tundren haben zum Großteil eine andere Entwicklungsgeschichte durchlaufen als ihre Pendants in Nordamerika. Auf dem Höhepunkt der letzten Eiszeit, vor 18 500 Jahren, lag fast ganz Kanada unter dicken Gletschern begraben. Hingegen waren Nordostsibirien und die damals noch bestehende sibirisch-alaskische Landverbindung Beringia fast eisfrei und dienten vielen kälteliebenden Tier- und Pflanzenarten als Zuflucht.

Ein gewaltiges Kältegebiet erstreckte sich damals vom Kaspischen Meer bis nach Alaska; auch nach Norden reichte Sibirien bis weit ins heutige Eismeer hinein, und die Beringia-Landbrücke verbreitete sich zu einem 1000 Kilometer weiten Korridor, der Alaska zu einem verlängerten Teil Asiens machte.

Streckenweise muß die Szenerie wie eine Serengeti des Nordens ausgesehen haben: Eine vielfältige Lebensgemeinschaft aus Fleischfressern und Huftieren, einschließlich der mächtigen zotteligen Mammuts, der Moschusochsen, Saigas, Wildpferde und Rentiere, durchstreifte die endlosen Ebenen. Der Isthmus zwischen den Kontinenten erlaubte ihnen einen ungehinderten Zugang in die Neue Welt. Auch der Mensch verfolgte seine Beute bis nach Alaska. Hier allerdings war der Weg weiter nach Osten durch die Brooks Range und die gewaltigen Eiswände versperrt, die sich von den Aleuten quer über Kanada bis nach Grönland auftürmten. Doch das sollte sich mit dem Ende der Eiszeit ändern.

Vor etwa 13 500 Jahren begann sich das Klima rasch zu erwärmen; als Folge davon schmolzen die riesigen Gletscher, die Meere stiegen an, und das Beringmeer überspülte den Korridor zwischen Alaska und Sibirien. Das ansteigende Polarmeer fraß sich in die sibirische Steppe hinein und schob die Küstenlinie weit nach Süden. Mit den schneereichen Wintern wurden die Gräser, die Wildpferden, Bisons und Mammuts als Nahrung gedient hatten, durch kümmerliche Seggen und Moose ersetzt; mit dem Verlust ihrer Lebensgrundlage verschwanden auch diese herrlichen Tiere aus der arktischen Landschaft.

Einige Tiere der sibirischen Arktis sind noch als Vermächtnis von Beringia übriggeblieben und zeugen noch heute von der gemeinsamen Vergangenheit der Alten und Neuen Welt: Kaisergänse nisten auf beiden Seiten der Beringstraße. Die Hauptpopulationen von Kanadakranich, Graubruststrandläufer und Langschnabelschlammläufer brüten in Nordamerika, man findet sie aber auch in der sibirischen Tundra. Andere Arten treten ausschließlich im russischen Teil auf, wie die Nonnen- oder Schneekraniche, der Spitzschwanzstrandläufer oder die adrett gefiederte Rosenmöwe, die nur in der Küstenebene des ursprünglichen Beringia brütet.

Manchmal gibt die arktische Erde auch andere, allerdings stumme, Zeugen ihrer Naturgeschichte preis. Zwischen den Flüssen Lena und Kolyma dehnt sich eine niedrige Küstenebene aus, die *primorska nischmennost.* Mit ihrem feinkrumigen Lößboden ließ sie einst saftige Wiesen gedeihen, die von Tausenden der gewaltigen Mammuts abgegrast wurden. Heute findet man dort an vielen Stellen die halb versteinerten Knochen dieser Riesenelefanten.

Die wollig behaarten Mammuts waren zweifellos eine beliebte Jagdbeute unserer Vorfahren, aber ihr rasches Aussterben vor etwa 11 000 Jahren war vermutlich mehr eine Folge der schwindenden Weidegründe als der Nachstellungen durch die Jäger. Riesige Mengen ihrer wuchtigen Stoßzähne verbergen sich noch immer in den Permafrostböden Sibiriens und Alaskas: Auf den 1000 Kilometern zwischen den Flüssen Jana und Kolyma sollen über eine halbe Million Tonnen Elfenbein liegen! Man hat sogar schon ganze tiefgefrorene Mammuts in erstaunlich gutem Erhaltungszustand aus der harten Erde gegraben, so daß wir heute genau wissen, wie diese massigen Pflanzenfresser ausgesehen haben.

Ein ausgewachsener Bulle der sibirischen Mammuts erreichte über drei Meter Risthöhe und besaß einen stark gewölbten Kopf und einen ausgeprägten Schulterbuckel. Sein auffälligstes Merkmal aber waren die mächtigen geschwungenen Stoßzähne, die er wie einen Schneepflug mit einwärts gebogenen Spitzen vor sich her trug. Das Fell bestand aus zwei Lagen: einer flauschigen Unterwolle am Körper und einer äußeren Lage langer und widerstandsfähiger Deckhaare gegen Wind und Wetter. Vermutlich zogen die Mammuts im Winter ähnlich wie Rentiere in die weniger harsche Umgebung der Wälder, obwohl sie gegen die Kälte gut gerüstet waren. Nicht so die Moschusochsen, ein Relikt aus der Eiszeit, das bis heute überlebt hat.

Moschusochsen leben gemächlich – ungewohnt eilig stürmt dieses Trio
durch den Schnee. Von allen arktischen Säugern sind sie der
extremen Witterung durch Körperbau und Verhalten
am besten angepaßt.

Moschusochsen – zähe Burschen der Tundra

Als einzige Wiederkäuer stellen sich die Moschusochsen dem harten Winter in den
Schnee- und Eiswüsten des Nordens. Diese zotteligen, widerstandsfähigen Verwandten
der Schafe und Ziegen bevölkerten Sibirien schon vor 10 000 Jahren, bevor sie durch
klimatische Veränderungen und die Nachstellungen der Steinzeitjäger aus der russischen Arktis verschwanden. Bis 1975 lebten sie wild nur noch in der kanadischen Arktis
und in Grönland; dann setzte man auf Wrangel eine kleine Herde aus, die sich bis heute
auf etwa 100 Tiere vermehrt hat. Inzwischen hat man eine weitere auf der Halbinsel
Taimyr angesiedelt.

Moschusochsen sind gegen die Kälte gut gerüstet: In ihrem dichten, isolierenden Fell
sehen sie aus, als hätten sie sich gerade einen Pelz übergeworfen. Dieses Fell hält sie
mollig warm, wenn der eisige Wind über die Tundra heult. Moschusochsen bewegen sich
möglichst wenig; das spart wertvolle Energie. Im Winter scharren sie mit ihren Hufen den
Schnee weg, um die gefrorenen, aber genießbaren Tundrapflanzen freizulegen.

Ihre Jungen kommen Ende April zur Welt, wenn auf Wrangel noch tiefer Winter herrscht. Wenn die Wehen einsetzen, legen sich die schwangeren Weibchen in den Schnee, und andere Tiere der Herde bilden einen schützenden Ring, um die eisige Schärfe des Windes zu mildern. Bald guckt aus dem dichten Fell der Mutter ein kleines, hilfloses Junges hervor, klitschnaß vom dampfenden Fruchtwasser. Ein Wunder, daß es sich nicht auf den Tod erkältet! Trotz der Kälte verharrt es noch eine Weile im Schnee, bevor es sich wackelig aufrichtet und sich seine erste Ration Milch bei der Mutter abholt. Da es auf Wrangel keine Wölfe gibt, brauchen die erwachsenen Moschusochsen keinen Verteidigungswall um ihre Kälber zu bilden, wie sie es anderenorts gewöhnlich tun.

Der kurze arktische Frühling

Der Frühling ist in der Arktis nur wenige Tage lang; fast übergangslos wechseln sich Winter und Sommer ab. Der genaue Zeitpunkt hängt davon ab, wann der Schnee die Erde freigibt und die Vegetation zu sprießen beginnen kann. 200 bis 280 Tage lang ist das flache Land von einem oft einen halben Meter dicken Schneeteppich bedeckt. Wenn es besonders warm ist oder heftige Winde den Schnee hinwegfegen, erwacht die Tundra schon Ende Mai zum Leben. In kalten Jahren kann sich der kurze Frühling um einige Wochen verspäten und damit die Überlebenschancen vieler Jungtiere gefährlich verringern.

Ab Mai geht die Sonne im hohen Norden nicht mehr unter, sondern schraubt sich in einer großen Ellipse jeden Tag ein bißchen höher und bestrahlt die Tundra nach und nach mit wohltuender Wärme. Abends, wenn sie niedrig durch den westlichen Himmel zieht, reicht die Kraft ihrer Strahlen nicht mehr aus, um den Nebel fernzuhalten; in wallenden Schwaden rollt er von Norden herbei und taucht das Land in feuchte weiße Watte. Die Morgensonne löst den Dunst wieder auf und läßt die Tundra einen weiteren Tag die lebensspendende Wärme tanken.

Die sichersten Boten des Frühlings sind die Vögel. 200 Millionen fliegen jedes Jahr aus der ganzen Welt hierher, um Nester zu bauen und ihre Jungen großzuziehen, bevor im August die ersten Schneeflocken den nahenden Winter melden.

In den weiten Flußmündungen mit ihren angrenzenden Sümpfen und Seen fühlen sich Watvögel und Wassergeflügel besonders wohl. Das Petschora-Delta und die Halbinsel Jamal wimmeln von wilden Schwänen, Enten und Gänsen, vor allem während der Mauser. Auch das Chatanga-Delta am östlichen Rand der Halbinsel Taimyr ist ein bedeutendes Brutgebiet für Wasservögel.

166

Das wahre Entenparadies aber liegt ein wenig östlich des Ural: Hier bilden der mächtige Ob mit seinen Nebenflüssen Irtysch und Ischim ein gewaltiges sumpfiges Becken, unter dem ebenso riesige Gas- und Ölvorkommen lagern wie in Saudi-Arabien – nur sind sie hier steinhart gefroren. Über der Erde ist der Reichtum ornithologischer Art: Die sibirischen Flüsse bringen die Wärme des Südens mit und steigern somit die biologische Produktivität der Region. Zum Ende des Sommers tummeln sich hier fünf Millionen Enten, zumeist Eisenten, Spießenten, Krickenten und Pfeifenten.

Endlich Sommer

Das Schnattern von 60 000 Schneegänsen, die aus ihren Winterquartieren im Westen der USA hierher gekommen sind, kündet vom Beginn des Sommers auf der Wrangelinsel. Die meisten ihrer Artgenossen brüten in der Tundra Nordamerikas, und auch auf Wrangel war die Zahl der Schneegänse schon bedeutend höher – bis zu 400 000 kamen in früheren Jahren.

Auch einige Kanadakraniche haben einen Abstecher über die Beringsee nach Nordostsibirien gemacht. Die Pazifischen Goldregenpfeifer, prächtig anzusehen in ihrem goldgelb besetzten Hochzeitskleid mit schwarzem »Wams«, sind aus Hawaii gekommen, um in der Tundra ihr Brutrevier zu markieren. Den weitesten Weg aber haben die Spitzschwanzstrandläufer hinter sich, die ihre Winter in Südostasien und Australien verbringen. Aus allen Himmelsrichtungen strömen die Wat-, Wasser- und Singvögel hierher – aus Asien, Afrika, Amerika und Europa.

Viele der eintreffenden Zugvögel bringen von ihrer Reise ein ordentliches Fettpolster von bis zu 30 Prozent ihres Körpergewichts mit, um nicht verhungern zu müssen, wenn die Tundra noch verschneit sein sollte. Irgendwann aber müssen besonders die Weibchen sich regelmäßig mit eiweißreicher Kost ernähren, ohne die sie keine Eier bilden können.

Um diese Zeit ist die Tundra erfüllt vom Gesang der Vögel, die lauthals ihre Revieransprüche vermelden. Im Kolyma-Delta trällern die silbrigen Stimmchen der Fitislaubsänger von den höchsten Wipfeln der kleinen Weiden. Auch die Zwergammern suchen sich zum Singen ein luftiges Plätzchen. Aber Bäume sind in dieser Gegend rar, und hoch wachsen sie ohnehin nicht. Aber Not macht erfinderisch: Viele Vögel, wie Blaukehlchen, Polarbirkenzeisig oder Rotkehlpieper, steigen hoch in die Lüfte und schmettern ihre melodiöse Botschaft fröhlich während des Fliegens hinaus. Dasselbe gilt für die Sporn- und Schneeammern. Wenn sie auf Brautwerbung sind, versuchen die

Zahllose Watvögel brüten in der russischen Arktis. Dazu gehören
der Pazifische Goldregenpfeifer (oben links), der Dunkle
Wasserläufer (oben rechts) und der Kampfläufer, dessen Hähne
sich während der Balz mächtig ins Zeug legen. Das Federkleid ist
bei jedem Hahn unterschiedlich gefärbt.

männlichen Schneeammern ihre Auserwählte durch heftiges Flattern mit ihren kontrastreich gemusterten schwarz-weißen Flügeln zu betören.

Auch Watvögel lassen sich in dem vielstimmigen Chor vernehmen, wenngleich sich ihre Laute selten mit dem eleganten Gesang der Singvögel messen lassen. Schnepfen reiben ihre Schwanzfedern aneinander und erzeugen ein blökendes Geräusch, das ihre monotone Stimme unterstützen soll. Spießbekassinen kreisen auf ihrem Balzflug

Dieses adrett gefiederte Schneeammermännchen kehrt mit dem Schnabel voller Insekten zu seinen Jungen zurück, die im gut versteckten Nest zwischen den Felsen warten.

50 Meter hoch über der Tundra und geben dabei Laute von sich, die an das Wetzen einer Sense erinnern. Zwischendurch unternehmen sie immer wieder Sturzflüge, wobei sie mit Flügeln und Schwanz ein anschwellendes zischendes Surren erzeugen. Kurz vor dem Boden drehen sie ab und steigen unter sonderbarem Quietschen wieder auf. Von woandersher klingen die jodelnden Laute der Dunklen Wasserläufer und das tiefe Dröhnen der Graubruststrandläufer, das an Miniaturnebelhörner erinnert. Der Temminckstrandläufer schwebt über den Flußufern und trillert wie ein kleines Glockenspiel.

Die Pflanzen der Arktis

Anfang Juni liegt über der Tundra ein dicker weicher Teppich niederliegender Pflanzen, der aus feinsten Strukturen und Farben gewebt ist. Schwammige Moose wirken wie rote, braune und grüne Samtflecken; bizarre Flechten bilden weißliche Ringel oder orange-gelbe Krusten. Aus diesem herrlichen Teppich ragen hier und da Gras- oder Seggenbüschel heraus, niedrige Blütenpflanzen sprenkeln ihre Farben in die Landschaft, und kleine Weiden und Birken unterbrechen die flachen Konturen.

An windstillen, sonnigen Tagen durchdringt das Summen der Insekten und der süßliche Duft von Honig die Luft. Aber nur wenige Zentimeter unter der Pflanzendecke hat das Eis den Boden fest im Griff. Seit Tausenden von Jahren ist er steinhart gefroren. Selbst im Sommer taut die Erde nur zehn bis 30 Zentimeter tief auf. Gäbe es diesen Dauerfrostboden nicht, dann würden das Schmelzwasser und der spärliche Sommerregen schnell im durstigen Erdreich versickern und statt Sümpfen nur eine Wüstenlandschaft hinterlassen. Der Permafrost aber hält das Wasser an der Oberfläche; kein Wunder, daß sich Wat- und Wasservögel hier besonders wohl fühlen. Wer es gern trockenen Fußes mag, meidet die Tundra.

Wie überall auf der Welt ist auch hier die biologische Produktivität der Pflanzen für das gesamte Ökosystem entscheidend. Obwohl die Sonne während des Sommers 24 Stunden täglich scheint, ist die Wachstumsperiode kurz; daher sind die meisten Pflanzen ausdauernd (perennierend), das heißt, sie überdauern viele Jahre und blühen und samen mehrmals.

Dabei leben sie in allen Teilen der Arktis unter harschen Bedingungen, ausgenommen direkt am Boden. Während der kalte Wind in ein oder zwei Metern Höhe vorbeistreicht, kann sich hier unten ein warmes, günstiges Mikroklima entwickeln. Niedrige Kriech- und Polsterpflanzen, die sich eng an das Terrain schmiegen, sind hier also deutlich im Vorteil.

Viele, wie Weiden, Grasnelke oder Steinbrech, behalten auch die welken Blätter des Vorjahres als Schutzschicht gegen den beißenden Wind und den Abrieb durch vorüberwirbelnde Schneekristalle. Das Sumpfläusekraut und andere überziehen Blätter, Blüten und Stengel mit einem dichten haarigen Pelz, der eine wärmende Luftschicht festhält und die Pflanzen so gegen die Kälte isoliert. In den flauschigen Samenköpfchen des Wollgrases kann es 20 Grad wärmer sein als in der umgebenden Luft. Auch in den dichten Blattrosetten der Steinbrecharten wird warme Luft eingeschlossen. Die Blätter sind meist dunkel und absorbieren viel Sonnenlicht – somit kann in den Polstern ebenfalls ein Temperaturunterschied von 15 Grad Celsius zur Außentemperatur herrschen. Die ersten Blätter der Zwergbirken sind schalenförmig gewölbt und reflektieren die wärmenden Sonnenstrahlen wie Parabolspiegel gebündelt auf die sprießenden Knospen.

Manche Blüten wirken wie kleine Sonnenkollektoren; die schalen- oder glockenförmigen Blütenkronen sammeln die Wärme und strahlen sie auf die Staub- und Frucht-

Auch die Blumen der Arktis machen das Beste aus dem unwirtlichen
Klima: Der Steinbrech (oben rechts) entgeht den eisigen Winden, indem
er flache Kissen bildet. Das Sumpfläusekraut (oben links) und das
Arktische Vergißmeinnicht (unten rechts) speichern in ihrem dichten
Haarpelz die Wärme. Der Arktische Mohn (unten links) schließlich
richtet seine Blüten nach dem Stand der Sonne aus.

blätter ab. Diese Wärmepunkte locken bestäubende Insekten an und fördern auch die Entwicklung der Samen. Einige Pflanzen, wie die Silberwurz und der Arktische Mohn, drehen sich sogar in Richtung der Sonne, um möglichst viele ihrer Strahlen aufzunehmen.

Mit bunten Blüten aller Farben werben die Pflanzen um die Aufmerksamkeit der Insekten. Sie möchten sie für die Übertragung des Blütenstaubes gewinnen und bieten ihnen dafür als Gegengabe Nektar. Wie wichtig Insekten als Bestäuber sind, haben zahlreiche wissenschaftliche Untersuchungen gezeigt. Im Taimyr-Schutzgebiet gibt es 236 Arten von Blütenpflanzen. Darunter sind allein 60 windbestäubte Gräser; von den restlichen Arten sind jedoch 137 für die Pollenübertragung von Insekten abhängig. Diese erweisen sich aber als äußerst wählerisch. Es überrascht keinesfalls: Sie fliegen genau jene Arten am häufigsten an, die am meisten Nektar produzieren. Die weitaus effektivsten Bestäuber unter den rund 150 hier in Frage kommenden Insektenarten sind fraglos die pelzigen Hummeln.

Hummeln sind für das Leben in der Arktis wie geschaffen und kommen entsprechend häufig vor. Mit ihren kräftigen Flügelmuskeln schwirren sie sich warm, und der dichte Haarpelz hält die so erzeugte Wärme am Körper; anders als die meisten Insekten bleiben Hummeln auch bei kalter Luft aktiv.

Gegen Ende des Sommers gehen die Hummelköniginnen auf Hochzeitsflug. Nach der Begattung ziehen sie sich in ein sicheres Erdloch zurück, um dort zu überwintern. Wenn sie im Frühjahr wieder hervorkrabbeln, bringen sie nach kurzen Kostproben an den jungen Blüten bald ihre erste Nachwuchsgeneration zur Welt, allesamt Arbeiterinnen, bevor sie die Eier ablegen, aus denen später Männchen und neue Königinnen schlüpfen. Im Stock herrscht stets eine angenehme Temperatur von 30 Grad Celsius, so daß sich die Brut zügig entwickelt. Ziemlich faul ist nur die Königin der Art *Bombus hyperboreus:* Im Frühling schläft sie länger als die anderen und entführt dann der verwandten *Bombus polaris* ihre Arbeitskräfte, um sie für die Aufzucht der eigenen Brut einzusetzen.

Bestäubende Insekten können sich, wie gesagt, als äußerst wählerisch erweisen, wenn es darum geht, diejenigen Pflanzen auszusuchen und anzufliegen, die ihnen besonders viel Nektar sozusagen als Gegenleistung für die Bestäubung anbieten. Dies wurde in einem weiteren sowjetischen Forschungsprojekt schlüssig nachgewiesen. Während die Bienen nektararme Pflanzen fast überhaupt nicht besuchten (um fünf Prozent), flogen 24 Prozent den Adamspitzkiel und 34 Prozent den Middendorf-Rittersporn an. Als unbestrittener Spitzenreiter in der Beliebtheitsskala erwies sich der

Middendorf-Spitzkiel: 96 Prozent dieser Pflanzen wurden von den Bienen zur Bestäubung ausgewählt. Bei einem Vergleich des Nektargehaltes der Blüten bestätigte sich den Forschern, daß der Middendorf-Spitzkiel deutlich mehr Nektar als seine »Konkurrenten« um die Gunst der Bienen produziert.

Charakteristisch für die Tundra sind ihre Weidenbäumchen, die aber im Vergleich

Die aufrechten Kätzchen der Arktischen Weide recken sich in
die kalte Luft. Der niedere Wuchs dieser kleinen Bäume ist genetisch
festgelegt; andere arktische Sträucher werden durch Wind und
Schneekristalle regelrecht kurzgeraspelt.

zu den südlichen Arten nicht über Bonsaigröße hinauskommen. Ihre Stämme und Äste bleiben dicht am Boden. Oft sind sie moosbewachsen, und die sprießenden Zweige lugen aus dem samtigen Umhang hervor. Im Frühsommer strecken die ansonsten flach kriechenden Weiden ihre Kätzchen wie behaarte Kerzen in die Luft, damit der Wind ihren Samen erfassen und weitertragen kann.

Die Weidenkätzchen und die Kätzchen anderer Arten sind bei den Moorschneehühnern hoch willkommen. Wie bei den Lemmingen steigt und fällt die Zahl der Moorschneehühner zyklisch; in guten Jahren leben bis zu 20 Paare auf einem Quadratkilometer Tundra. Während der Brutzeit versuchen die Hähne kämpferisch und unter lautem Gezeter, einen möglichst großen Bestand saftiger Weidenkätzchen für sich und ihre Partnerin zu ergattern, und nahe am Wasser sollte er auch noch liegen! Die Henne ist kaum zu sehen, wenn sie in ihrem Tarnkleid auf den bis zu zwölf Eiern sitzt und brütet.

Lemminge sind ein wichtiges Element in der Lebensgemeinschaft der Tundra. Die kleinen Nager bevorzugen die flauschig behaarten Köpfe des Wollgrases als Eiweißspender. In den Jahren ihrer periodischen Massenvermehrung fressen sie vielen anderen Tieren, vor allem Vögeln wie den Saatgänsen, die Samen weg, die für diese eine wichtige Proteinquelle bei der Bildung ihrer Eier sind. Aber auch große Tiere brauchen die üppige Vegetation des kurzen Sommers zum Überleben.

Rentiere

Außer den Moschusochsen besiedelt nur ein weiteres Huftier die weiten Flächen der Tundra: das Rentier, in Amerika Karibu genannt. Etwa 2,2 Millionen halbzahme und fast eine Million wilde Rentiere leben allein in Rußland – das entspricht 80 Prozent der Weltpopulation.

Im März wandern die Herden aus ihren Winterquartieren im Wald an den Rand der Taiga; einige Wochen später verlassen sie auch den schützenden Waldrand und ziehen in ihre Fortpflanzungsreviere in der Tundra. Die Rentierhaltung war für die Wandervölker des Nordens schon immer lukrativ, denn die genügsamen Tiere verwandeln auch den armseligsten Tundrabewuchs in wertvolles Fleisch, nahrhafte Milch sowie nützliche Felle und gewinnbringende Geweihe. Auch die Volksstämme der russischen Arktis wissen das seit langem zu schätzen, können aber erst seit der *perestroika* wieder frei mit ihren Herden durch das Land ziehen; vorher waren sie durch die Regierungspolitik zur Seßhaftigkeit gezwungen.

Die Nenzen von der Halbinsel Jamal und die Tschuktschen Nordostsibiriens züchten Rentiere schon seit dem 11. Jahrhundert. Ihr ganzes Leben dreht sich um die Herden; die Sprache der Tschuktschen kennt allein 20 unterschiedliche Bezeichnungen für die Rentiere, um die verschiedenen Geschlechter, Geweihformen oder Körpergrößen zu beschreiben.

Von April bis Juni treiben die Hirten ihre Tiere auf traditionellen Routen in Richtung der sibirischen Küste über Hunderte von Kilometern durch die Weidegründe. Sie reisen auf Schlitten und schlafen in *yarangas,* Lederzelten aus Rentierhaut. Ungeheure Mükken- und Fliegenschwärme plagen die Tiere den ganzen Sommer über; auch die kalte Seeluft kann sie nicht fernhalten.

Unterwegs, etwa Anfang Juni, bringen die Weibchen ihre Jungen zur Welt. Um dieselbe Zeit sägt man einigen Tieren die nachwachsenden Geweihe ab, die noch von samtigem Bast überzogen sind – in gemahlener Form ein angeblich potenzsteigerndes Mittel, das in China und Südostasien hochbegehrt ist. Anders als bei den übrigen Mitgliedern der Hirschfamilie tragen auch die Weibchen Geweihe, wenn auch schwächer entwickelte als die männlichen Rene.

Eine Rentierherde wandert in Ostsibirien
über die karge Tundra.

Während der Brunft liefern sich die Hirsche zähe Ringkämpfe. Geweih in Geweih verhakt, schieben und zerren sie sich mit aller Kraft hin und her und verfolgen triumphierend den flüchtenden Besiegten. Manche steigern sich derart in das wütende Kräftemessen hinein, daß sie ihre ineinander verzinkten Gabeln nicht mehr trennen können und beide gemeinsam jämmerlich verhungern! Nach der Paarung werfen die Hirsche ihre Geweihe ab, die Weibchen hingegen behalten ihre bis zum April. Weil die Rangordnung in der Herde strikt nach Geweihgröße bestimmt wird, finden sich die Männchen plötzlich unter den Weibchen eingestuft; diese nutzen ihren so erworbenen Vorteil, um sich während ihrer Schwangerschaft im Winter die besten Futterplätze zu sichern.

Was ihre Nahrung angeht, sind Rentiere sehr wählerisch. Zwar nehmen sie auch frische Weidenblätter und kleine Pilze zu sich, doch sie bevorzugen Flechten, vor allem der Gattung *Cladonia*, die uns als sogenanntes »Rentiermoos« bekannt ist. Vielleicht mögen diese Flechten auf den ersten Blick trocken und unappetitlich wirken, in Wirklichkeit enthalten sie aber große Mengen Stärke, Proteine und Vitamin B12. Da das »Rentiermoos« aber nur mit einer Geschwindigkeit von fünf Millimetern pro Jahr wächst, kann eine Rentierherde innerhalb weniger Minuten das Wachstum vieler Jahre wegfressen. Daher dauert es lange, bis sich die Vegetation wieder regeneriert, und die Rentiere werden zur Wanderung gezwungen. Nicht umsonst ist die Bestandsdichte sehr gering; in manchen Gebieten kommt nur ein Rentier auf 60 Hektar Tundra.

Vom Futter geht auch die größte Gefahr aus, die den Rentierbestand heute bedroht. In den Flechten reichern sich nach Atomversuchen auf Nowaja Semlja und Reaktorunfällen nämlich giftige Schwermetalle sowie die hoch radioaktiven Strontium-90 und Zäsium-137 an, was in den Tieren eine hohe Konzentration dieser gefährlichen Isotope bewirkt. Auch die Menschen sind betroffen: Bei den Tschuktschen sollen nach dem Verzehr von verseuchtem Rentierfleisch die Krebserkrankungen deutlich angestiegen sein, allerdings stehen wissenschaftliche Nachweise noch aus.

Seltene Brutvögel der Arktis

Einige Vögel der russischen Arktis brüten nur in diesem Gebiet – und alle sind selten. Besonders scheu gibt sich der Löffelstrandläufer, von dem man bis 1989 nicht einmal wußte, wo er überwintert. Dann entdeckte man durch Zufall gut 250 dieser kleinen Vögel inmitten einer riesigen Watvogelkolonie vor der Südküste von Bangladesch; zwei von ihnen trugen Ringe, die ihnen im Vorjahr auf der Halbinsel Tschuktschen im äußersten Nordosten Sibiriens angelegt worden waren – das Geheimnis ihres Winterquartiers war gelüftet. Wie der Name schon andeutet, besitzt der Löffelstrandläufer einen löffelförmig verbreiterten Schnabel, mit dem er im Schlamm nach Würmern und kleinen Krebstierchen wühlt.

Eine weitere russische Besonderheit ist der sibirische Schnee- oder Nonnenkranich. Früher brüteten diese stattlichen Vögel – das Männchen wird fast 1,40 Meter groß – in weiten Teilen der Tundra. Heute gibt es nur noch etwa 1000 Paare, vor allem weil die Lebensräume ihrer Winterquartiere und entlang der Zugrouten immer weiter zurückgingen.

Bis auf ihre schwarzen Flügelspitzen und das nackte rote Gesicht sind Schneekraniche vollkommen weiß gefiedert. Die störungsanfälligen Vögel kommen in der Tundra in zwei weit voneinander entfernten Brutgebieten vor: Ein Teil nistet in Jakutien zwischen den Flüssen Jana und Alaseja, der andere mehr als 3000 Kilometer westlich am Ufer des Ob. Unter lautem Trompetenschmettern sammeln sich die geselligen Kraniche nach der Brutzeit und machen sich auf den Weg nach Süden; dabei steuern die beiden Populationen verschiedene Winterziele an. Die jakutischen Vögel überfliegen Sibirien und die

Dieses Schneekranichpaar ist vor einem Räuber in die Luft
geflüchtet; mit lauten Rufen warnt es sein Junges
am Boden, sich zu verstecken.

Mongolei und landen schließlich am Pojangsee im warmen China, die Kraniche der Ob-
Region überwintern im indischen Feuchtgebiet von Bharatpur oder im Iran. Mit
umfangreichen Schutzprogrammen und durch Zucht in Menschenobhut versuchen seit
einiger Zeit russische und amerikanische Wissenschaftler unter der Schirmherrschaft
der International Crane Foundation, den stark gefährdeten Bestand wieder zu kräftigen.

Fast 90 Jahre lang waren auch die Brutgebiete der Rosenmöwe eines der großen
ornithologischen Geheimnisse der Arktis. Diese wohl hübscheste aller Möwen erblüht
in ihrem Brutkleid in feinstem Zartrosa, weshalb sie auch im Russischen *rosovaja
chaika,* eben Rosenmöwe, heißt. Die exquisite Farbe dieser kleinen Vögel hat auch die
Phantasie der Märchenerzähler des alten Rußland angeregt.

Nach einer sibirischen Legende sind die Rosenmöwen die unsterblichen und jedes Jahr wiederkehrenden Seelen zweier junger Mädchen, die ihre Suche nach Schönheit mit dem Leben bezahlten. Vor langer Zeit fragten die beiden hübschen Mädchen eine alte Frau um Rat, wie sie noch schöner werden könnten. Neidisch auf ihre Jugend riet ihnen die Alte, im eiskalten Winterwasser des Flusses zu baden, um ihre Haut zartrosa zu färben. Aber der Preis der Eitelkeit war hoch: Nach kurzer Zeit im Fluß waren die Mädchen steifgefroren und ertranken in den eisigen Fluten. Nur ihre Seelen kehren jeden Sommer als zartrosa Vögel zurück.

Der wahre Grund für die Färbung der Rosenmöwen ist etwas nüchterner, aber dennoch bemerkenswert: Der Farbstoff gelangt über ihre Nahrung aus planktischen Garnelen in das Sekret der Bürzeldrüse, das die Möwen vor allem im Frühling mit dem Schnabel in ihr Gefieder reiben, um es zu putzen und wasserabweisend zu machen. Daher ist die rosa Färbung im Frühjahr am intensivsten und nimmt zum Ende der Brutsaison hin ab.

Entdeckt wurde die Rosenmöwe im 19. Jahrhundert auf einer der zahlreichen Forschungsreisen im Polargebiet. Der schottische Marineoffizier Sir James Clark Ross (1800–1862) durchsegelte mehrfach die arktische Inselwelt, um die sagenumwobene Nordwestpassage zwischen Atlantik und Pazifik zu finden; dabei entdeckte er den magnetischen Nordpol. Auf seiner dritten Reise in der Arktis schoß er 1823 eine kleine, bis dahin unbekannte Möwe mit roten Beinen und einem Gefieder, das »an der Brust im zartesten Rosenrot schimmert«. Ihrem Entdecker zu Ehren wurde die Möwe zunächst *Larus rossii* genannt, heute ist ihr wissenschaftlicher Name *Rhodostethia rosea*. Ihr englischer Name lautet aber nach wie vor *Ross's Gull*.

Bis 1905 wußte man nicht, wo die Rosenmöwe brütet; erst dann fand Sergeij Alexandrowitsch Buturlin, Richter und Ornithologe, drei Kolonien in der Nähe des Kolyma-Flusses. Fast alle der etwa 50 000 Rosenmöwen, die es heute gibt, nisten im

Zartrosa schimmernd gleitet eine Rosenmöwe durch den
strahlend blauen Himmel. 25 000 Brutpaare dieser zierlichen Möwen
gibt es noch, und fast alle nisten in Nordostsibirien.

Nordosten der sibirischen Tundra. Sehr kleine Kolonien bestehen auch auf Grönland, Spitzbergen und in der kanadischen Arktis. Allerdings kommen die Möwen nicht regelmäßig: Ist das Wetter in einem Jahr schlecht, dann bleiben ihre Lieblingssümpfe an den Flüssen Jana und Kolyma ohne die rot schimmernden Farbtupfer und den hellen, melodiösen Gesang der Rosenmöwen.

Das Auftauchen der Rosenmöwen in diesem entlegenen Teil der Tundra fällt mit der Schneeschmelze des Frühjahrs zusammen. Merkwürdigerweise kommen sie nicht vom Meer her, sondern fliegen über Sibirien aus südöstlicher Richtung ein. Bereits im April halten sich die meisten im Ochotskischen Meer und vor der Küste Kamtschatkas auf – das erklärt ihre Anreise über Land.

Wenn sie dann Ende Mai ihre Brutgebiete erreichen, sind die Seen und Teiche, an denen sie ihre Nester bauen wollen, meist noch gefroren. Aber die Rosenmöwen scheinen sich auf dem rutschigen Eis ganz wohl zu fühlen, denn sie lassen sich paarweise auf den Tümpeln nieder und suchen eifrig nach Wirbellosen und erstickten Fischen, die vom zurückweichenden Eis freigegeben werden. Finden sie einen, dann paddeln sie wild mit ihren karminroten Beinen, um die Beute an die Oberfläche zu zerren.

Die Partnerschaft innerhalb eines Paares wird regelmäßig durch Fütterungszeremonielle gefestigt. Während der Balz bittet das Weibchen seinen Gefährten lebhaft um Futtergeschenke; das Männchen erfüllt den Wunsch sofort und würgt seiner Partnerin halbverdaute Fische und andere Leckerbissen auf das Eis. Diese zusätzliche Nahrung läßt die Eier im Körper des Weibchens schnell heranreifen, und sobald die Uferböschungen eisfrei sind, begeben sich die Rosenmöwen zu ihren Nestern auf kleinen Inseln oder Halbinseln in den flachen Tundratümpeln.

Die Kolonien dieser zierlichen Möwen sind klein, bestehen manchmal nur aus zwei oder drei Nestern, meistens etwa einem Dutzend, aber nie mehr als 50. Diese verteilen sich über mehrere Hektar. Die Eier der Rosenmöwen sind ausgezeichnet getarnt – grünbraun mit dunklen Flecken –, aber manchmal nicht gut genug, wenn hungrige Raubmöwen (Kleine, Mittlere und Schmarotzerraubmöwe), Silber- oder Eismöwen einen räuberischen Überfall fliegen. Steigen die Rosenmöwen dann zur Verteidigung auf, werden sie oft von ihren Nachbarn, den wehrhaften Küstenseeschwalben, unterstützt; trotzdem plündern und zerstören die Diebe gelegentlich fast ein Drittel der Gelege.

Weiter westlich nistet eine weitere seltene, in Rußland endemische Art, die Rothalsgans. Diese Wasservögel tragen ein herrlich gemustertes Gefieder in glänzendem

Im Juli führt eine Rothalsgans ihre sechs frisch geschlüpften Küken
mit gespannter Vorsicht über die Halbinsel Taimyr.

Schwarz-Weiß mit braunrot gefärbter Brust und weiß gerahmten Ohrenflecken. Von den weltweit etwa 28 000 Rothalsgänsen brüten nur 5000 in einem kleinen Gebiet der russischen Arktis.

Insgesamt geht ihr ohnehin schon geringer Bestand wohl zurück. Zu den Zeiten der Pharaonen müssen sie jedoch häufige Wintergäste in Ägypten gewesen sein, wenn man den naturgetreuen Bildern in alten Grabstätten Glauben schenken kann. In jüngerer Zeit überwinterten Rothalsgänse im Süden des Kaspischen Meeres und an der Mündung des Syr-Darja in den Aralsee. Heute findet man sie in den Wintermonaten fast nur noch im rumänischen Donaudelta, vereinzelte Vögel auch in Bulgarien, Griechenland, in der Türkei und im Iran.

Im Frühling ziehen sie dann 4000 Kilometer weit über Steppe und Taiga in ihre Brutgebiete in der Tundra, vor allem nach Taimyr. Hier suchen sie auf Felsklippen in Flußtälern bewußt die Nähe von Wanderfalken – auf den ersten Blick ein selbstmörderisches Unterfangen, sind doch die Wanderfalken ausgesprochene Vogeljäger!

Oben: Der eisenhaltige Boden auf der Wrangelinsel färbt die Köpfe
dieser Schneegänse rostrot.

Rechts: Dieser hungrige Eisfuchs hat den Schneegänsen ein Ei
stibitzt: Das wird schmecken!

Etwa alle acht Kilometer hat sich hier in der südlichen Tundra ein Falkenpaar zum
Brüten niedergelassen. Mitte Juni scharen sich im Umkreis von 30 Metern um
jeden Falkenhorst bis zu einem Dutzend Gänsenester, die Mutter sorglos auf den
Eiern sitzend.

Welchen Vorteil die Rothalsgänse aus dieser sonderbaren Nachbarschaft ziehen,
ist nicht ganz klar. Die erwachsenen Gänse haben nichts zu befürchten, aber die
Küken werden von einer Reihe räuberischer Vögel gerne zum Nachtisch verspeist.
Aber auch in der Nähe von Silbermöwen und Rauhfußbussarden lassen sich die
Gänse nieder; vielleicht hoffen sie auf Beistand gegen räuberische Eisfüchse, die

mit Vorliebe Eier und Jungvögel fressen und eine große Gefahr darstellen, besonders wenn ihre wichtigste Beute, die Lemminge, ausbleibt. Kommt ein hungriger Fuchs dem Nest zu nahe, könnte das aufgeregte Gackern der Eltern die benachbarten Räuber alarmieren, die den Eindringling schnell vertreiben, um ihre eigene Brut zu schützen. Zumindest bei den wehrhaften Silbermöwen ist dies wohl der Fall – hier scheinen die Vorteile das Risiko, ein Nestjunges an die Möwen zu verlieren, aufzuwiegen.

Auf Wrangel haben es die Eisfüchse leichter. Dort nisten die Schneegänse und bieten dem agilen kleinen Räuber eine schmackhafte Bereicherung seiner kargen Winterdiät. In ihrem strahlend weißen Gefieder sind sie auf dem grünen Boden nicht zu verfehlen. Dabei hat es der Fuchs nur auf unbewachte Eier und später auf Küken abgesehen. Die erwachsenen Vögel sind zu stark und zu wehrhaft für ihn. Mit ihren starken Flügeln können sie recht hart zuschlagen, wenn sie sich oder ihre Familie verteidigen.

In den Jahren, in denen die Lemminge in großen Scharen vorkommen, ignoriert der Polarfuchs die Gänsenester völlig. Nur wenn die kleinen Wühlmausverwandten ausbleiben, fressen Eisfüchse etwa 15 Prozent der Eier und Küken einer Gänsekolonie. Aber das können die Vögel verkraften: Schneegänse werden bis zu 25 Jahre alt und haben noch reichlich Gelegenheit, erfolgreich eine Familie großzuziehen.

Die schwärmende Invasion

Das Schlüpfen der Jungvögel fällt genau in jene Zeit, wenn das Leben in der arktischen Tundra überquillt. Auf jeder Scholle des warmen Grasbodens sind kleine und kleinste Lebewesen fleißig am Werk. Unsichtbare Bakterien zersetzen die Pflanzenreste und machen sie für Fadenwürmer genießbar; bis zu fünf Millionen Würmchen könnte man unter dem Mikroskop auf jedem Quadratmeter zählen. Auf gleichem Raum leben eine viertel Million Springschwänze. Über der Erde jagen Spinnen auf den Halmen und Blättern nach nahrhaften Kleininsekten.

In der gesamten Arktis gibt es zwar nur wenige tausend Insektenarten, dafür durchschwirren einige das Land in astronomischen Mengen. Ende Juni kommt die Zeit der Stechmücken, die Menschen wie Tiere massenhaft überfallen. Wie graue Wolken steigen sie in Myriaden aus den Teichen und Sümpfen, saugen sich an unbedeckter Haut fest oder krabbeln in Mund und Nase, daß manchem Opfer die Luft wegbleibt. Noch zahlreicher sind die nichtstechenden Zuckmücken. Ihre Entwicklung von der Larve bis zum fertigen Insekt kann bis zu sechs Jahre dauern. Zusammen mit den

Larven von Schnaken bilden Zuckmückenlarven einen wichtigen Bestandteil der Nahrung vieler Vögel.

Die richtige Temperatur ist für Kerbtiere besonders wichtig. Auch fliegende Insekten halten sich in der Tundra nahe am Boden auf, weil es dort wärmer ist. Schmetterlinge baden mit geöffneten Flügeln in der Sonne; meist sind sie etwas dunkler als die südlicher lebenden Arten, um die Wärme besser zu absorbieren. Zahlreiche Pieper, Laubsänger und andere Singvögel fressen sich in diesem Schlaraffenland voller saftiger Insekten satt. Manche werden sogar wählerisch: Steinschmätzer mögen Hummeln besonders gern, Blaukehlchen eher die zarteren Schnaken und Kleinlibellen. Unaufhörlich jagen manche Vögel durch die Insektenschwärme und kehren mit einer Schnabelladung Mücken zu den gierig piepsenden Kleinen ins Nest zurück. Dagegen trippeln die gestreiften Küken des Moorschneehuhnes schon zwei Stunden nach dem Schlüpfen ihren Eltern hinterher und schnappen eifrig nach den schwirrenden Köstlichkeiten, während sie auf wackeligen Beinchen durch das Gras stolpern.

Die Seen und Tümpel erwärmen sich etwas langsamer als das Land, daher kommt die große Zeit der Kleinkrebse erst im Juli. Dann bevölkern sie in einer wimmelnden Masse zusammen mit Insektenlarven die Gewässer. Die häufigsten der arktischen Moskitos, *Aedes imper* und *Aedes nigripes,* leben als Larve im Wasser. Diese überreichliche und mühelos zu fangende Nahrung läßt viele Vögel ihre Nester so weit nördlich bauen.

Thorshühnchen holen sich ihre Beute besonders geschickt in Reichweite ihrer Schnäbel: Durch Pirouettentänze auf der Wasseroberfläche wirbeln die zierlichen Watvögel zahlreiche Krustentierchen und Larven nach oben; dann brauchen sie nur noch den Schnabel hinzuhalten. Auch Bergenten, Eisenten und die drei Arten der Eiderente (Eiderente, Prachteiderente und Plüschkopfente) werden durch diesen Reichtum von der See an die Küsten und Binnengewässer gelockt. Bis zu 2000 Mückenlarven auf einmal kann ein junger Eidererpel verschlucken. Weil die Sonne im Juli nicht untergeht, haben die hungrigen Jungvögel hier oben doppelt soviel Zeit zum Fressen wie ihre weiter südlich nistenden Verwandten.

Auch die kleinen Rosenmöwen ernähren sich zunächst von Riesenmengen Larven und Mücken, die ihnen die Altvögel bringen. Nach wenigen Tagen schon – ganz anders als andere Möwen – können sie sich selbst versorgen und fressen dann vor allem kleine Schnecken der Gattung *Siberinauta.*

Die jungen Rosenmöwen sind durch ihr unauffälliges Gefieder zwar gut getarnt,

Während der Brutzeit sind die Erpel der Prachteiderente mit einem
herrlich bunten Federkleid geschmückt.

wenn sie sich in den Uferzonen der Seen bewegen und nach Futter suchen; dennoch
fallen über ein Drittel der Küken den Nachstellungen verschiedener Räuber zum Opfer,
darunter die mächtigen graubraunen oder schneeweißen Gerfalken, die gelegentlich in
der Nähe der Möwenkolonien jagen.

Die wenigen überlebenden Möwenjungen werden mit 16 oder 17 Tagen flügge. Zu
diesem Zeitpunkt ähneln sie ihren delikat gefiederten Eltern überhaupt noch nicht: Ihr
Federkleid ist dunkel, und auf den Flügeln tragen sie ein kräftiges schwarzweißes Muster.

Die Fische der Arktis

Die Flüsse und Seen der russischen Arktis bringen einen vielfältigen Fischreichtum
hervor, denn hier kommen mehrere günstige Bedingungen zusammen: Erstens gibt es
durch die Insektenlarven, die Kleinkrebse und das Plankton Nahrung im Überfluß,
zweitens frieren die meisten Wasserläufe auch im Winter nicht oder nur teilweise zu,
und drittens ist das Wasser relativ sauerstoffreich. Das läßt viele Fische im Sommer aus
dem tieferen, leicht salzhaltigen Wasser der Mündungen die Flüsse hinaufsteigen, die
nach der Schneeschmelze anschwellen und wieder frei fließen. Die arktische Region
braucht diese Fische und die ungezählten Milliarden ihrer Nachkommen, um ihr
ökologisches Gleichgewicht zu halten.

In den sibirischen Flüssen leben einige Arten von Renken, vor allem in den langsam fließenden Unterläufen. Hier ist ihr idealer Lebensraum: Das Wasser wird wärmer, der Pflanzenwuchs üppiger, und der Sauerstoffgehalt nimmt ab. Der Tugun bevorzugt die Seen zwischen Ob und Jana und wird nur 20 Zentimeter lang, der Tschirr aus dem Kolyma ist mit seinen 16 Kilogramm ein echter Riese gegen ihn.

Die meisten sibirischen Fische wachsen langsam und werden nicht vor ihrem zehnten Jahr geschlechtsreif. Wenn die Laichzeit näherrückt, schwimmen sie flußaufwärts und legen im Oktober oder November ihre millimeterkleinen Eier auf dem steinigen Flußbett ab, wo sie sich an Kieseln und Wasserpflanzen festsetzen. Die winzigen Eier reifen zu kleinen Fischen, die mit der Frühjahrsflut in riesigen Mengen flußabwärts geschwemmt werden.

Viele Jungfische werden von den schwellenden Flüssen in Seen oder Seitenarme gespült, wo sie in Ruhe zu prächtigen Burschen heranwachsen und auf eine neue Flut warten, die sie in die Flüsse zurückträgt. Wie die Renken ist auch der Wandersaibling ein naher Verwandter der Lachse und Forellen – und schmeckt genauso gut! Eigentlich stammt er aus den klaren, kalten Hochgebirgsseen, hat sich aber ungewöhnlich weit in die Arktis vorgewagt; noch am 82. Grad nördlicher Breite bei Nowaja Semlja und den Neusibirischen Inseln hat man diesen wertvollen Speisefisch beobachtet. Einige Wandersaiblinge unterscheiden sich erheblich in Größe und Gewicht: Während einige ihr ganzes Leben lang relativ klein bleiben, erreichen andere Exemplare im Alter von zehn bis zwölf Jahren beachtliche zehn Kilogramm.

Wie die Lachse sind auch Wandersaiblinge normalerweise Wanderfische, aber wenn sie durch fallendes Wasser in Teichen oder Seen abgeschnitten werden, entwikkeln diese Populationen eigene Merkmale. Die anderen schwimmen zur Laichzeit die Flüsse hinauf und legen ihre Eier unter dem Eis am Grund ab. Die Bäuche und Flossen der Männchen leuchten jetzt in flammendem Rot; das erleichtert den vielen Seetauchern, die an den Tundraseen nisten, ihre Jagd auf diese schmackhaften Fische.

Rosenmöwen können mit den bis zu zehn Kilogramm schweren Saiblingen nichts anfangen; sie erbeuten kleinere Fische. Zwölfstachelige Stichlinge begeben sich während des Hochwassers von den Deltas in die Flüsse und schwimmen in die zahllosen kleinen Tundraseen weiter. Ihre Ankunft löst bei den Rosenmöwen eine wahre Freßorgie aus: Wie rasend stürzen sie sich immer wieder ins Wasser und holen einen Fisch nach dem anderen heraus. Wenn die Seen durch das Zurückweichen des Wassers vom Fluß abgeschnitten werden und die Stichlinge nicht rechtzeitig zurückgeschwommen sind, schließt der Winterfrost die Fische in einen gewaltigen Eisblock ein. Im nächsten Frühling dienen sie den zurückkehrenden Möwen als nahrhafte Tiefkühlkost.

In den arktischen Flüssen lauert auch der gefräßige Amurhecht. Während die kleinen Hechte sich mit Insektenlarven begnügen, fressen die großen sogar ihre Artgenossen, wenn es keine passenden Beutefische gibt.

Während der Laichzeit werden die Hechte in großer Zahl von den Menschen der Tundra gefangen, die aus ihren Eiern einen besonders salzigen, goldenen »Kaviar« herstellen.

Die Sibirische Äsche ist ein weiterer häufiger Fisch in den Flüssen der Tundra. Sie ist farbiger als die Europäische Äsche und besitzt eine größere Rückenflosse. Ihre Hauptnahrung sind Insekten und kleine Fische.

Der bemerkenswerteste aller arktischen Fische ist aber wohl der Fächerfisch. Dieser bis zu 20 Zentimeter lange Fisch lebt in kleinen Teichen, Schmelzwasserrinnsalen und Tümpeln auf der Halbinsel Tschuktschen und in Alaska, die nur selten eisfrei sind. Der Fächerfisch ist daher nur kurze Zeit des Jahres aktiv. Wenn der Winter naht, gräbt er sich in den Schlamm ein und toleriert sogar, dabei vorübergehend einzufrieren.

Die Zyklen der Lemminge

Junge Vögel sind bei vielen Fleischfressern der Tundra zwar eine beliebte Beute, aber ihre Hauptnahrung bleiben Wühlmäuse und Lemminge. Kommen die kleinen Nager in Scharen vor, dann geht es auch den Jägern gut: Eisfüchse, Schnee-Eulen, Sumpfohreulen, Rauhfußbussarde sowie Spatel- und Falkenraubmöwen folgen dem Zyklus der Lemminge.

Lemminge sind äußerst fruchtbar; sie werden früh geschlechtsreif, und die Weibchen werfen mehrmals im Jahr. So explodiert ihre Zahl innerhalb kurzer Zeit, und auf einem Hektar müssen bisweilen 200 bis 400 Lemminge Platz finden. Was für ein Fest für die Jäger! Ein Paar Rauhfußbussarde frißt 1000 Nager in einem Sommer und damit etwa zehn Prozent dieser Tiere in seinem Revier. Raubmöwen und Eisfüchse fressen sich mühelos satt, selbst Rentiere probieren schon mal einen Lemming. Sogar die Kadaver von Lemmingen finden noch Verwertung: Sie dienen Fliegenmaden als Nahrung.

Aber alle drei oder vier Jahre bricht die Lemmingpopulation fast völlig zusammen. Das liegt nicht am legendären »Massenselbstmord«, sondern daran, daß viele der kleinen Kerle eine Saison mit der Fortpflanzung aussetzen. Sie haben ihren Lebensraum leergefressen, und viele leiden unter dem Streß der Übervölkerung. Auf ihren dichtgedrängten Massenwanderungen auf der Suche nach Nahrung ertrinken etliche beim Versuch, Flüsse und Seen zu überqueren, oder werden dabei von Eiderenten, Hechten oder Lachsen erbeutet.

Wenn die Lemminge ausbleiben, verzichten notgedrungen auch viele Raubtiere ein Jahr lang auf Nachwuchs. Nicht allen gelingt es jedoch, sich mit Aas und Vogeleiern

Im Sommer ernähren sich Schnee-Eulen fast ausschließlich von Lemmingen. Geduldig warten die Jungen, bis die Mutter den Nager schnabelgerecht zerkleinert hat.

über den Winter zu retten; manche Eisfuchsfamilie muß ohne die nahrhaften Nager verhungern.

Überleben im Winter

Bereits im August kündigt sich der nahende Winter an. Die Sonne steht tief am Himmel, die ersten Schneeflocken tänzeln über der Tundra und überpudern die Landschaft. Alle Tiere bereiten sich auf die Zeit der Entbehrungen vor.

Die meisten Vögel ziehen mit ihren Jungen südwärts, die Rothalsgänse Richtung Südwesten nach Rumänien und die Schneegänse in südöstlicher Richtung nach Kalifornien. Rosenmöwen wagen sich sogar nordwärts über das Eismeer, wo sie scheinbar unbeeindruckt von der bitteren Kälte Garnelen und kleine Fische aus dem eisigen Wasser fangen.

Viele Insekten überwintern als Eier, während die Stechmücken sich als Larven in die tiefen, eisfreien Schichten der Seen zurückziehen. Die Raupen von Tag- und Nachtfaltern erstarren in der Kälte, ohne allerdings einzufrieren: Vor dem Frost haben sie genug Wasser ausgeschieden, daß ihre konzentrierten Körperflüssigkeiten wie ein natürliches Frostschutzmittel wirken. Sogar ein Lurch lebt in der Tundra: Der Sibirische Winkelzahnmolch scheint tatsächlich einzufrieren; er überlebt Temperaturen bis zu 35 Grad unter Null.

Die warmblütigen Säuger können weder davonfliegen noch festfrieren – sie entwikkeln andere Überlebensstrategien. Rentiere wandern in die Taiga oder hinter die windgeschützten Hänge der Bergketten. Ihr dichtes Winterfell aus hohlen, luftgefüllten Haaren schützt sie sicher vor der Kälte; ihr Problem ist der Nahrungsmangel. Meist suchen sie daher Gebiete auf, in denen der Wind die Schneedecke weggefegt hat oder diese so dünn ist, daß sie mit ihren Hufen die Bodenpflanzen freilegen können. Lemminge und Wühlmäuse haben sich Futterlager aus Flechten und nahrhaften Pflanzen zugelegt, mit denen sie unter dem Schnee einen recht behaglichen Winter verbringen. Sollte es ihnen doch zu kalt werden, können sie ihren Stoffwechsel beschleunigen und sich so warm halten.

Die meisten Moorschneehühner sind beizeiten in die Taiga abgewandert; für die

Oben: Der Sibirische Winkelzahnmolch ist der einzige Lurch der
arktischen Tundra, der an Land überwintert.
Links: In ihrem strahlend weißen Gefieder leuchtet die
Elfenbeinmöwe mit Eis und Schnee um die Wette; diese Vögel
überleben auch den härtesten arktischen Winter.

191

Zurückgebliebenen wird es jedoch ein harter Winter. Sie leiden ebenfalls hauptsächlich unter dem Mangel an energiereicher Nahrung, denn die kümmerlichen Weidenzweige bieten nur wenige Kalorien, von denen die Vögel auch nur ein Drittel als Brennstoff nutzen können. In der kältesten Phase des Winters graben sich die Vögel in isolierende Schneehöhlen ein, die sie nur zur Nahrungsaufnahme verlassen. Ist die Schneedecke zu dünn, erfrieren sie in ihren Höhlen; manche verhungern auch. Geschwächte Tiere fallen den Eisfüchsen, Wölfen, Schnee-Eulen oder Gerfalken zum Opfer.

Eisbären sind besonders gut angepaßt; ihre Isolierschicht aus Fett und Fell funktioniert so gut, daß die Schneeflocken auf ihrem Haar liegenbleiben, statt zu schmelzen. Ihr weißes Fell und ihre schwarze Haut wirken zusammen wie ein Sonnenkollektor, der die Sonnenenergie aufnimmt und die Wärme einschließt. Die langen Deckhaare der Eisbären sind hohle, durchsichtige Röhren, die das Sonnenlicht – einschließlich der wärmenden Infrarotstrahlen – durchlassen. Die weiße Farbe des Felles entsteht durch Lichtbrechung. Die Strahlen werden von der schwarzen Haut absorbiert, und die Haut erwärmt sich. Einen Teil dieser Wärme hält das wollige Fell zurück. Das System arbeitet so effizient, daß die Temperatur auf der Haut an einem sonnigen Tag höher ist als die Körpertemperatur – ein Eisbär käme so richtig ins Schwitzen, wenn er könnte!

Im August und September kehren die Eisbären von ihrem Sommer im Packeis auf die Wrangelinsel zurück. In milden Jahren liegt der südliche Rand des Packeises bis zu 200 Kilometer nördlich, und die Bären kommen gerade rechtzeitig, um die 80 000 Walrosse anzutreffen, die sich an den Stränden von Wrangel versammelt haben, um sich an den zahlreichen Muschelbänken der flachen Bering- und Tschuktschensee gütlich zu tun. Für die lange Winterruhe müssen sich die Bären noch ein Polster anfressen; da kommen ihnen diese dicken Speckrollen gerade recht.

Meist schlendern die Eisbären an den ruhenden Kolossen vorbei, immer nach unbewachten Jungtieren Ausschau haltend. Die erwachsenen Walrosse schnauben entrüstet ob dieser Frechheit, haben aber selbst nichts zu befürchten – sogar die riesigen Eisbären haben gehörigen Respekt vor den bis zu einem Meter langen Hauern der männlichen Walrosse. Haben sie im Gedränge der Alttiere ein Walroßjunges entdeckt, warten sie auf einen Augenblick der Unachtsamkeit, springen dann blitzschnell auf das Junge zu, greifen es an Hals oder Schwanzflosse und zerren es an Land. Dort töten sie ihre Beute durch Bisse in den Nacken oder Schädel. Aber nicht immer ist ihre Jagd erfolgreich – mancher Eisbär kam schon mit tiefen Wunden aus dem Gerangel zurück, die ihm ein erwachsenes Walroß beigebracht hatte.

Während einer kurzen Windstille wagt sich das vorzüglich getarnte
Moorschneehuhn aus seiner Schneehöhle, um vielleicht etwas
Eßbares aufzutreiben.

Später im Jahr, wenn die Tage wieder kürzer werden und das Wetter sich ver-schlechtert, ziehen sich die satten und meist schwangeren Bärinnen ins Innere der Insel an die Schneehänge zurück, wo sie die nächsten fünf Monate verbringen werden. Wenn sie ein geeignetes Plätzchen gefunden haben, verschwenden sie nicht viel Kraft damit, eine Höhle zu graben, sondern legen sich einfach in eine flache Mulde und lassen sich langsam einschneien. Sobald die Schneedecke dick genug ist, erweitert die Bärin unter dem schützenden weißen Teppich ihre kleine Mulde zu einer wohnlichen Höhle.

Gewöhnlich halten nur schwangere Bärinnen und solche mit Jährlingen eine ausgedehnte Winterruhe. Männliche Eisbären und Mütter mit größeren Jungtieren streifen meist den ganzen Winter umher und kehren auf die Eisschilde des Meeres zurück, um dort Robben zu jagen. Nur gelegentlich lassen sie sich auf dem Eis nieder, um sich in kurzen Schlafperioden auszuruhen.

Auf Wrangel beginnt die grimmige Polarnacht am 18. November, die Sonne zeigt sich erst am 25. Januar wieder. Nur der Mond und das Nordlicht werfen einen gespenstischen Schimmer in die lange Finsternis. Der Schnee wird von den klirrenden Winden zu bis zu 25 Meter hohen Wehen aufgetürmt, und die Temperatur fällt regelmäßig auf minus 50 Grad Celsius. Tief unter dem eisigen Inferno schlummern die Bären in ihren behaglichen Winterhöhlen.

Eisfüchse zählen ebenfalls zu den Überlebenskünstlern der Arktis. Sie haben sich für den Winter ein dichtes, weißes Fell wachsen lassen, in dem sie selbst bei 80 Grad unter Null eine Stunde lang schlafen können, bevor sie die Kälte fühlen! Wenn es gar zu ungemütlich wird, ziehen sich die Eisfüchse in ihren Bau zurück, den sie in der offenen Tundra meist in einen kleinen Hügel gegraben haben. Bereits im März kommen die Fähen in Hitze und versuchen, den Fuchs zur Paarung zu verführen. Diese Familienplanung stellt sicher, daß die kleinen Welpen zu einer Zeit geboren werden, in der die Tundra die ganze Fuchsfamilie ernähren kann.

Unter den Klimazonen der ehemaligen Sowjetunion fordert der asiatische Gürtel seinen Bewohnern zweifellos die härtesten Lebensbedingungen ab. Besonders deutlich wird dies an den periodischen und regionalen Temperaturunterschieden.

Im Sommer reichen die Temperaturen in West-Ost-Richtung nur wenig voneinander ab, die Juli-Isothermen verlaufen mehr oder weniger parallel zu den Breitenkreisen. Um diese Jahreszeit hängen die Temperaturen fast ausschließlich von der Intensität der Sonneneinstrahlung ab. So liegt das Julimittel des fernöstlichen Jakutsk mit 18,8 Grad Celsius ebenso hoch wie im 5500 Kilometer westlich liegenden Moskau (18,7 Grad Celsius).

Im Winter jedoch sieht die Differenzierung ganz anders aus. War es im Juli in Jakutsk noch genauso warm wie in Moskau, so liegen die Durchschnittstemperaturen im Januar in Jakutsk bei 43,2 Grad unter Null, in Moskau aber nur bei 8,5 Grad unter Null – ein Unterschied von 35 Grad Celsius! Die Isothermen verlaufen jetzt annähernd vertikal, weil sich im Winter der mildernde Einfluß des atlantischen Ozeans und der Kontinentalität auswirkt.

Seite 194/195: Aufgeregt stürzen die Walrosse zurück ins Wasser, als sich ein hungriger Eisbär nähert. Erfahrene Bären halten einen respektvollen Abstand zu den mächtigen Hauern der erwachsenen Tiere; sie haben es auf leicht verwundbare Jungtiere abgesehen.

Selbst das eisige Wasser des Nördlichen Eismeeres übt eine ähnlich abschwächende Wirkung auf die sibirischen Küsten aus. Daher liegt der kälteste Ort Rußlands auch nicht im arktischen Reich des Eisbären, sondern noch südlich des Polarkreises – mitten in den gefrorenen Wäldern des tiefsten Sibirien.

KAPITEL SECHS

DAS LAND DER GEFRORENEN WÄLDER

SIBIRIEN IST RUSSLANDS Kältezone. Maxim Gorki nannte es »das Land des Todes und der Ketten«. Mit Sibirien verbindet sich das Leiden der Millionen Verschleppten, die zunächst unter den Zaren, später unter Stalin und seinen Nachfolgern in Straflagern gequält wurden. Wie das frostige Sibirien wirklich ist, wollen wir auf der nächsten Etappe unserer Reise herausfinden.

Nördlich der Stadt Jakutsk in Nordostsibirien verläuft in einem Sichelbogen das Werchojansker Gebirge, mit 2300 Metern nur mäßig hoch. In seinen Flußtälern staut sich die kalte arktische Luft und läßt die Wintertemperatur der Region bis auf minus 68 Grad Celsius absinken. Wir befinden uns am kältesten Ort unserer Erdhalbkugel, dem nördlichen Kältepol. Im Sommer ist es dagegen über 30 Grad warm; dieser Temperaturunterschied von über 100 Grad Celsius ist auf der Welt einzigartig.

Als größte der ehemaligen Sowjetregionen bedeckt Sibirien zehn Millionen Quadratkilometer sumpfiger Ebenen, einsamer Hochplateaus, zerklüfteter Berge und riesiger Nadelwälder. 50 000 Flüsse laufen kreuz und quer durch das Land, darunter die mächtigen Ob, Lena und Jenissei, jeder weit über 3000 Kilometer lang. Das blaue Juwel des Baikalsees funkelt im äußersten Süden – er ist der größte, älteste und tiefste Süßwassersee der Welt. Trotz seiner enormen Ausdehnung lebt in Sibirien nicht einmal ein Zehntel der gesamten Bevölkerung der GUS, zu unerschlossen ist das Land, zu feindlich sein Klima.

Dabei liegen hier Reichtümer in unfaßbaren Mengen: Einst ein Eldorado der Pelztierjäger, sind die Zobelpelze der Vergangenheit heute durch Gold und Diamanten

So viel Schnee und doch kein Wasser – in der winterlichen Taiga ist
der Boden bis zur Schneeschmelze im Frühling trocken wie
Wüstensand.

abgelöst worden; mit zwölf Millionen Karat jährlich fördert Jakutien fast ein Viertel der Weltproduktion von Diamanten!

Außerdem lagern in Westsibirien 8,3 Billionen Kubikmeter Erdgas im wohl größten Vorkommen der Welt. Und wo Gas ist, liegt auch Öl – schätzungsweise 30 Milliarden Barrel. Hinzu kommen riesige Lagerstätten von Kohle und Erzen sowie der Holzbestand der Taiga. Allerdings erschweren das rauhe Klima und die mangelhafte Infrastruktur eine wirtschaftliche Nutzung dieser unermeßlichen Rohstoffreserven.

Der große dunkle Teppich

Die Naturgeschichte Sibiriens ist vor allem eine Geschichte der Taiga, dieses gewaltigen Nadelwaldteppichs, der sich entlang der Tundra über den ganzen Kontinent legt. Zwei Drittel Sibiriens liegen über einem Dauerfrostboden; nur die obere Bodenschicht taut im Sommer ein wenig auf: etwa 30 Zentimeter im Norden und bis zu 1,30 Meter im Süden. Darunter erstrecken sich mehrere hundert Meter steinhart gefrorener Boden. An seiner tiefsten Stelle reicht der Frost 1450 Meter nach unten.

Wissenschaftler datieren die Entstehung des Permafrostes etwa 70 000 Jahre zurück. Während der letzten großen Eiszeit war der Dauerfrostboden mit niedrigen Tundrapflanzen bedeckt, aber als das Klima sich erwärmte, schob sich auch der Baumgürtel nordwärts und bedeckte nun weite Teile der früheren Tundra. Wie die stetige Verschiebung der Baumgrenze zeigt, dauert dieser Vorgang heute noch an; allerdings verliert die Taiga den Boden, den sie der Arktis abringt, im Süden wieder durch zunehmende Versteppung.

Durch den harten undurchlässigen Eisboden sammelt sich das Wasser in geringer Tiefe und verwandelt die Oberfläche während des Sommers trotz geringer Niederschläge in einen Sumpf. Die Wurzeln der Bäume und Sträucher sind flach, denn sie können den vereisten Boden nicht durchdringen; paradoxerweise sind es gerade ihre Blätter, die den Permafrostboden in seiner gegenwärtigen Stärke erhalten, weil sie den Boden vor dem wärmenden Sonnenlicht abschirmen.

Wie in Skandinavien und Nordamerika dominieren Nadelbäume das nördliche Landschaftsbild. Sie sind frostbeständiger als Laubbäume und beginnen wahrscheinlich im Frühjahr etwas eher zu wachsen. Außerdem kommen Nadelbäume besser mit den spärlichen Lichtverhältnissen zurecht. Durch ihre dunklen, fast zylindrischen Nadeln sind sie besser in der Lage, das Sonnenlicht zu absorbieren und so durch Photosynthese die lebenswichtigen Kohlehydrate herzustellen. Der Spaziergänger kann diesen Unterschied zwischen düsteren Nadelwäldern und lichten Laubwäldern leicht selbst feststellen!

Wie Lamettastreifen mischen sich vielerorts silbrige Birken
in den dichten Nadelwald der Taiga.

In diesem Dauerschatten der Taiga gedeihen nur wenige Grünpflanzen; dafür gibt es um so mehr Moderpflanzen (Saprophyten), die ihre Nahrung ohne Chlorophyll und nicht photosynthetisch herstellen, sondern von verwesenden organischen Stoffen leben. Flechten, diese sonderbaren Doppelwesen aus symbiotisch lebenden Algen und Pilzen, kommen in dieser Umgebung bestens zurecht und liefern die Nahrung für viele Nagetiere sowie Moschustiere, eine kleine Hirschart, und Rentiere. Der Reichtum an Pilzen, der im Herbst aus dem Verborgenen hervorschießt, hat in Rußland eine lange Tradition begründet: Jeden Herbst ziehen die Bewohner von Stadt und Land zum Pilzesammeln in die Wälder, um ihren winterlichen Speiseplan zu bereichern.

Die Taiga beherbergt relativ wenige Arten; dafür sind diese in unvorstellbaren Mengen vertreten. Fichten beherrschen ihren kleineren, westlichen Teil, Lärchen das breite Mittelstück, und im Osten wachsen vorwiegend Kiefern, die von den Einheimischen fälschlich »Zedern« genannt werden. Im schneereichen Klima der Pazifikküste gedeihen in der Taiga nur noch Kriechkiefern – eher Strauch als Baum – und bedecken den Boden mit ihren niederliegenden Ästen.

Je weiter nördlich man in die Taiga kommt, desto häufiger wachsen Birken. Sie sind typische Pionierpflanzen, die abgeholzte Flächen rasch besiedeln. Nach und nach werden sie aber wieder von Nadelbäumen verdrängt. Im wärmeren Klima des Südens schieben sich auch Espen, Weiden oder andere Laubhölzer in die dichte Phalanx des Nadelwaldes vor.

Die Bäume der Taiga haben sich auf die klimatischen Besonderheiten eingestellt. Ihre sanft abwärts geschwungenen Äste sehen nicht nur hübsch aus, wenn sie mit frischem Schnee überzogen sind, sie lassen ihren glitzernden Schneemantel auch regelmäßig auf den Boden gleiten, bevor sie unter seinem Gewicht brechen. Lärchen umgehen das Problem, indem sie ihre Nadeln im Winter abwerfen. Sie sind der bei weitem häufigste Nadelbaum Rußlands; mit einer Fläche von 2,6 Millionen Quadratkilometern bedecken sie weite Teile der nördlichen und inneren Taiga, wo die Winter besonders hart sind.

Auf dem Dauerfrostboden reichen ihre Wurzeln nur wenige Zentimeter tief ins Erdreich und breiten sich statt dessen großflächig seitwärts aus; knapp unter dem moosigen Teppich verläuft ihr dichtes, weitläufiges Wurzelwerk und bricht hier und da an die Oberfläche. So können die Bäume im Sommer genügend Wasser aufnehmen und trotz der geringen Wurzeltiefe auch heftigen Stürmen widerstehen.

Winter in der Taiga

Der sibirische Winter ist bitterkalt. Schnee und Eis machen die meisten Nahrungsquellen unerreichbar, und vor allem Vögel und Säugetiere müssen beizeiten Vorsorge treffen, um in der weißen Wüste nicht zu verhungern. Im August und September sind sie fieberhaft beschäftigt, Futterlager anzulegen, die sie bis zum Frühling ernähren. Lapplandmeisen tragen Insekten von den äußeren Zweigen, wo der Schnee sie bedecken würde, an die freibleibenden Stämme; Unglückshäher kleben Samen und Insekten mit ihrem Speichel an die Unterseite der hochgelegenen Äste, wo der Schnee nicht hinreichen wird. Im Winter fliegen die Vögel zu ihren Verstecken und leben davon sparsam bis zum Frühjahr.

Die Samen der Nadelhölzer spielen in der gefrorenen Taiga als Nahrungsquelle eine entscheidende Rolle. Ein einziger Hektar Kiefernwald (etwas größer als ein Fußballfeld) bringt jährlich etwa 1,8 Tonnen Samen hervor. Lärchensamen sind leicht und fallen erst im Winter; dadurch liegen sie auf dem Schnee und bieten den Tieren eine der wenigen noch zugänglichen Futterquellen; die Sibirische Kiefer schließlich bringt große, nußartige und besonders nahrhafte Samen hervor.

Der Unglückshäher (links) ist durch sein dickes, flauschiges Gefieder
für die eisigen Winter der Taiga gut gerüstet. Der Tannenhäher (rechts)
knackt mit seinem kräftigen Schnabel Nüsse und Zapfen,
um an die versteckten Leckerbissen zu gelangen.

Während des kurzen Herbstes sammelt der Tannenhäher unermüdlich seinen Wintervorrat – bis zu 10 000 Samen –, bevor der einsetzende Schneefall seinem Eifer ein Ende setzt. Dabei fliegt er oft erstaunliche Entfernungen, um ein schneesicheres Versteck zu finden – ein Vogel legte sein Lager sechs Kilometer von der Stelle entfernt an, an der er die Samen aus den Zapfen brach. Der Lohn der Mühe ist das Überleben. Aber Vorsicht – die Samendiebe lauern überall! Eichel- und Unglückshäher, ebenfalls fleißige Sammler, beobachten genau, wo die Tannenhäher die Verstecke anlegen und werden sich bei einer günstigen Gelegenheit selbst an den mühselig gesammelten Vorräten bedienen.

Die Zapfenknacker

Häher und Spechte hämmern mit ihren starken, spitzen Schnäbeln die Zapfen auseinander, um die Samen freizulegen. Kreuzschnäbel sind, wie ihr Name andeutet, für ihre spezielle Ernährung besonders gut ausgerüstet. Nach einer alten Bauernlegende sollen die Vögel sich ihre Schnäbel verbogen haben, als sie den gekreuzigten Jesus von seinen Nägeln befreien wollten; daher rühre auch das blutrote Gefieder der Männchen. Gott soll die Vögel dafür damit belohnt haben, mitten im Winter brüten zu können. In Wirklichkeit sind die gekreuzten Schnabelspitzen natürlich ein Werkzeug der Evolution, mit dem sich diese lebhaften Finken ihre verzwickt eingepackte Nahrung leichter beschaffen können. Für andere Nahrung sind die Schnäbel aber nicht geeignet.

In Rußland leben drei Kreuzschnabelarten nebeneinander. Bei der Nahrungssuche kommen sie sich aber nicht in die Quere, weil jede Art einen etwas anders proportionierten Schnabel hat – jeweils angepaßt an die Zapfen einer bestimmten Koniferenart. Der Kiefernkreuzschnabel verfügt über einen besonders kräftigen Schnabel, um die harten Kiefernzapfen zu knacken; beim Fichtenkreuzschnabel ist er deutlich schwächer, weil die Fichtenzapfen weicher sind; die Technik der Bindenkreuzschnäbel schließlich erinnert eher an das Pflücken mit einer Pinzette – die leichten Zapfen der Lärche lassen sich so am einfachsten auseinandernehmen.

Kein Zapfen kann dem zangenartigen Druck des Bindenkreuzschnabels widerstehen; allerdings können die Vögel kaum andere Nahrung aufnehmen.

Die findigen Eichhörnchen

Nicht nur viele Vögel, auch die Eichhörnchen sind auf die nahrhaften Samen der Taiga angewiesen. Im Sommer ist das flauschige Fell der sibirischen Unterart rostrot, zum Winter färbt es sich silbergrau. Eichhörnchen von weiter östlich sind meist schwarzbraun gefärbt. Fast ihr ganzes Leben spielt sich über der Erde in den Bäumen ab; mit ihren scharfen Krallen sind sie äußerst geschickte und sichere Kletterer, zumal sie ihren buschigen Schwanz zum Ausbalancieren oder als Ruder benutzen, wenn sie durch das dünne Geäst tollen oder von Baum zu Baum springen. Dieser hält sie auch im Winter warm, wenn sie sich in ihrer kugeligen Wohnstube in den Baumwipfeln einrollen.

Eichhörnchen sind, was ihre Nahrung betrifft, zwar nicht wählerisch, doch die Samen der Koniferen sind ihr Leibgericht. Mit ihren geschickten Vorderpfoten halten sie die Zapfen fest und meißeln mit ihren scharfen Schneidezähnen auch die härtesten Zapfen auseinander, um die leckeren Samen mit der Zunge auszulösen. Fast 200 Zapfen schafft so ein Hörnchen am Tag – da braucht jedes schon einen Hektar für sich allein. Im Herbst sieht man sie eifrig hin und her huschen, wenn sie die Zapfen, Nüsse, Pilze und andere nahrhafte Dinge im Wald vergraben. Dabei gehen sie immer gleich vor: Zuerst scharren sie eine flache Mulde und lassen das Futter hineinfallen. Dann drücken

Das Eichhörnchen hat sein silbernes Winterfell
schon fast komplett.

sie die Nuß oder den Zapfen mit den Schneidezähnen in den Boden. Zum Schluß wird das Ganze mit ein paar Blättern und etwas Erde abgedeckt und mit den Vorderpfoten festgedrückt.

Zwei besondere Fähigkeiten helfen dem Eichhörnchen durch den Winter. Erstens kann es sich einen Fettspeicher anfressen, der 20 Prozent seines Körpergewichts ausmacht. Zweitens spüren Eichhörnchen mit verblüffender Sicherheit ihre zahlreichen Verstecke auf, auch wenn diese tief verschneit sind – noch unter einem 30 Zentimeter dicken Schneeteppich führt sie vermutlich ihre feine Nase zum verborgenen Schatz. Manche Wintertage verbringen die Eichhörnchen bis zu 22 Stunden schlafend, aber sobald das Wetter es erlaubt, klettern sie nach unten und leeren einige ihrer vielen Futterkammern. Manche Verstecke aber vergessen sie doch – die darin verborgenen Samen keimen später und wachsen vielleicht zu neuen Bäumen heran. So hängt die Ausbreitung der Nadelwälder zum Teil von der Vergeßlichkeit der Sammler ab!

Das Schicksal der Eichhörnchen ist also eng verknüpft mit der verfügbaren Samenmenge. Tannen, Fichten, Kiefern und Lärchen durchlaufen bei ihrer Samenproduktion regelmäßige Zyklen von Überfluß, Mittelmaß und Totalausfall, die sich auch auf die Population der Eichhörnchen auswirken. Dabei scheint nicht nur der natürliche Rhythmus der Bäume, sondern auch das Klima eine Rolle zu spielen – in Mitteleuropa bringen Fichten zum Beispiel alle zwei bis drei Jahre eine gute Ernte hervor, in Südschweden nur alle drei bis vier Jahre und weiter nördlich sogar noch seltener. Auch das Wetter wirkt sich aus: Ist der Herbst mild und der folgende Frühling warm, reifen besonders viele Samen heran.

Überfluß oder Hungersnot

Die Tiere des Waldes, die von den Samen der Bäume leben, schwanken ständig zwischen Schlemmen und Darben, zwischen Überfluß und Hungersnot. In fetten Jahren haben sie viel Nachwuchs, was eine höhere Populationsdichte zur Folge hat. In derart dichten Populationen kann aber in den mageren Zeiten nicht genug Nahrung für alle bereitstehen, und so müssen viele Tiere sterben. Die Überlebenden brechen oft zu langen Wanderungen auf, um Futter zu suchen. Häher, Buntspechte, Kleiber und Kreuzschnäbel gehören zu den ersten, die aus der Taiga flüchten.

Das Ausbleiben von Nahrungsressourcen läßt sich noch in großer Entfernung feststellen. Einige der Irrläufer fliegen auf ihrer verzweifelten Suche nach Nahrung westlich bis auf die Britischen Inseln. Früher hielt man diese Massenwanderungen fälschlich für einen kollektiven Selbstmord der Vögel, aber die systematische Beringung und Beobachtung der Tiere hat ergeben, daß einige in die Taiga zurückkehren, andere sich unterwegs zum Brüten niederlassen, sofern genügend Nahrung vorhanden ist.

Eichhörnchen sind natürlich anders als Vögel auf die nähere Umgebung beschränkt, aber auch sie fliehen in großer Zahl vor dem Hunger. In den vierziger Jahren wanderten sie auf der Suche nach etwas Eßbarem nordostwärts und besiedelten über den schmalen Tundrakorridor die Halbinsel Kamtschatka, auf der sie bis dahin nicht vorkamen.

Die Zyklen der Nadelbäume wirken aber noch weiter, denn wo die kleinen Nagetiere gedeihen, wächst auch die Zahl der größeren Raubtiere wie Luchs, Marder, Fuchs und Eule. Ebenso gilt in den mageren Jahren: wenig Nager, wenig Jäger.

Der tiefe Schlaf

Eine andere erfolgreiche Strategie mancher Säugetiere, um dem langen Frost und Eis ein Schnippchen zu schlagen, ist der Winterschlaf. Nachdem sich die Langschläfer im Sommer ein dickes Fettpolster für die Zeit der Nahrungsknappheit angefressen haben, kuscheln sie sich im Herbst in ihren wettergeschützten Bau und fallen in eine tiefe Starre. Dabei verringern sie ihren Stoffwechsel und senken die Körpertemperatur auf nahezu jene der Umgebung. Je nach Körpergröße unterscheiden sich aber die Überwinterungsstrategien der verschiedenen Winterschläfer.

Regungslos schaut der mächtige Bartkauz von seinem
Birkenast auf die winterliche Taiga.

Das Sibirische Streifenhörnchen oder Burunduk ist in der Taiga weit verbreitet. Weil sie so klein sind, können Streifenhörnchen im Körper nicht genug Fettreserven speichern, um bis zum Frühling durchzuhalten, und legen deshalb in unterirdischen Kammern ihre Futterlager von bis zu drei Kilogramm an. In regelmäßigen Abständen, etwa alle vier Tage, stehen die Hörnchen während der Ruhezeit auf, knabbern an ihren Vorräten und legen sich wieder schlafen.

Ziesel sind etwas größer als Streifenhörnchen und kommen in der ehemaligen UdSSR in mehreren Arten vor. Der Langschwänzige Ziesel der sibirischen Taiga muß seinen Winterschlaf alle zwei Wochen unterbrechen, aber nicht, um zu fressen, sondern zur Abgabe seiner Stoffwechselprodukte. Sein Stoffwechsel wird gerade so weit aufrechterhalten, daß der Ziesel nicht erfriert.

Das Kappenmurmeltier hat etwa die Größe eines Kaninchens und bewohnt als eiszeitliches Relikt die Bergregionen Jakutiens und Kamtschatkas. Es schläft außergewöhnlich tief und lange – acht bis neun Monate im Jahr. Wenn es sich Mitte September in seinen Bau zurückzieht, wiegt das Kappenmurmeltier an die fünf Kilo, so viel Speck hat es sich im Laufe des kurzen Sommers angefressen! In der Schlafstube angekommen, rollen sich oft bis zu neun Murmeltiere zusammen, legen den Kopf zwischen die Pfoten und decken sich zum Schluß mit ihrem Schwanz zu. Rasch sinkt ihre Temperatur auf vier Grad Celsius und kann sogar kurzzeitig unter Null fallen. Lebenszeichen sind bei diesem Tiefschläfer in dieser Phase kaum auszumachen: Das Herz schlägt nur einmal alle zwei bis drei Minuten, und er atmet gar nur alle zehn Minuten. Aber selbst diese enorm reduzierten Körperfunktionen häufen mit der Zeit Abfallprodukte des Stoffwechsels an, die ausgeschieden werden müssen: Alle drei Wochen läßt seine Hormonsteuerung das Kappenmurmeltier aufwachen, um Wasser zu lassen.

Selbst in tiefster Lethargie reagieren Kappenmurmeltiere auf Umwelteinflüsse: Fällt die Temperatur im Bau weit unter Null, so daß sie zu erfrieren drohen, erwachen sie und wärmen sich auf. Wenn die Murmeltiere im Mai ins Freie krabbeln, wiegen sie nur noch halb soviel wie im Herbst – etwa zweieinhalb Kilogramm. Außerdem sind die Weibchen trächtig; während der kurzen Wachphasen müssen im eisigen Bau also Liebesspiele stattgefunden haben.

Gleithörnchen hingegen halten gar keinen Winterschlaf; sie sind die ganze Zeit über aktiv. Manchmal werden sie etwas irreführend als Flughörnchen bezeichnet, doch mit ihrer behaarten Flughaut zwischen Vorder- und Hinterbeinen können sie nur gleiten und nicht aktiv fliegen – allerdings bis zu 50 Meter weit! Ihr flacher Schwanz dient ihnen dabei als Steuer. Sind sie gelandet, klappen sie ihre Flugmembran ein, klettern auf den nächsten Baum und starten erneut. Die Membran dient auch als Fettspeicher, von dem das Hörnchen während des Winters zehrt.

Braunbären sind jedoch nach neuesten Erkenntnissen echte Winterschläfer. Nachdem sie sich durch die Beeren des Herbstwaldes ein ausreichendes Fettpolster angefressen haben, ziehen sie sich für 75 bis 195 Tage in ihre Höhlen zurück. Ihre Körpertemperatur fällt zwar nur wenig – auf etwa 34 Grad Celsius –, und wenn sie in ihrem gut

Vorsichtig lugt ein Sibirisches Streifenhörnchen um die Ecke, ob es gefahrlos auf Futtersuche gehen kann.

gepolsterten Unterschlupf gestört werden, wachen sie relativ schnell auf, um zu fliehen oder sich zu verteidigen. Ihr Stoffwechsel scheint aber sehr stark eingeschränkt: Sie nehmen keine Nahrung zu sich und produzieren in dieser Zeit so gut wie keinen Harnstoff.

Pflanzen in der Kälte

Auch die Pflanzen müssen sich auf den harten sibirischen Winter einstellen. Am östlichen Rand der Taiga bilden die Kriechkiefern etwa einen Meter über dem Boden eine fast undurchdringliche Decke ineinanderwachsender Zweige, die *stlanik*. Der Schnee hüllt die harzreichen Äste in einen schützenden Mantel, so daß sie nicht erfrieren. Unter der weißen Kuppel pulsiert das Leben fast im Dunkeln weiter. Wühl-

mäuse, Lemminge und andere Nager ernähren sich von Samen und Flechten, allerdings nicht ganz ungestört: Kleine Raubtiere wie das Wiesel folgen ihnen in die trügerische Sicherheit des dichten Gestrüpps.

Für die Pflanzen ist die Eisbildung innerhalb ihrer lebenden Zellen tödlich: Die scharfkantigen Kristalle zerreißen die feinen Membranen und lassen die Zellen absterben. Anders als Tiere können Pflanzen sich nicht warm halten und laufen so eher Gefahr, zu erfrieren. Beim Vermeiden von Eisschäden sind Koniferen den Harthölzern gegenüber im Vorteil, insbesondere durch ihre stabilen Xyleme, also ihre Wasser- und Nährsalzleitungen in den Stämmen.

Blütenpflanzen, darunter die Laubbäume, transportieren ihr Wasser von den Wurzeln über lange, röhrenförmige Zellen zu den Blättern – ähnlich der Wasserinstallation eines Hochhauses. Friert der Inhalt der Röhren ein, bleiben nach dem Auftauen oft Luftblasen im System, die die Leitungen unbrauchbar blockieren, und die Pflanzen müssen im Frühjahr erst neue Röhren bilden, bevor sie wachsen können.

Nadelbäume dagegen bauen ihre Wasserleitungen aus kleineren, Tracheiden genannten, Zellen auf, die ihre Flüssigkeiten durch winzige Perforationen, die Hoftüpfel, weiterreichen. So begrenzen sie den Schaden durch Lufteinschlüsse auf einen kleinen Gefäßbereich und brauchen keine größeren Leitsysteme neu zu bilden. Aber es gibt noch weitere Möglichkeiten des Frostschutzes.

Manche Pflanzen bilden Zucker und Alkohole, um die Eisbildung innerhalb ihrer Zellen zu verhindern. Sie pumpen auch Wasser aus den Zellen, damit bei Frost die Eiskristalle zwischen den Zellen, in den sogenannten Interzellularräumen entstehen, wo sie relativ wenig Schaden anrichten können. Die Salze und andere leblosen Bestandteile der Flüssigkeit bleiben innerhalb der Zellvakuolen und setzen ihren Gefrierpunkt herab.

Unter bestimmten Bedingungen bleibt Wasser bis minus 39 Grad Celsius flüssig; auch die Sibirische Lärche nutzt die Gefrierpunkterniedrigung, um ihre Knospen vor Frost zu schützen. Bildet sich das Eis in der Knospenhülle, geben die lebenden Zellen

Tagsüber verbergen sich Gleithörnchen in ihren Baumlöchern und schlafen. Aber nachts werden sie quicklebendig: Mit ihren Flugmembranen gleiten sie bis zu 50 Meter weit.

Wasser ab und erhöhen dadurch die Konzentration der Salze und frostschützenden chemischen Substanzen. So überleben die Bäume des gefrorenen Waldes Temperaturen bis zu 70 Grad unter Null.

Eisgekühlte Raupen

Ein ähnlicher Vorgang wie bei den Pflanzen spielt sich auch in einigen Insekten ab, beispielsweise dem Sibirischen Seidenspinner. Die Raupen ernähren sich von Lärchennadeln und brauchen immerhin zwei Jahre, bis sie ihre Verwandlung zum Schmetterling abgeschlossen haben. Zum Ende des Sommers verschwinden sie unter der Erde, geben Wasser an den umgebenden Boden ab und stellen im Körper synthetisch Glyzerin her – ein natürliches Frostschutzmittel, durch das sie auch Temperaturen unter dem Gefrierpunkt aushalten können. Auf dieselbe Weise überleben andere Schmetterlinge wie Trauermantel und Kleiner Fuchs den Frost auch überirdisch, wo sie sich zwischen Ästen oder Steinen einschmiegen.

Wie man sich warm hält

Wenn der Winter nach Sibirien kommt, dann kommt er mit eisiger Faust, besonders in den Werchojansker Bergen. Beißende Polarwinde heulen über die Taiga und überziehen die Landschaft mit wirbelnden Schneestürmen. In der schneidenden Kälte von minus 50 Grad Celsius friert der Nebel und macht das Atmen zur Qual; obendrein versperrt er dem kleinen Rest von Wärme, den die Sonne um diese Jahreszeit ausstrahlt, den Weg zur Erde.

Im Februar entsteht über Sibirien ein ausgedehntes Hochdruckgebiet (die Sibirische Antizyklone) und verzaubert die Landschaft. Morgens steigt die Sonne in einer zitronengelben Aura durch den Nebel und wirft ihr Licht auf die glitzernde Pracht; friedlich liegt die Zuckergußwelt in der klaren, windstillen Luft. Sechs Stunden später ist der Tag bereits vorüber, der Himmel im Westen flammt tiefrot. Was die Sonne an Wärme mitbrachte, wurde vom gleißenden Schnee reflektiert; der Rest zieht ungehindert von Wolken in den sternklaren Nachthimmel.

Die Sibirier sind diese extremen Lebensbedingungen gewohnt und nehmen sie recht gelassen hin. Wenn es »richtig« kalt wird (ab minus 60 Grad Celsius), laufen die Automotoren Tag und Nacht, um das Einfrieren zu verhindern. An vielen Stellen liegt die Arbeit lahm. Wasser speichert man draußen neben den Holzscheiten – als Eisblöcke. Unbedeckte Finger erfrieren innerhalb von Sekunden, und der feuchte Atem legt sich als eisige Kruste über das Gesicht. Es ist fast unglaublich, daß Warmblüter in dieser bitteren Kälte aktiv bleiben können. Und doch schaffen es einige.

Warm bleiben heißt das oberste Gebot. Aber wie halten Lapplandmeisen und Polarbirkenzeisige ihre kleinen Körper im klirrenden Frost auf einer Temperatur von 41 Grad Celisus? Ihr dichtes und feines Gefieder schützt sie ausgezeichnet gegen Wärmeverlust; auf jedem Quadratmillimeter Haut wachsen 100 Daunen – die effektivste Isolierung im ganzen Tierreich. Die Federn legen eine dicke Luftschicht um den Körper; je kälter es draußen wird, desto steiler richten die Vögel ihr Gefieder auf und desto dicker wird die Isolationsschicht.

Wird es dann knackig kalt (so etwa ab 30 Grad unter Null), vermeiden die Vögel jede unnötige Bewegung. Kein Pfeifen, kein Flattern – wie aufgeplusterte kleine Wollbällchen verharren sie stumm auf den Zweigen und sitzen den Frost aus. Das spart lebenswichtige Energie. Sinkt die Temperatur noch weiter, verlassen die Vögel kaum noch ihre Ruheplätze und kuscheln sich in kleinen Gruppen aneinander; auch lassen sie ihre Körper während der Nacht auf 38 Grad abkühlen – so reduzieren sie ihren Energiebedarf um mehr als die Hälfte und können sich bei geringer Nahrungsaufnahme in den Frühling retten.

Der seidige Zobel

Sibiriens durchdringende Kälte hat den großen und kleinen Räubern der Taiga zu dichten, wärmenden Pelzen verholfen, wegen derer ihnen der Mensch zum Teil unerbittlich nachstellt. Zu diesen Pelzträgern gehören Rotfuchs, Wolf, Vielfraß, Nerz, Hermelin, Sibirisches Feuerwiesel, Mauswiesel sowie Stein- und Baummarder. Aber das schönste Fell von allen trägt der Zobel, ein mittelgroßer Marder, der fast ausschließlich in den Wäldern Sibiriens und Kamtschatkas zu Hause ist.

Marder sind langgestreckte Raubtiere, etwa katzengroß, mit behaarten Sohlen und buschigem Schwanz. Die meisten leben auf Bäumen und fangen selbst die flinken Eichhörnchen mit erstaunlichem Erfolg. Zobel können zwar auch ausgezeichnet klettern, halten sich aber vorwiegend am Waldboden auf, wo sie Polarrötelmäuse und andere kleine Säugetiere jagen und mit heftigen Genickbissen ihrer scharfen Zähne töten. Hier und da plündern sie auch ein Vogelnest oder einen Wildbienenstock, sammeln Kiefernzapfen, begnügen sich mit einer Schnecke oder fangen einen Fisch.

Zobelfelle variieren von Tiefschwarz bis Ockergelb, meist aber sind sie braun; anders als Wiesel und Hermeline behalten sie ihre dunkle Färbung im Winter. Die

Nur wenige Polarbirkenzeisige bleiben den Winter über in der Tundra;
die meisten wandern südwärts in die Taiga.

untere Schicht des Zobelpelzes ist weich und sehr dicht, darüber liegen die langen, glänzenden Deckhaare.

Das Winterfell des Zobels war bei den Menschen schon immer sehr begehrt. Für die zaristischen Kaufleute und Kosakenhorden war es sogar ein wichtiger Beweggrund zur Eroberung Sibiriens, und noch heute wird mit den Pelzen ein schwunghafter und lukrativer Handel getrieben. Die Nachfrage überstieg schnell das Angebot, die Preise schnellten in die Höhe, und die Tiere wurden hemmungslos bis in die hintersten Winkel des Landes verfolgt, bis sie nahezu überall ausgerottet waren.

Nach der Russischen Revolution schränkte man die Jagd etwas ein und begann, den Zobel in einigen seiner früheren Lebensräume wiederanzusiedeln. Bereits 1916 hatte man die Region Bargusin – knapp 2600 Quadratkilometer – am Nordostufer des Baikalsees zum Schutzgebiet erklärt, um das Überleben der wenigen Zobel zu sichern, die den Jägern entgangen waren.

Jeder Zobel braucht mehrere Quadratkilometer Nadelwald, um genügend Beute zu finden. Mittendrin liegt irgendwo sein Bau, meist in einem hohlen Baumstumpf

Das seidig-warme Fell des Zobels ist in der Modewelt hochbegehrt;
seinetwegen wurde das Tier bis an den Rand der Ausrottung gejagt.

oder einer Erdhöhle, von wo aus er seine Beutezüge unternimmt. Im April oder
Anfang Mai bringt das Weibchen zwischen drei und fünf nackte, blinde Junge zur
Welt; nach gut einem Monat öffnen sich ihre Augen, und ihr erstes flauschiges Fell
ist gewachsen.

Im Hochsommer ist das Weibchen erneut paarungsbereit. Sie gibt ihr Einzelgängerdasein kurzzeitig auf und sucht sich scheinbar wahllos ihre Partner, mit denen sie
insgesamt bis zu dreißig Mal kopuliert, um eine Empfängnis sicherzustellen. Die
befruchteten Eizellen nisten sich erst im Winter in die Gebärmutter ein, was die
Tragzeit auf 250 bis 300 Tage verlängert. Dieses Phänomen der verzögerten Einnistung
findet man auch bei anderen Säugern wie Dachsen, Wieseln und Robben. Dadurch
stellen die Tiere sicher, daß ihr Nachwuchs nicht ausgerechnet dann geboren wird,
wenn die Nahrung besonders knapp ist.

Als man erst einmal in der Lage war, Zobel regelmäßig zu züchten, begann die
»kommerzielle Produktion« der Tiere – etwa ab 1933. Die ersten Zobel wurden nicht
getötet, sondern in geeigneten Lebensräumen im weiten Rußland ausgesetzt, damit sie

sich dort wieder vermehren konnten. 20 Jahre danach hatte die Population wieder ihre Dichte früherer Jahrhunderte erreicht.

Noch heute ist der Handel mit Zobelfellen ein lukratives Geschäft; viele wildlebende Tiere werden jeden Winter von Jägern oder Fallenstellern erlegt. Manche hetzen sie mit Hunden auf Bäume, wo man sie leicht abschießen kann. Der überwiegende Teil der Felle aber kommt heute aus Pelztierfarmen, wo man die Tiere massenhaft züchtet – allein in Irkutsk verkauft der ansässige Pelzgroßhandel jährlich 160 000 Zobelfelle. Aber ob man die Zobel nun in freier Wildbahn jagt oder sie einem unwürdigen Leben und Sterben in Zuchtbetrieben aussetzt: Brauchen die Damen von Welt wirklich ihren Statuspelz?

Die großen Hirsche

Auch andere, größere Säuger der sibirischen Wälder werden vom Menschen genutzt – der Elch und der Maral, eine Unterart des Rothirsches. Elche sind im nördlichen Eurasien weit verbreitet. Diese ungewöhnlichen Hirsche sind auch die größten und schwersten Mitglieder ihrer Familie. Ein erwachsener Bulle erreicht bis zu 2,30 Meter Schulterhöhe und mehr als 800 Kilogramm Gewicht; sein mächtiges Schaufelgeweih spannt an die zwei Meter. Für die Bewohner Sibiriens spielten die Elche schon immer eine wichtige Rolle in der Nahrungsversorgung – noch heute sind manche Städte in ihrer Fleischversorgung fast ausschließlich auf Elche angewiesen. Inzwischen gibt es, um der Wilderei vorzubauen, eine Reihe von Zuchtbetrieben, die die Bevölkerung mit Fleisch und Milch der Elche versorgen.

Marale sind große Rothirsche (*maral* ist das russische Wort für »Hirsch«); mit anderthalb Metern Schulterhöhe, knapp 500 Kilogramm Gewicht und einem Geweih von etwa einem Meter kommen sie allerdings nicht ganz an die massigen Elche heran. Der weiche Bast ihrer wachsenden Geweihe enthält eine Substanz – Pantokrin –, die in Ostasien vielen Arzneimitteln beigemischt wird. Daher gibt es in der südlichen Taiga einige Züchter, die Herden halbzahmer Marale zu bestimmten Zeiten in Koppeln zusammentreiben und ihnen die Geweihe absägen, um das Pantokrin gewinnen und an die asiatische Kundschaft verkaufen zu können. Erfahrene Züchter sorgen im Winter für genügend Heu und anderes Futter, damit die Marale günstige Bedingungen zur Fortpflanzung finden.

Leben unter dem Schnee

Wie in der Arktis nutzen auch viele Tiere der Taiga den Umstand, daß es unter dem Schnee wärmer ist als darüber. So kleine Säuger wie Spitzmäuse und Polarrötelmäuse können nicht genug Wärme erzeugen, um während der kältesten Perioden an der eisigen Oberfläche zu überleben; allerdings muß die Schneedecke schon ziemlich dick sein, um wirksam zu isolieren.

Bei nur wenigen Zentimetern Schnee sieht man überall die Spuren kleiner Säugetiere; hin und her huschen sie auf der Suche nach Schutz und Nahrung. Erst ab einer Schneedecke von 15 bis 20 Zentimetern verschwinden die Spuren plötzlich − und mit ihnen die Mäuse − unter dem weißen Teppich. Deshalb meiden die Tiere auch die nahe Umgebung von Bäumen, weil dort der meiste Schnee in den Ästen liegenbleibt und nur wenig auf den Boden fällt.

Am gemütlichsten ist es für Mäuse und Lemminge dort, wo sich zwischen Erdboden und Schneedecke kleine Kammern erhalten haben − hier ist es mit minus fünf Grad Celsius deutlich milder als oben in der rauhen Welt des Lichtes. Hier knabbern die kleinen Nager an Flechten und Lärchenzweigen, und die Spitzmäuse schnappen sich ein Insekt oder anderes wirbelloses Tier. Solange es Nahrung gibt, kann man es hier aushalten!

Aber das Leben in der Tiefe bringt auch Probleme. Oft ist es in den Kammern warm genug, daß auch Pilze und Bakterien gedeihen und die Pflanzenmasse zersetzen; dabei entsteht giftiges Kohlendioxid. Passiert dies, graben die findigen Nager schnell Belüftungsschächte an die Oberfläche, aus denen sie ihre kleinen Köpfe in die kalte, frische Luft stecken. Polarrötelmäuse sind im Sommer recht streitlustige Einzelgänger; nun aber vergessen sie ihren Streit und kuscheln sich oft zusammen, um sich gegenseitig zu wärmen.

Auch Moorschneehühner und verschiedene andere Hühnervögel − Steinhuhn, Haselhuhn, Sichelhuhn und Auerhuhn − graben sich in den Schnee; im flachen Winkel verschwindet der Tunnel unter der Oberfläche und endet in einer geräumigen Kammer, die bei starkem Frost nur für wenige Minuten am Tag zum Fressen verlassen wird. Im Winter nimmt das Moorschneehuhn eine ballaststoffreiche Nahrung vor allem aus Weiden- und Birkenzweigen zu sich und hat dazu ein spezielles Darmsystem entwickelt. Das faserige Holz wird alle 15 Minuten als trockener Kot ausgeschieden, während die eiweißhaltigen Bestandteile in blind endenden Darmgängen verdaut und für den Stoffwechsel nutzbar gemacht werden.

Felsenauerhühner zupfen besonders gern die nahrhaften Lärchensprosse; auf ihren »Weideplätzen« im Lärchenwald wachsen die Bäume buschig in die Breite, weil sie die obersten Sprossen regelmäßig abfressen. Das sichert den Vögeln eine ständige Versorgung mit eiweißreicher Kost in erreichbarer Höhe.

Schneehasen und Hirsche profitieren besonders von den tiefhängenden Ästen, die vom Gewicht des Schnees heruntergedrückt werden; sie äsen dann Blätter und Flechten, die für den Rest des Jahres unerreichbar hoch hängen. Moschustiere können auf den Hinterbeinen stehend immerhin noch zwei Meter über dem Boden Nahrung an den herabhängenden Zweigen finden.

Frühling im gefrorenen Wald

Spät kommen die wärmenden Strahlen der Sonne, um den Winter zu vertreiben; noch im April wird es nachts bis minus 30 Grad Celsius kalt. Als einer der ersten nistet der Unglückshäher. 22 bis 24 Tage sitzt das Weibchen auf den Eiern, sorgsam darauf bedacht, die eisige Luft von den Embryos fernzuhalten – ihr rascher Tod wäre sonst unausbleiblich. Das Männchen kümmert sich derweil um Nahrung und füttert auch das Weibchen.

Von seinem Ausguck in einer kleinen Weide späht ein
Moorschneehuhn in die herbstliche Landschaft.

218

Dieser »Frühstart« bringt den Hähern vor allem bei der Nahrungssuche einen Vorsprung vor anderen Vögeln: Sie können sich gleich über die ersten Spinnen und Insekten hermachen, die der schmelzende Schnee und das freundliche Wetter aus dem Boden locken. Ende Mai, wenn die kleinen Unglückshäher flügge werden, legen die anderen Vögel ihre Eier – ein weiterer Leckerbissen für die junge Brut.

Das Tauwetter erreicht langsam auch die nördliche Taiga, und bald leuchtet der ganze Wald im frischen Glanz der zartgrünen Blätter. Viele Vögel kehren aus ihren Winterquartieren zurück und trällern mit den Daheimgebliebenen im Sonnenschein des Frühsommers um die Wette: Blauschwänze und Rubinkehlchen finden wieder ein reiches Angebot an Insekten und haben bald alle Nachwuchs.

In vielen Regionen der Taiga errichten Laubsänger ihre Reviere – Fitis, Gelbbrauenlaubsänger, Grüner und Wanderlaubsänger. Die Laubsänger sind am einfachsten durch ihren verschiedenartigen Gesang voneinander zu unterscheiden. Zahlreiche Drosseln stimmen flötend in den Frühlingschor ein. Rot- und Wacholderdrossel sind die häufigsten Arten der nördlichen Wälder, aber die Vielfalt steigert sich nach Süden hin, wo auch die Zahl der Beerensträucher zunimmt. Hier leben Schieferdrosseln, Naumanndrosseln und Erddrosseln neben den Amseln und Misteldrosseln, die man auch aus West- und Mitteleuropa kennt.

Das Frühlingserwachen in den Tälern wird durch die zahlreichen Flüsse beschleunigt, die das warme Wasser des Südens nordwärts in ihre noch vereisten Unterläufe schwemmen, dort das Eis aufbrechen und an ihren Ufern die Birken, Erlen und Weiden sprießen lassen. Entlang dieser Flüsse wachsen auch der herrliche orangefarbene Türkenbund und die rosa blühenden Schmalblättrigen Weidenröschen. Einer der längsten Flüsse der ehemaligen Sowjetunion ist der Jenissei, dessen Nebenfluß Angara als Überlaufventil für den Baikalsee dient – einem der größten biologischen Wunder dieser Erde.

Die blaue Perle Sibiriens

In der südlichen Taiga, dort, wo die hohen Berge Zentralasiens beginnen, liegt der Baikalsee. Russische Dichter haben ihn als »blaue Perle Sibiriens« besungen. Mit 636 Kilometern Länge und 80 Kilometern Breite ist dieses sichelförmige Schmuckstück einer der schönsten Seen der Welt.

Südlich des Baikalsees erstrecken sich die endlosen mongolischen Steppen. Die einheimischen Burjäten, ein Volk mit buddhistischem Glauben, verehren den Baikalsee als heiliges Wasser. Warum, ist nicht schwer zu erraten – die stille Schönheit seiner

Landschaft ist im Reich des russischen Bären unerreicht. Bei ungetrübter Luft spiegeln sich die schneebedeckten, zerklüfteten Gipfel im kalten, klaren Wasser. Am westlichen Ufer des Sees erhebt sich ein Bergmassiv, das die Wasserscheide von Lena und Jenissei bildet, zwei der mächtigsten Flüsse Asiens.

Im Sommer ist der Baikal von leuchtendrosa und purpurnen Rhododendren umgeben; die Luft ist erfüllt vom Duft der Geißblattgewächse. Zum Herbst erstrahlen die Laubkronen in bunten Rotfarben, ähnlich den berühmten Ahornwäldern Neuenglands. Im schräg einfallenden Sonnenlicht funkeln die Birken silbern zwischen den Koniferen und verleihen dem See einen unvergleichlichen Zauber. Aber der Baikalsee bietet nicht nur eine herrliche Landschaft, er ist auch in anderer Hinsicht einzigartig.

Der See liegt in der tiefsten und steilsten kontinentalen Senke unseres Planeten. Heißwasserquellen deuten darauf hin, daß die Verwerfungen der Erdkruste noch aktiv sind – sie verbreitern den See jedes Jahr um zwei Zentimeter. Die umgebenden Felsen stürzen im Baikal so steil nach unten, daß der See nur wenige Steinwürfe vom Ufer entfernt bereits mehrere hundert Meter tief ist.

Seine zumeist unzugänglichen Ufer haben auch die Menschen abgehalten, sich dort in größerer Zahl anzusiedeln – glücklicherweise! An seiner tiefsten Stelle liegt der schlammige Grund mehr als 1,6 Kilometer unter der Oberfläche; kein Sonnenstrahl dringt bis hierher vor, und die Temperatur beträgt nahezu konstant vier Grad Celsius. Dennoch leben in dieser Finsternis kleine Schalentiere, Schwämme und bizarr geformte Fische. Spuren im weichen Grund verraten auch die Anwesenheit von Würmern und Weichtieren. Dieser Schlamm ist nur die Oberfläche einer gewaltigen – möglicherweise fünf Kilometer dicken – Sedimentschicht, die sich im Laufe der 25 Millionen Jahre während Existenz des Baikalsees angesammelt hat.

Mit seiner Oberfläche von 31 500 Quadratkilometern ist er zwar »nur« der siebtgrößte See der Welt, aber in seiner enormen Tiefe speichert der Baikal mehr Süßwasser als jeder andere See – die fast 23 Millionen Kubikmeter stellen etwa ein Fünftel der Weltvorräte dar. Alle Flüsse dieser Welt bräuchten zusammen ein ganzes Jahr, um dieses riesige Becken zu füllen! Etwas pragmatischer gesehen, könnte der Baikalsee die gesamte Menschheit fast 50 Jahre mit Trinkwasser versorgen.

Sommerregen und die zahlreichen Zuflüsse speisen den großen See. 336 Bäche und Flüsse stürzen aus den umliegenden Bergwänden hinunter und bringen aus der Taiga in Form von Pollen und verrottender Pflanzenmasse wertvolle Nährstoffe mit. Neben den vielen kleinen Bächen gibt es allerdings nur zwei größere Flüsse: Die Hälfte der

Über der Braunbärküste am Baikalsee liegen dicke Nebelschwaden.

jährlichen Einspeisung von 60 000 Kubikmetern bringt der Selenga mit sich, der nach 1480 Kilometern Weg aus der Mongolei in die Ostseite des Baikal mündet.

Seine Sedimente haben ein 40 Kilometer breites Delta entstehen lassen, eine der wenigen seichten Stellen, an der sich Wassergeflügel und Watvögel tummeln und wo Reiher auf Beutefang staksen. Im Sommer finden die Asiatischen Schlammläufer, schnepfenähnliche Watvögel, hier eine Zuflucht, und Weißflügelseeschwalben bauen ihre schwimmenden Nester in die schilfbewachsenen Lagunen. Im August und September kommen viele Gäste von ihren nördlichen Brutgebieten angeflogen und erholen sich in den Sümpfen des Baikal, bevor sie nach Süden weiterreisen.

Nur ein Wasserlauf fließt aus dem Baikalsee heraus: der Angara, der an der äußersten südwestlichen Spitze des Baikal beginnt. Bis zu einem Kilometer breit schneidet er sich durch die Berge. Nach 1853 Kilometern fließt er mit dem 4130 Kilometer langen Jenissei zusammen und bildet somit eines der längsten Stromsysteme der Welt.

Das leicht alkalische (laugensalzige) Wasser des Baikal ist sehr sauber und außerordentlich sauerstoffreich – im Sommer ist die oberste Schicht durch die Photosynthese des pflanzlichen Planktons sogar manchmal mit Sauerstoff übersättigt.

Wenn heftige Stürme, oft ohne Vorwarnung, über den See fegen, peitschen sie die Oberfläche zu tausenden glitzernder Schaumkronen. Diese plötzlichen Böen sind zwar für die Baikalfischer gefährlich, bringen dem See aber einen lebenswichtigen Vorteil: In ihren Turbulenzen wirbeln sie, besonders im Herbst, sauerstoffreiches Wasser bis tief in die unteren Schichten, wo immerhin noch 80 Prozent Sättigung erreicht werden können.

Gefahren für den Baikalsee

Leider ist auch die Perle Sibiriens durch den Menschen bedroht. Zunächst kamen die Holzfäller und schlugen gewaltige Breschen in die scheinbar unerschöpfliche Taiga. Ohne den Halt der Baumwurzeln wurde die blanke Erde massenhaft in den See gespült, und Berge von Baumstämmen und Bruchholz verstopften die Flüsse oder zerstörten Laichplätze der Fische. Im verrottenden Holz wucherten Bakterien und raubten dem See stellenweise den wichtigen Sauerstoff.

Besonders heimtückisch aber wirken sich die giftigen Abwässer auf die Reinheit des Baikalsees aus. Mehr als 100 Fabriken machen sich inzwischen schon an seinen Ufern breit und kippen jedes Jahr Millionen Tonnen Dreck in das einst kristallklare Wasser, darunter auch hochgiftige Schwermetalle. Die schlimmsten Naturschäden entstehen in der Nähe zweier Zellstoff-Fabriken, eine am Südufer bei Baikalsk, die andere am Selenga. Die umliegenden Landwirtschaftsbetriebe spülen Chemikalien und Gülle in den See. Auch der Selenga selbst bringt aus der Mongolischen und Burjätischen Republik eine Menge Abwasser mit: Allein Ulan-Ude, die burjätische Hauptstadt, leitet über kaum behandeltes Kloakenwasser jährlich 635 Tonnen Nitrat in den Selenga. Bislang scheint sich die Vergiftung des Baikalsees auf die Regionen um die Abwassereinleitungen zu beschränken, aber wenn die wachsenden internationalen Bemühungen um den Schutz des Sees keine Wirkung zeigen, wird der Glanz der Perle Sibiriens wohl bald für immer verblassen.

Weiß-graue Flechten wachsen zwischen Moosen und Herbstlaub
am Rande des Baikalsees; im Gebiet der einstigen Sowjetunion gibt
es über 5000 Arten dieser niederen Pflanzen.

Hartes Eis und Fliegenschwärme

Die Wassermassen des Baikalsees wirken auch auf das örtliche Klima ein: Die Frühsommer sind kühler, die ersten Winterwochen dafür etwas wärmer als in der weiteren Umgebung. Die Tiefe des Wassers verzögert auch das Überfrieren. Erst im Januar bildet sich eine glasklare Eisschicht, durch die man weit in die kristallene Tiefe blicken kann. Mit zunehmender Dicke trübt sich das Eis; Ende Februar ist es 80 bis 120 Zentimeter dick und trägt sogar Autos und schwere Lastwagen, die den Baikalsee dann als Durchgangsstraße benutzen – wahrscheinlich die beste in ganz Rußland! In den frühen Tagen der Transsibirischen Eisenbahn überquerten sogar Züge den gefrorenen See auf einem extra gelegten einspurigen Gleis.

Anfang Mai beginnt die Eisschicht vom südlichen Ende her aufzubrechen; mächtige Eisblöcke schieben und türmen sich unter lautem Knarren und Quietschen in- und übereinander, wenn der Wind auf den See drückt. Mit dem Aufbrechen des Eises beginnt eines der merkwürdigsten zoologischen Phänomene, das der Baikal zu bieten hat.

Aus den ufernahen Spalten zwischen den Eisblöcken krabbeln kleine schwarze Insekten hervor. Es sind die Jugendstadien einer Köcherfliege der Gattung *Radema,* die als erste einer ganzen Reihe von Arten aus dem Wasser steigen. Die frostigen Temperaturen ließen wohl die meisten kaltblütigen Lebewesen erstarren, aber die Zellchemie dieser Insekten hat sich an die eisige Umgebung angepaßt. Nach dem Schlüpfen klettern die Fliegen an Land und entfalten ihre Flügel. Viele der Larven haben es nicht geschafft, rechtzeitig an die Oberfläche zu gelangen – das schmelzende Eis gibt die gefrorenen Insekten nach und nach frei. Die flinken kleinen Zitronenstelzen und Bachstelzen

Diese Zellstoff-Fabrik in Baikalsk schleudert Dreck in die Luft und pumpt Gift in den See – die industrielle Verschmutzung bedroht das ökologische Gleichgewicht der blauen Perle Sibiriens.

können sich allemal freuen. Ob gefroren oder krabbelnd: Die Fliegen sind ein wahrer Festschmaus.

Die Köcherfliegen des Baikalsees haben wegen der Kälte ein besonders langes Larvenstadium. Wenn sie dann geschlüpft sind, erinnern sie mit ihren großen haarigen Flügeln eher an kleine Falter als an Fliegen. Nun ist ihr Leben auch bald wieder zu Ende, denn ihre Mundwerkzeuge sind nur schwach ausgebildet; die Erhaltung der Art scheint ihr einziger Lebenszweck zu sein. Nach der Paarung legen die Weibchen die Eier sehr nahe ans Ufer – den einzigen Teil des Sees, der für die wasserlebenden Larven seicht genug ist.

Unter den mindestens 20 Arten von Köcherfliegen, die es am Baikalsee gibt, sind auch einige ganz ungewöhnliche. Anfang Juni, noch bevor das letzte Eis geschmolzen ist, sind ganze Uferstriche bedeckt mit geschlüpften *Thamastes dipterus* und *Baicalina reducta.* Sie versuchen nicht zu fliegen, sondern schlittern wie Eisläufer über die glatte Oberfläche. Die hinteren Flügel sind verkümmert, und das mittlere Beinpaar ist zum Schwimmen ausgebildet; Körper und Flügel sind mit wasserabweisenden Haaren bedeckt, die das Einsinken der Insekten verhindern.

Die flugunfähigen Köcherfliegen schwimmen in der Abenddämmerung ans Ufer und verstecken sich unter Steinen oder hinter Treibholz; wie schwarzer Schaum säumen sie das Ufer. Wenn der Tag anbricht, wandern sie wieder aufs Wasser und paaren sich dort. Dann sieht es aus, als bedeckte ein Ölfilm das Wasser.

Das spektakulärste Massenschwärmen der Köcherfliegen veranstaltet Anfang Juni die recht große Art *Baicalina bellicosa.* An stillen Tagen steigen die Larven an die Oberflächen, treiben einige Zeit im Wasser und schlüpfen dann aus ihrer Haut. Abends ist die Luft am Ufer von schwirrenden Fliegen erfüllt, Millionen legen sich wie eine schwarze Haut über die Bäume. Aber beim leisesten Windstoß lassen sie sich auf den Boden fallen und werden dort zu einer leichten Beute.

Die schwärmenden Horden locken sogar die Braunbären aus dem Wald. Nach ihrem Winterschlaf suchen sie jetzt frische Kräuter, Beeren vom letzten Herbst oder vielleicht das vergessene Futterlager eines Streifenhörnchens. Die eiweißreichen Fliegen kommen da gerade recht. Abends wandern die Bären – meist Mütter mit ihren Jungen – am Wasser entlang, drehen die Steine um und schlecken die daraufsitzenden Köcherfliegen ab. Haben sie sich sattgefressen, ziehen sich die Bären bis zum nächsten Tag wieder in den Wald zurück.

Oben: Im Winter überfriert der Baikalsee vollständig; Eiszapfen an
den vorstehenden Uferfelsen bilden einen gläsernen Vorhang.

Rechts: In dichten Wolken schwärmen Köcherfliegen
am Ufer des Baikalsees.

Eine einmalige Fauna

Der Baikalsee ist ein echtes biologisches Wunder; von seinen 1800 Tierarten leben 1200
nur hier. Viele, wie die Köcherfliegen, haben sich an die eisige Kälte Sibiriens angepaßt.
Süßwasserschwämme wachsen im Baikalsee in mannshohen Wäldern wie sonst nirgendwo. Manche sehen aus wie Finger, andere erinnern an Vasen oder griechische
Amphoren. Riesige Plattwürmer (Planarien) gleiten über den Grund; anderswo werden
sie meist nur einen bis zwei Zentimeter lang, aber im Baikal wächst eine Art auf fast
einen halben Meter heran!

Der Grund für diese einzigartige Tierwelt ist zum einen die lange Geschichte des Baikal, zum anderen seine Größe. Seen sind – jedenfalls in geologischen Zeitdimensionen – kurzlebige Biotope, und so fehlt den darin lebenden Tieren und Pflanzen meist die Zeit, eigene und typische Merkmale zu entwickeln. Beim Baikal ist das anders: Es gibt ihn schon seit wenigstens 25 Millionen Jahren; damit ist er der älteste See der Welt.

Viele der ursprünglichen Baikalbewohner, zum Beispiel die Vorfahren der Schwämme oder der Borstenwurm *Manayunka baicalensis,* stammten aus dem nördlichen Urmeer, das sich südwärts bis ins Herz Sibiriens ausdehnte. Andere, einschließlich einiger primitiver Krustentiere, die noch heute hier leben, haben sich in all den Jahren kaum verändert: Für sie war der See ein Refugium, in dem sie ohne den evolutionären Wettbewerb ungestört leben konnten.

Aber nicht nur sein Alter begründet die einmalige Wassertierwelt des Baikal. Nachdem das Urmeer abgeflossen war, lag der See in einer flachen Senke. Im Laufe der vielen Jahre wurde er durch Erdbewegungen immer tiefer (ein Vorgang, der heute noch andauert), faßte immer mehr Wasser und wurde entsprechend immer kälter, so daß viele Tiere, die mit den Flüssen in den See geschwemmt oder aus der Taiga hereingeweht wurden, wegen der niedrigen Temperatur nicht heimisch wurden.

Diejenigen, die blieben, paßten sich an das kalte Wasser an. Folglich konnten sie aber nicht mehr in die umliegenden flacheren Seen zurückkehren, die im kurzen, aber heißen sibirischen Sommer deutlich wärmer werden als der Baikal. So hat der Schmelztiegel der Evolution im Baikalsee seine ganze schöpferische Kraft entfalten können und eine endemische Artenvielfalt hervorgebracht, die auf der Welt ihresgleichen sucht.

Krustentiere im Baikal

Die Krustentiere haben im Baikalsee einige besonders interessante Vertreter hervorgebracht. Da sind zunächst einmal die wurmartigen Bathynelliden aus der Verwandtschaft der Garnelen. Diese lebenden Fossilien sind fast durchsichtig und leben in großer Tiefe.

Garnelen sind im Baikalsee besonders vielseitig vertreten: In allen Größen und Formen leben hier 255 Arten, ein Drittel davon ist endemisch. Manche, wie *Acanthogammarus maximus* mit sieben Zentimetern Länge, sind groß und plump und ähneln den gepanzerten Garnelen am Grund der Antarktis. Andere sehen mit ihren sonderbaren Hautauswüchsen wie vorsintflutliche Relikte aus.

Einige Arten, wie *Macrohectopus branckii,* haben eine pelagische Lebensweise wie im offenen Meer entwickelt und fressen Plankton; mit ihren langen Schreitbeinen und den

Golden schimmern diese Flohkrebse auf dem leuchtend grünen
Schwamm; außer ihnen leben noch viele andere
endemische Tierarten im Baikalsee.

typischen Antennen erinnern sie schon eher an die Garnelen, die wir kennen. Andere leben sogar auf dem tiefsten Grund des Sees; sie sind meist farblos und haben rote Augen. Mit ihren hochsensiblen Fühlern tasten sie sich durch ihre Welt der ewigen Finsternis.

Die kleineren Arten treten manchmal in astronomischen Mengen auf – bis zu 30 000 Tiere pro Quadratmeter. Hier grasen sie das Pflanzenbett ab oder schnappen sich herabsinkende organische Teilchen. Besonders merkwürdig verhalten sich kleine Flohkrebse, die sogenannten Baikalpferdchen, die auf steinigem Untergrund nahe der Ufer leben. Ab und zu greifen sich diese kaum reiskorngroßen Tierchen zwei Steinchen mit ihrem mittleren und hinteren Beinpaar, die extra für diesen Zweck ausgebildet scheinen. Warum sie das tun, ist nicht klar: Vielleicht wollen sie sich tarnen, vielleicht hoffen sie auch, einem hungrigen Jäger den Appetit zu verderben.

Eine wichtige Rolle in der Nahrungskette des Baikalsees spielen die winzigen *Epischura baicalensis:* Diese Krebschen sind die Hauptvertilger von Plankton und Bakterien. Im August wimmelt die obere Schicht des Sees von kleinen *Epischura,* an denen sich die Baikalfische gütlich tun.

Eine Vielfalt an Fischen

Mit über 50 Fischarten kann der Baikalsee aufwarten – einige davon gibt es sonst nirgendwo auf der Welt. Besonders faszinierend sind die Baikalgroppen. Ihr Urahn war vermutlich ein Meeresfisch, aber in den Jahrmillionen der Isolierung haben sie sich

Eine endemische Garnele säubert die Gräten eines toten
Fisches von den letzten eßbaren Resten.

mangels Konkurrenz in über 25 Arten aufgespalten und an das Leben im Süßwasser angepaßt.

Ebenso hübsch wie auffällig sehen die Männchen der Gelbflossengroppe während der Laichzeit aus: Ihre enorm vergrößerten Brustflossen leuchten in sattem Safrangelb und lassen sie wie exotische Schmetterlinge aussehen. Jedes hat sich im angewärmten Wasser in Ufernähe eine Steinhöhle gesucht, die es gegen andere Männchen verteidigt, und versucht nun, ein oder zwei Weibchen hineinzulocken und zur Eiablage zu bewegen. Wenn ihm das gelingt, bewacht es den Laich, bis die Fischlein schlüpfen und schwärmen. Damit ist seine Aufgabe erfüllt, und das Männchen verschwindet in der Tiefe des Sees und stirbt.

Andere Fische bewohnen die unendlichen Tiefen. Die Ölfische sind im Baikal mit zwei Arten endemisch. Der etwa 25 Zentimeter lange Große Ölfisch ist der häufigste Fisch im See. Ein bißchen ungewöhnlich sieht er schon aus: Sein durchsichtiger, schuppenloser Körper mit den langen Brustflossen verleiht ihm etwas Geisterhaftes, wenn er aus der pechschwarzen Tiefe des Grundes bis auf 40 Meter unter die Oberfläche aufsteigt.

Wie Tiefseefische kommen die Großen Ölfische mit dem Dunkel und der eisigen Kälte am Grunde des Baikalsees gut zurecht. Es ist schon erstaunlich, wie sie den gewaltigen Druckabfall schadlos überstehen, wenn sie nachts in die oberen Wasserschichten aufschwimmen. Dort werden sie wegen ihres enormen Ölgehalts von den Fischern gefangen. Weibliche Ölfische legen bis zu 2000 Eier; die Jungen schlüpfen genau in dem Moment, wenn die Eier den Mutterleib verlassen, und vermitteln dem Betrachter den Eindruck einer Lebendgeburt.

Die wirtschaftlich bedeutsamsten Fische des Baikal sind aber die silbrig geschuppten und sehr schmackhaften Omuls, die zu den Renken gehören und damit entfernte Verwandte der Lachse und Forellen sind. Ursprünglich müssen die Omuls über den Jenissei und den Angara eingewandert sein, möglicherweise erst vor relativ kurzer Zeit. Fünf bis sieben Jahre dauert es, bis die Fische ausgewachsen sind; die kleinere Unterart, die im Angara laicht, erreicht dann bis zu 40 Zentimetern Länge und knapp 500 Gramm Gewicht, während die Selenga-Omuls deutlich schwerer werden – das größte gefangene Exemplar wog fast sieben Kilogramm!

Im Winter bleiben die meisten Omuls 200 oder 300 Meter unter der Eisdecke, aber bei den ersten Anzeichen der Frühlingsschmelze schwärmen sie in Richtung Ufer, angezogen von den Myriaden von Köcherfliegen. Später im Jahr, wenn die Sommersonne das Wasser erwärmt hat und der Rogen der Weibchen herangereift ist, ziehen die Omuls in den Mündungsbereich der Zuflüsse, beispielsweise des Selenga, und warten dort einige Wochen, bis die Temperatur auf etwa acht Grad Celsius gesunken ist.

Zwischen August und Oktober ist das Wasser dann kühl genug, und die Fische steigen stromaufwärts, um auf den steinigen Flußbetten abzulaichen. Lockend klatschen die Männchen ihre Schwänze auf die Wasseroberfläche. Bald reagieren die

Weibchen, und jedes legt Zehntausende von Eiern zwischen die rundgewaschenen Kiesel, um sie von der Milch ihres Gatten befruchten zu lassen. Im November sind alle Fischeltern in den See zurückgekehrt; sie überlassen die Brut sich selbst und erholen sich erst einmal von der Anstrengung. Sobald im Frühling das Eis auf dem Baikalsee zu schmelzen beginnt, werden Milliarden kleiner Omuls von den schwellenden Flüssen herab in den See geschwemmt. Der Empfang ist nicht gerade freundlich: Viele werden gleich von ihren Eltern gefressen; wer durchkommt, endet in einigen Jahren vielleicht im Netz eines Fischers oder im Magen des bekanntesten Baikal-Säugers – der Ringelrobbe.

Eine ganz besondere Robbe

Vermutlich wanderten die Vorfahren der Baikal-Ringelrobbe in der letzten Eiszeit über den Angara und Jenissei in den Baikalsee ein. Ihre Ahnen ähnelten vermutlich der

Oben: Wie ein Geist aus der Finsternis taucht der durchscheinende Körper eines Großen Ölfisches aus der schwarzen Tiefe des Baikalsees auf.

Seite 232/233: Wie in Silber getaucht, versammeln sich Omuls im klaren Wasser eines Baikal-Zuflusses, um dort abzulaichen.

Eismeer-Ringelrobbe, denn die Baikal-Ringelrobben werden von einer ähnlichen Laus (*Echinophtirius horridus baicalensis*) parasitiert wie diese. Heute leben etwa 60 000 dieser putzigen Tiere im nördlichen und mittleren Teil des Sees.

Baikal-Ringelrobben sind nur etwa anderthalb Meter lang, dafür dick wie kleine Fässer. Mit ihren vorwärts gerichteten Augen sehen sie für Robben außergewöhnlich gut; anders könnten sie ihre Lieblingsspeise, die Großen Ölfische, in der schummrigen Tiefe des Sees wohl nicht jagen. An den Vorderflossen tragen sie kräftige Krallen, mit denen sie im Winter ihre Luftlöcher im harten Eis freihalten.

Für die Geburt ihrer Jungen müssen die Baikal-Ringelrobben an Land kommen. Ausgerechnet in der kältesten Jahreszeit, zwischen Ende Februar und Anfang April, ziehen sich die Weibchen in Schnee- oder Eishöhlen am Ufer zurück, so daß ihre Neugeborenen wie in einem kleinen Iglu den schneidenden Winden nicht schutzlos ausgesetzt sind.

Mit seinen sonnengelb leuchtenden Brustflossen hat dieses Männchen
der Gelbflossengroppe ein Weibchen in eine Felshöhle gelockt;
bald wird sie ihren Laich ablegen.

Baikal-Ringelrobben sonnen sich auf den Felsen der
Uschkani-Inseln; die kräftigen Krallen an den Vorderflossen helfen
ihnen im Winter, im harten Eis Luftlöcher freizuhalten.

Kurz nach der Geburt sind die Weibchen schon wieder paarungsbereit. Stets halten die Mütter ein Schlupfloch ins Wasser offen, falls ihnen Gefahr durch umherstreifende Wölfe oder durch Menschen droht. Bis zu 6000 Robben − sowohl erwachsene als auch pelzige Jungtiere − werden hier jährlich ihrer Felle wegen abgeschlachtet. Die zur Tarnung ganz in Weiß gekleideten Jäger spannen Netze über die Luftlöcher im Eis und spüren die Robben mit ebenfalls weiß getarnten Booten und Schlitten auf; Jagdhunde schnuppern am Ufer entlang, um die in ihren Iglus versteckten Jungrobben ausfindig zu machen.

Wenn das Eis im Frühsommer geschmolzen ist, sind die Jungen alt genug, um sich ins Wasser zu wagen und ihre ersten Groppen und Ölfische selbst zu fangen. Wenig später beginnen sie ihren Haarwechsel und ziehen sich an felsige Strände zurück, wo sie den größten Teil der Sommertage in der Sonne dösen oder sich ausgiebig putzen. Ein solcher Treffpunkt sind die Uschkani-Inseln: Bis zu 4000 Robben verbringen hier den Sommer.

Wertvolle Hirsche

In den Wäldern um den Baikalsee lebt eine kleine Hirschart, die wegen ihrer Kletterkünste typisch für die mittleren, bewaldeten Höhenlagen der asiatischen Gebirge ist – das Moschustier.

Moschustiere erreichen fast die Größe unserer mitteleuropäischen Rehe. Was ungewöhnlich ist: Die Männchen tragen kein Geweih, statt dessen aber ein Paar hauerartige Eckzähne im Oberkiefer; das verleiht ihnen einen etwas traurigen Gesichtsausdruck. Der Sibirische Moschushirsch ist die größte Unterart. Aufgrund seiner stark verlängerten Seitenhufe (Afterzehen) klettert er äußerst gewandt über Steilhänge, überquert gemsenhaft sicher Geröllhalden und ersteigt sogar mühelos schräge Bäume bis in die Krone, um dort Blätter, Zweige und Flechten abzufressen.

Seit Jahrhunderten werden die männlichen Tiere wegen ihres Moschusdrüsenbeutels gejagt, der sich mit der Geschlechtsreife zwischen Nabel und Penis bildet. Er enthält ein rotbraunes, stechend riechendes Gelee, das zu einem schwarzen Pulver getrocknet und stark verdünnt in teuren Parfüms und der asiatischen Volksmedizin verwendet wird. Jedes Tier produziert nicht mehr als 20 bis 30 Gramm Moschus, so daß jährlich nur etwa 320 Kilogramm zu astronomischen Preisen den Weltmarkt erreichen – über 100 000 DM kostet ein Kilo in Japan! Dafür sterben jährlich fast 13 000 Hirsche, niedergestreckt von den langtragenden Gewehren der Profitjäger. Kein Wunder, daß die Tiere in freier Wildbahn immer seltener geworden sind.

Anders als die meisten Hirsche leben Moschustiere nicht in Rudeln, sondern ziehen als Einzelgänger durch ihre wenige Quadratkilometer großen Territorien, die sie mit dem öligen Sekret aus ihren Analdrüsen an Bäumen und Sträuchern markieren. Im November beginnt die Brunft im eisigen Winterwald. Die Hirsche sind jetzt streitsüchtig, verjagen sich gegenseitig aus den Territorien und lassen es hier und da auf einen Kampf ankommen – die dolchartigen Hauer können verheerende Wunden schlagen, an denen der getroffene Rivale nicht selten zugrunde geht. Auch mit den Weibchen gehen die Hirsche nicht gerade zimperlich um; ziemlich barsch werden sie zur Paarung genötigt. Ist die Zeugung erfolgreich, dann kommen im April die Kälber zur Welt – gerade rechtzeitig, um in der satten Vegetation des Frühlings das Leben zu genießen.

Im Jahre 1739 erkundete der preußische Naturforscher Georg Wilhelm Steller mit seinen Begleitern den Baikalsee und entdeckte dabei viele der Wissenschaft bisher

unbekannte Tiere und Pflanzen der Perle Sibiriens, darunter auch die Robben. Sein Abstecher zu diesem herrlichen Naturparadies dauerte aber nicht lange; Steller wollte weiter nach Osten, Kamtschatka bereisen und sich dort der zweiten Expedition von Vitus Bering anschließen – auf der Suche nach dem Tor zur Neuen Welt.

Ganz lang macht sich dieses männliche Moschustier,
um an die Baumflechten zu gelangen.

KAPITEL SIEBEN

AUS FEUER GEBOREN – DER FERNE OSTEN RUSSLANDS

VIELE TAUSEND KILOMETER von Europa entfernt, dort, wo Eurasien am Pazifik endet, erstreckt sich eine wilde, schöne Landschaft voller Gegensätze – der russische Osten am Stillen Ozean. Der nördliche Teil dieses Küstenstreifens ist fest in der eisigen Hand der Arktis, während der Süden im Sommer unter Einfluß des Monsuns mit tropenhafter Üppigkeit gesegnet ist. Dieses Land entstand durch gewaltige Kräfte, die unter dem Grund des Pazifiks am Werk waren und noch heute Feuer und glühende Magma aus dem Erdinnern hervorschleudern. Die Kolyma- und Sichota-Alin-Berge sind Teile einer erloschenen Vulkankette, aber auf der Halbinsel Kamtschatka speien noch 33 aktive Vulkane ihre Lava aus.

Kamtschatka ist eine 1200 Kilometer lange bergige Wildnis; zwischen schwelenden Vulkanen stürzen unzählige Flüsse und Bäche zu Tal und winden sich durch ausgedehnte Ebenen sumpfiger Tundra. Obwohl die Halbinsel fast so groß wie Japan ist, leben dort nur 250 000 Menschen, die meisten um die Hauptstadt Petropawlowsk-Kamtschatski herum.

Von der Südspitze aus führt die Inselgruppe der Kurilen wie aufgereihte Trittsteine direkt nach Japan. Die zerklüftete Ostküste stemmt sich in den Pazifik; klamme Nebelwände und niedrige Wolkenbänke ziehen von dort über Kamtschatka hinweg. Während des langen Winters bringen die arktischen Stürme häufigen Schneefall. Allein

Mächtige Dampfwolken steigen aus dem Mitnowskij,
einem von 33 aktiven Vulkanen auf
der Halbinsel Kamtschatka.

im August und September wird das durchdringend-nieselige Klima von einigen wärmenden Sonnentagen abgelöst.

Der Feuerkranz

Das felsige Fundament Kamtschatkas ist sehr alt – wenigstens 600 Millionen Jahre –, aber was von der Halbinsel heute aus dem Wasser ragt, stammt aus vulkanischer Aktivität der jüngeren Zeit. Sowohl Kamtschatka als auch die Kurilen gehören zu einer Vulkankette, die den ganzen Pazifik umringt: Dieser Abschnitt ist besonders unruhig – die 70 aktiven Krater von Kamtschatka bis Japan schleudern jährlich fast ein Fünftel aller vulkanischen Emissionen der Welt in die Luft.

Der Grund für die vulkanische Aktivität ist die sogenannte Kontinentaldrift. Die Erdkruste ist nach den Erkenntnissen der Geotektonik keine zusammenhängende Masse, sondern besteht aus mehreren einzelnen Platten, die sich durch Strömungen in der flüssigen Masse des oberen Erdmantels voneinander weg oder aufeinander zu bewegen. Erdbeben und Vulkanausbrüche entstehen in den Schwächezonen der Erdrinde, also dort, wo die driftenden Platten kollidieren.

Kamtschatka ist ein solcher Ort: Hier trifft die gewaltige Pazifische Platte auf die eurasische Landmasse und schiebt sich jedes Jahr mehrere Zentimeter mit titanischer Kraft unter den Kontinent. Dabei wird ihre Vorderkante um etwa 45 Grad nach unten weggedrückt und schafft einen acht Kilometer tiefen unterseeischen Graben entlang der Kurilen sowie eine Kette untergetauchter Vulkane. Der ungeheuere Druck beim Aufeinanderprallen der ozeanischen und kontinentalen Platte läßt weiteres Gesteinsmaterial schmelzen; dieses glühende Magma tritt dann entlang der Bruchzone als lavaspeiende Vulkane an die Oberfläche. Die Landschaft aus Asche und Lava auf Kamtschatka ähnelt so sehr einer Mondlandschaft, daß die sowjetische Raumfahrt dort ihre Mondfahrzeuge testete.

Mitten auf Kamtschatka, über einem sogenannten Hotspot, erheben sich zwölf mächtige Krater, die zusammen die Kljutschewskaja-Kette bilden – drei davon über 4000 Meter hoch. Zum Vergleich: Der Vesuv erreicht gerade mal 1277 Meter, der Ätna immerhin 3323 Meter und der Fujijama 3776 Meter. Aber alle werden übertroffen vom Blischnij Ploskij (4030 Meter), vom Kaman (4617 Meter) und schließlich vom Kljutschewskaja-Sopka – mit 4750 Metern der höchste Vulkan Eurasiens. Erst vor 7000 Jahren entstand er, also zur gleichen Zeit, als in Ägypten die ersten Pyramiden gebaut wurden.

Wie die meisten Vulkane Kamtschatkas erheben sich die schneebedeckten Kegel des Kljutschewskaja-Sopka in einem wunderbaren Ebenmaß; bei klarer Luft kann man sie noch aus 130 Kilometern Entfernung sehen. An den Hängen des Vulkans gibt es zwar über 50 Nebenkrater und kleinere Ausbrüche, aber die meisten großen Eruptionen erfolgen vom Gipfel aus. Seit man 1697 mit den Aufzeichnungen begann, ist der Kljutschewskaja-Sopka über 70mal ausgebrochen – zuletzt 1990 –, worin er nur noch vom Ätna als dem aktivsten Vulkan der Welt überboten wird.

Meist begnügen sich die Krater der Kette mit mehr oder minder heftigem Verpuffen von Rauch und Asche oder leichten Ausstößen von Lava, aber manchmal gibt es verheerende Explosionen. 1907 erwachte der kleine Schtubelja zum Leben und verdunkelte den Tag in einem gewaltigen Ascheregen. Als sich der Schutt gelegt hatte, war die Schneedecke fast ganz Kamtschatkas von einer Schicht scharfkantiger Steinsplitter bedeckt, so daß kaum mehr ein Schlitten fahren konnte.

1956 explodierte der 3100 Meter hohe Besymjanjj aus der Kljutschewskaja-Gruppe mit ähnlicher Heftigkeit wie 1980 der St. Helens im US-Bundesstaat Washington. Lange hatte man den wenig bekannten Krater für erloschen gehalten, doch plötzlich kam er im September 1955 in Aufruhr und brach am 22. Oktober aus. In den folgenden Monaten rumorte er noch hin und wieder, schien sich aber im März 1956 endgültig beruhigt zu haben. Um so überraschender kam das Inferno am 30. März: In einer kolossalen Explosion flogen die oberen 200 Meter des Bergkegels in die Luft; 4000 Kubikmeter Schlacke wurden fast 40 Kilometer hoch in die Stratosphäre geschleudert, Gesteinsbrokken flogen mit einer Geschwindigkeit von 500 Metern pro Sekunde über Kamtschatka, Blitze und ohrenbetäubender Donner brachen aus den immer neu pulsierenden Aschewolken.

Der ungeheure Luftdruck entlaubte Bäume und Sträucher noch in 30 Kilometern Entfernung. Bis zu 60 Kilometer vom Detonationszentrum fielen massige Gesteinsbrokken wie Bomben vom Himmel, und der glühende Ascheregen erleuchtete die Nacht taghell. Gleichzeitig wirbelte eine flüssig-heiße Lawine aus Magma und Gas die Berghänge hinab und erstickte die umliegenden Landstriche. Eingeschlossenes Grundwasser begann zu kochen – heiße Fontänen schossen aus dem Boden, schmolzen den Schnee und ließen eine 20 Meter mächtige Schlammflut zu Tal stürzen, die alles mitriß, was sich ihr in den Weg stellte. Glücklicherweise ist Kamtschatka so dünn besiedelt, daß selbst bei den gewaltigsten der bisherigen Ausbrüche nur selten Menschen zu Schaden kamen.

Brodelnder Schlamm, tödliche Seen und Geysire

Über Jahrtausende hinweg haben die speienden Vulkane eine Landschaft entstehen lassen, die an fremde Welten erinnert. Etwa ein Drittel der 350 000 Quadratkilometer Kamtschatkas besteht aus Bimsstein- und Lavawüsten, unterbrochen von zahlreichen Gletschern, blubbernden Schlammpfuhlen und heißen Quellen, aus denen leuchtend gelber Schwefel und eine bunte Palette anderer chemischer Substanzen aufsteigen. Im erloschenen Trojotskowo-Krater ruht ein kleiner türkisblauer See mit tödlichem Inhalt: Das einladend pastell-zarte Wasser ist nämlich ein ätzendes Gemisch aus Schwefel- und Salzsäure! Der Awatschinskaja-Sopka und der Mitnowskij bergen geheimnisvolle Welten aus Dampf und geschmolzener Lava, die Luft ist getränkt vom Geruch nach faulen Eiern – so kann man sich Dantes *Inferno* vorstellen!

In dieser Vulkanlandschaft fehlen auch Geysire nicht; erst 1941 entdeckte man im heutigen Naturschutzgebiet Kronotskij 20 solcher Heißwasserquellen. Der Velikan ist besonders eindrucksvoll: Alle fünf Stunden schießt für etwa 40 Sekunden eine Fontäne aus Dampf und Wasser 25 Meter hoch in die Luft. Das ist zwar nicht gerade Weltrekord – im amerikanischen Yellowstone-Nationalpark oder in Rotorua auf Neuseeland sprudeln die Geysire höher und öfter –, aber die Einheimischen sind trotzdem stolz auf ihr jüngstes Naturschauspiel.

Die Pflanzen Kamtschatkas profitieren von der vulkanisch erwärmten, mineralreichen Erde. In geschützten Tälern wachsen sie im nitrat- und phosphatdurchsetzten Boden sehr schnell und hoch – die üppig-dichten Wiesen entlang der Flußufer verbergen mühelos einen Menschen oder einen Bären. Das hier vorkommende Mädesüß wird zwei Meter hoch, der Kälberkropf fast vier Meter, und die Kamtschatkanesseln schießen drei Meter in die Höhe – sonst nur von den beißenden Brennesseln Zentralafrikas erreicht!

Die niederen Lagen der Halbinsel sind von Fichten- und Lärchenwäldern bedeckt, an den Küstenstreifen schleifen Wind und Wetter die Birken- und Weidengehölze zu bizarren Formen. Trotz der harten Bedingungen überdauern die zähen Birken Jahrhunderte und bringen ein äußerst hartes Holz hervor. In etwas höheren Lagen wachsen

Hübsch anzusehen liegt dieser türkisblaue See im schwarzen
Vulkangestein. Aber der einladende Schein trügt:
Das Wasser ist in Wirklichkeit ein ätzendes
Bad aus Salz- und Schwefelsäure.

Der kleine Geysir auf Kamtschatka schießt kochendes Wasser
aus dem Lavagestein.

nahezu undurchdringliche Erlendickichte, in die sich selbst die Braunbären tunnel-
artige Breschen schlagen müssen. Kamtschatka hat sogar einen eigenen Baum: *Abies
gracilis.* Diese Silbertanne mit ihren langen, weichen Nadeln erreicht eine Höhe von bis
zu 20 Metern und ist heute als eiszeitliches Relikt auf ein Wäldchen von nur 19 Hektar
begrenzt.

In den unwirtlichsten Gebieten Kamtschatkas breiten sich alpine Wiesen und
Heideland aus, in denen eine gemischte Flora aus arktischen und südasiatischen
Pflanzen ein eher kümmerliches Dasein fristet. Arktischer Mohn und Zwergweiden
wachsen neben endemischen Rhododendren wie *Rhododendron kamchatkensis,* dessen
winzige rote Blüten kaum das niedrige Gras überragen. Andere Rhododendren wachsen
strauchartig und zieren im Juli zusammen mit Tigerlilien und wilden Rosen die
Landschaft mit ihren prächtig goldenen Blüten.

Pioniere der Naturgeschichte

Die Naturgeschichte dieses Teiles der Welt ist untrennbar mit zwei Männern verbunden – dem russischen Botaniker Stepan Petrowitsch Kraschenninikow (1713–1755) und dem deutschen Naturforscher Georg Wilhelm Steller (1709–1746). Ihr Schicksal führte sie auf einer der ersten wissenschaftlichen Expeditionen zusammen, die unter der Leitung des dänischen Seefahrers Vitus Bering stand. Auftraggeber war Peter der Große: Er wollte den russischen Osten erkunden lassen und erfahren, ob vielleicht eine Landverbindung zwischen dem Zarenreich und der Neuen Welt besteht.

Bereits 1725 war Bering deshalb von Kamtschatka nach Norden gesegelt, allerdings ohne großen Erfolg. 1733 plante er eine zweite Expedition, mußte sich aber etliche Jahre mit Behörden und Organisationsproblemen herumschlagen, bevor er endlich zusammen mit Fachleuten verschiedener Gebiete, darunter Steller und Kraschenninikow, lossegeln konnte.

Die abenteuerliche Reise

Im Frühjahr 1741 stachen zwei kleine Schiffe von der Awatschabucht in See, die *St. Peter* und die *St. Paul* – 16 Jahre nach Berings erstem Versuch, die sagenhafte Nordwestpassage zu finden oder zu widerlegen. Die lange Wartezeit hatte seinen Forschungseifer deutlich gedämpft, dennoch machte er sich mit der *St. Peter* auf den Weg; Steller fungierte auf ihr gleichzeitig als Schiffsarzt. Von Beginn an segelten die Männer unter einem unglücklichen Stern: Ihr Versorgungsschiff war durch die Unfähigkeit des Steuermannes an Felsklippen zerschellt und gesunken – die Besatzungen der kleinen Schoner litten Hunger und Durst. Bald nach Verlassen Kamtschatkas meuterte der Kapitän der *St. Paul* gegen Bering und segelte auf eigene Faust weiter, um Nordamerika als erster zu erreichen – sein Plan sollte kläglich scheitern.

Bering segelte indessen südlich der Aleuten durch den Nordpazifik weiter, und am 15. Juli 1741 meldete der Ausguck »Land in Sicht!« – Alaska war erreicht. Auf der langen Fahrt war der Kapitän immer schwermütiger geworden; seine Gedanken kreisten nur noch darum, die Besatzung möglichst bald und sicher nach Sibirien zurückzuführen. Steller hingegen konnte es kaum erwarten, seinen Fuß endlich auf amerikanischen Boden zu setzen. Am 18. Juli war es soweit.

Die *St. Peter* ankerte vor den Kayakinseln; allerdings hatte der mürrische Kapitän seinen Leuten nur einen Tag an Land zugebilligt. Steller war bitter enttäuscht: Nach zehn Jahren der Vorbereitung hatte er gerade mal zehn Stunden, um das Land zu

Von einem Wolkenband umgürtet überragt einer von Kamtschatkas
mächtigen Vulkanen die Landschaft.

erkunden und Exemplare aus Flora und Fauna zu sammeln. Mit einer Gruppe, die Bering zum Wasserholen an Land geschickt hatte, betrat Steller als einer der ersten Europäer Alaska.

Schon bald entdeckte er einen Vogel, der ihm merkwürdig bekannt vorkam – jetzt konnte er sicher sein: Er war wirklich in Amerika. In einem Buch von Mark Catesby, *Die Naturgeschichte von Carolina, Florida, etc.,* aus dem Jahre 1731 hatte er vor Jahren das Bild eines Blauhähers gesehen. Stellers Neuentdeckung war nur etwas anders gefärbt und heißt heute Schwarzkopfhäher oder wissenschaftlich nach seinem Entdecker: *Cyanocitta stelleri.* Auch alte Bekannte traf er: Blaurückenlachse laichten – damals wie heute – auch in den Flüssen Kamtschatkas.

Auf der Rückfahrt wurde die *St. Peter* von Stürmen durchgeschüttelt, und fast alle Männer erkrankten an Skorbut. Es kam noch schlimmer. Beim Auffüllen der Vorräte auf einer Insel an der westlichen Spitze Alaskas nahm man verseuchtes Wasser an Bord, an dem ein Großteil der Besatzung bald darauf starb. Endlich tauchte am 4. November Land aus den stürmischen Wogen des Pazifik, aber der ersten Freude folgte schnell tiefe

Verzweiflung, als Bering feststellte, daß man nicht Kamtschatka, sondern eine unbekannte Insel weit östlich von Sibirien erreicht hatte – heute heißt sie Beringinsel und zählt zur Kommandeurgruppe.

Bering beschloß, mit seiner geschwächten Mannschaft auf dem Eiland zu überwintern. Auf wundersame Weise schaffte er es, sein angeschlagenes Schiff über Felsen in eine geschützte Bucht zu manövrieren. Doch bereits wenige Wochen darauf wurde es während eines Sturmes zerschmettert. Erschöpft von der Anstrengung und Verzweiflung über das Schicksal verschlechterte sich Berings Gesundheitszustand zusehends. Er starb am 8. Dezember. Die beiden überlebenden Offiziere waren zu krank, um die Führung zu übernehmen, also ergriff Steller das Kommando.

Die Beringinsel war zwar von Menschen unbewohnt, bot den halbverhungerten Gestrandeten aber eine Fülle von Tieren, um sich zu ernähren. Viele Meeressäuger tummelten sich in den Küstengewässern: Seeotter glitten und tauchten durch die Seetangwiesen, und Seelöwen – später nach Steller benannt – tummelten sich im Flachwasser; gelegentlich wurde ein verirrter Wal an den Strand getrieben, so daß die Schiffbrüchigen sich reichlich mit Fleisch und Tran versorgen konnten. Das Überleben der Mannschaft schien gesichert, und so konnte sich Steller an die Erkundung der Insel machen. Dabei entdeckte er eine Reihe von Geschöpfen, die der Wissenschaft bis dahin unbekannt waren.

Stellers Entdeckungen

Besonders beeindruckend müssen für Steller die gigantischen Seekühe gewesen sein, die in den flachen Küstengewässern die Kelpwiesen abästen. Diese Meeressäuger hatten entfernte Ähnlichkeit mit Robben, besaßen aber Schwanzflossen, wie sie ihre überlebenden Verwandten, die Rundschwanzseekühe (Manatis) und die Gabelschwanzseekühe (Dugongs) der tropischen Gewässer, auch aufweisen. Die nächsten Verwandten der Sirenen, wie die Seekühe auch genannt werden, sind – man sollte es kaum glauben – die Elefanten, mit denen sie einen gemeinsamen Vorfahren haben. Als einzige wasserlebende Säuger sind sie reine Pflanzenfresser.

Die Stellerschen Seekühe waren echte Kolosse: Mit acht Metern Länge und sechs Tonnen Gewicht übertrafen sie ihre tropischen Vettern um ein Vielfaches. Leider sollte Steller der einzige Forscher bleiben, der diese großen Sirenen in ihrem Lebensraum beobachten konnte; daher sind seine Aufzeichnungen so bedeutend. Er stellte fest, daß die massigen Tiere vor lauter Fett größtenteils über der Wasseroberfläche schwammen. Am liebsten schienen sie zu fressen: Unaufhörlich zupften sie das Seegras vom Meeresgrund, wobei sie »nach Art der Pferde« ein lautes Schnauben von sich gaben. Die Lippen waren mit kräftigen Borsten besetzt, wobei jene an der Unterlippe »Federkielen von Hühnern glichen«. Zähne hatten sie nicht. Ihre Haut war außerordentlich dick und faltig und erinnerte, so Steller, an »die Rinde einer alten Eiche«. Daher erhielt die Stellersche Seekuh auch den Namen Borkentier. Ihre Ohren waren zwischen Hautlappen versteckt.

Die Seekühe zeigten sich als gesellige Wesen; Erwachsene beider Geschlechter lebten mit ihren Jungen in Herden zusammen. Die russischen Seeleute schätzten sie verständlicherweise als schwimmende Speisekammer: Steller berichtet, daß eine erwachsene Seekuh etwa drei Tonnen Fett und Fleisch lieferte, das wie Rindfleisch schmeckte.

Die Stellerschen Seekühe sollten die Entdeckung durch ihren Namensgeber nicht lange überleben. Die vormals weitverbreiteten Meeressäuger – fossile Funde reichen von Japan bis Mexiko – waren wegen ihrer friedfertigen Wesensart schon für die prähistorischen Jäger eine leichte Beute. Die Population, die Steller 1741 entdeckte, war in ihrem entlegenen Refugium den Nachstellungen als letzte ihrer Art entgangen. Das sollte sich ändern. Stellers Fund setzte den tödlichen Countdown für die 1500 Überlebenden der sanften Riesen in Gang.

Während der nächsten 25 Jahre wurde die Beringinsel immer wieder von den Schiffen russischer Jäger angelaufen, die mit den mühelos erlegten Seekühen ihre Laderäume füllten. Trotz ihrer Größe waren die massigen Tiere völlig wehrlos. Wurde ein Mitglied der Herde angegriffen, scharten sich die anderen hinzu, statt zu fliehen, und setzten sich somit ebenfalls den tödlichen Harpunen aus. Bereits 1755 hatte ein russischer Geologe das bedrohliche Schwinden der Seekühe an die Behörden gemeldet und Maßnahmen zum Schutz gefordert, war aber mit einem Achselzucken abgewiesen worden. 1768 starb das letzte Tier unter den Harpunen seiner Schlächter.

Auf der Beringinsel entdeckte Steller auch eine neue Kormoranart, einen etwa gänsegroßen Vogel mit metallisch grünem Gefieder und bronze glänzenden Flügeln, dessen Fleisch »drei Männer sättigte«. Aufgrund seiner weißen Augenringe erhielt er den Namen Brillenkormoran. Brillenkormorane waren mit ihren stummeligen Flügeln schlechte Flieger, und so ereilte sie das Schicksal vieler zutraulicher Vögel entlegener Inseln – sie wurden von den Seeleuten vorbeifahrender Wal- oder Robbenfänger einfach totgeschlagen und waren binnen eines Jahrhunderts für immer vernichtet. Nur sechs Tiere gelangten in Museen.

Als es Frühling auf der Insel wurde, flogen unermeßliche Scharen von Seevögeln ein.

Trottellummen und Dreizehenmöwen ließen sich auf den Klippen nieder, während die Gryllteisten ihre zinnoberroten Füße und schmucken weißen Flügelschilde lieber auf den Küstenfelsen zur Schau stellten. Gänseschwärme zogen auf ihrem Weg in die Arktis lärmend über die Insel hinweg, und zahllose Eiderenten im Prachtkleid schaukelten auf den sanften Wellen. Die Erpel einer besonders kleinen Art trugen ein schwarz-weißes Gefieder mit rötlicher Unterseite, die Köpfe groß und weiß. 1769 taufte Pallas diese Art *Steller's Eider – Polysticta stelleri;* bei uns heißt sie Scheckente. Anders als die Seekühe und Brillenkormorane leben diese kleinen Enten noch heute auf der Beringinsel und entlang der Küsten Alaskas und Sibiriens.

In der zweiten Maihälfte versammelten sich an den Stränden der Beringinsel die Seelöwen, und wenige Wochen später folgten riesige Herden von Nördlichen Seebären, auch Pelzrobben genannt: Die Luft war von dem ohrenbetäubenden Lärm blökender

Die Scheckente brütet in der Tundra Nordostsibiriens und
überwintert am liebsten im südlichen Beringmeer.

»Heuler«, wiehernder Mütter und röhrender Männchen erfüllt. Wie Steller berichtet, waren die Kolonien derart dicht gedrängt, daß sich niemand ohne Gefahr für Leib und Leben durch die Masse der Tiere hindurchwinden konnte. Menschen hatten diese Robben noch nie zuvor gesehen, und so konnte Steller die Tiere in ihrem urtümlich-unbefangenen Verhalten beschreiben. Seine Beobachtungen sind bis heute unübertroffen.

Stellersche Seelöwen und Nördliche Seebären haben viele Gemeinsamkeiten. Beide gehören zu den Ohrenrobben, die den Walrossen näher stehen als den Hundsrobben wie Seehund, Kaspi- oder Baikal-Ringelrobbe. Die Männchen sind deutlich größer und schwerer als die Weibchen und tragen mächtige, struppige Mähnen. Die größten, dominantesten und aggressivsten Männchen paaren sich mit den meisten Weibchen. Ein ausgewachsener Seebärenbulle wiegt mit 250 Kilogramm etwa das Fünffache eines zierlichen Weibchens – dieser Unterschied zwischen den Geschlechtern wird unter den Säugetieren nur noch vom Südlichen See-Elefanten erreicht.

Der Stellersche Seelöwe ist die größere der beiden Arten; die Leitbullen wiegen über eine Tonne. Der sexuelle Wettbewerb erklärt die Evolution dieser massigen Bullen. Sie erreichen die Kolonien vor den Weibchen und bekämpfen sich heftig, um sich die besten Plätze am Strand zu sichern, an denen sie ihren Harem anlegen können. Wenn die Weibchen dann ankommen, verschärft sich der blutige Kampf noch, weil die Bullen nicht nur ihre Territorien verteidigen, sondern auch noch versuchen, darin die meisten

Stolz überblickt der Bulle der Nördlichen Seebären seinen Harem.
Er wiegt fünfmal soviel wie jedes der Weibchen.

Weibchen zu versammeln. Wer in dem Ringen die meiste Kraft und Ausdauer beweist, zeugt auch mehr Nachwuchs als die schwächeren Gegner − Evolution in Perfektion!

Wie zu Stellers Tagen leben beide Arten noch heute im nördlichen Pazifik, allerdings sind sie seither drastisch weniger geworden. Schuld daran ist − wen wundert es noch − wieder einmal der Mensch, der in seiner unersättlichen Gier nach den weichen Fellen die Populationen überall dezimierte. Auf den Pribilofinseln lebten 1870 schätzungsweise 4,5 Millionen Nördliche Seebären, 1914 zählte man nur noch 200 000 Tiere.

1911 unterzeichnete Rußland eine internationale Vereinbarung zum Schutz der Seebären, und so erholte sich der Bestand auf gegenwärtig etwa 1,3 Millionen auf den zu Amerika zählenden Pribilofinseln und weitere 350 000 auf russischem Gebiet, vor allem auf den Kommandeurinseln − dort, wo Steller sie entdeckt hatte. Über Winter halten sich die meisten vor der Küste Japans auf.

Die Stellerschen Seelöwen sind seltener als die Seebären, zumal sie in den letzten Jahren unter einem katastrophalen Geburtenrückgang leiden. Auf der Kommandeurinsel Mednoj, den Kurilen und an den Küsten des Ochotskischen Meeres verteilen sich ungefähr 250 000 Seelöwen. Auf Mednoj leben insgesamt etwa 7000 Tiere, die jährlich nur 200 Junge hervorbringen. Im Vergleich dazu leben hier rund 40 000 Nördliche Seebären, die jedes Jahr um die 20 000 Junge haben. Noch vor 20 Jahren konnte man 10 000 Seelöwen in einer einzigen Kolonie finden − der dramatische Rückgang dieses großen Meeressäugers ist bis heute unerklärlich.

Stellers Expedition brachte auch Pelze von Seeottern heim, den einzigen Meeressäugern, die ohne Speckschicht unter der Haut auskommen und statt dessen von ihrem dichten wasserabweisenden Haarkleid warm gehalten werden und Auftrieb erlangen. Sie verwenden auch viel Zeit auf die Fellpflege; dabei tanzen sie wie Korken auf den Wellen. Junge Seeotter haben ein so dichtes Fell, daß sie überhaupt nicht untergehen. Der herrliche Pelz blieb auch den Jägern nicht verborgen, und so kreuzten die Fangschiffe der Pelzhändler bereits wenige Monate nach Stellers Entdeckung die Beringstraße auf und ab, um die Seeotter zu jagen.

Einst gab es sehr viele Seeotter im Nordpazifik; hier und da töteten die wenigen Einheimischen einige Tiere, um sich wärmende Kleidung zu nähen. Aber als man den Wert der Felle auf den lukrativen Weltmärkten erkannte, gab es kein Halten mehr: Zu Zehntausenden auf einmal schlachtete man die Otter. Die Nachfrage wuchs besonders bei den chinesischen Käufern, und so wüteten die Jäger nahezu unvorstellbar. Zum Ende des 19. Jahrhunderts hatten sie die Seeotter an den Rand der Ausrottung geschossen. Nur den scharfen Schutzbestimmungen der sowjetischen und amerikanischen

Gemütlich gleitet der Seeotter rücklings durch die Kelpwiesen.
Die violette Skelettfärbung mancher Seeotter rührt von ihrer
Lieblingsnahrung her – die äußere Schale der Seeigel
enthält diesen Farbstoff.

Regierung ist es zu verdanken, daß die Bestände sich erholen. Doch selbst heute schätzt man den Weltbestand auf relativ kümmerliche 120 000 Tiere. 20 000 leben in russischen Gewässern, mehr als die Hälfte davon an der Südspitze Kamtschatkas und auf der nördlichsten Kurileninsel.

Die meiste Zeit des Tages treiben die Seeotter im Wasser oder tauchen nach Nahrung. Untersuchungen ihres Kotes haben ergeben, daß die Tiere sich vorwiegend von Seeigeln (60 Prozent) ernähren und dies durch Weichtiere (23 Prozent), Krabben (zehn Prozent) und Fisch (sieben Prozent) ergänzen. Wie ihre nordamerikanischen Vettern tragen auch die russischen Seeotter kleine Steine auf dem Bauch, während sie rücklings durch das Wasser treiben; diesen benutzen sie wie einen Amboß und knacken damit die harten Schalen ihrer Beutetiere.

Als sich das Wetter auf der Beringinsel besserte, setzten die gestrandeten Seeleute alle Kraft daran, aufs Festland zurückzukehren. Es gelang ihnen, Teile ihres alten Schiffes zu bergen und ein neues zu bauen, das sie bis an den Rand mit Seekuhfleisch füllten. Im August 1742 stach die kleine Gruppe in See, und schon am Ende des Monats gingen die Überlebenden der Bering-Expedition in Petropawlowsk an Land. Trotz der widrigen Umstände konnte sich das Ergebnis ihrer Fahrt sehen lassen: Sie hatten Alaska gefunden, und Steller brachte eine Fülle neuer Erkenntnisse über Tiere und Pflanzen des Nordpazifik mit.

Aber dem großen Naturforscher waren nur noch wenige Jahre vergönnt; 1746 starb er, von Gläubigern durch Sibirien gejagt und nach harter Beugehaft, 37jährig an den Folgen einer fiebrigen Infektion. Zuvor hatte er noch viele weitere Tiere und Pflanzen Kamtschatkas beschrieben. Die Krönung seines kurzen, aber schaffensreichen Lebens ist vielleicht sein berühmtestes Buch, *De Bestiis Marinis,* über die Beobachtungen an den Meerestieren, das er während seiner Robinsonade auf der Beringinsel in einer kleinen Hütte unter erbärmlichen Bedingungen verfaßte. Fünf Jahre nach seinem Tod veröffentlicht, ist es bis heute ein Klassiker der Zoologie.

Stellers Forschung bestätigte, wie wichtig die biologische Kraft des Ozeans für die üppige Tierwelt des fernöstlichen Rußlands ist. Das gilt natürlich besonders für die Meeressäuger und Seevögel. Mehr als zwei Drittel aller Meeresvögel der früheren UdSSR – etwa 4,5 Millionen Brutpaare – leben in der Beringsee und im Ochotskischen Meer. Im Beringmeer brüten die größten Kolonien auf den Kommandeurinseln (500 000 Paare, darunter 1000 Paare der in diesem Bereich endemischen Klippenmöwe), der Insel Karagin an der Ostküste Kamtschatkas (200 000 Paare) und der Insel Werkoturowa im Golf von Karagin (50 000 Paare). Noch bedeutender ist das Ochotskische Meer: Hier brüten schätzungsweise 3 285 000 Paare, vor allem auf den nördlichen und mittleren Inseln der Kurilen wie Uschischir oder Broughton.

Diese enorme Ansammlung von Seevögeln ernährt sich aus den scheinbar unerschöpflichen Mengen von kleinen Fischen und Krill, die in den kalten, aber nährstoffreichen Gewässern des Nordpazifik leben. Manche der hier lebenden Vogelarten kennen wir auch aus anderen Gebieten, zum Beispiel die Dreizehenmöwe, den Tordalk oder die Dickschnabel- und Trottellumme. Andere gibt es nur hier, wie die Rotgesichtscharbe, die Meerscharbe und den Japankormoran, dazu Brillenteiste, Horn- und Gelbschopf- und sowie acht andere Arten von Alken, die das ökologische Gegenstück zu den Pinguinen der Antarktis bilden (mit denen sie aber nicht verwandt sind). Wie die Pinguine verfolgen die Alken ihre Beute unter Wasser, sind aber obendrein recht geschickte Flieger.

Besonders verbreitet ist der Schopfalk, ein lustiger drosselgroßer Vogel mit grauem Gefieder, strahlend weißen Augen und einem nach vorne gebogenen Federbüschel über seinem kurzen scharlachroten Schnabel. Schopfalken sind wie die meisten Alken sehr gesellige Tiere, und ihre wimmelnden Kolonien zeugen vom Überfluß an Planktonkrebsen, von denen sie sich hauptsächlich ernähren. Auf den Brutfelsen herrscht meist ein freundschaftliches Drängeln und Schieben. Im Frühling werden die Schopfalken besonders übermütig: Hier und da stürzen sich kleine Gruppen von den Klippen, schwirren und purzeln in waghalsigen Manövern durch die Lüfte und kehren ebenso unvermittelt auf den Felsen zurück.

Jedes Weibchen legt nur ein Ei, das es abwechselnd mit seinem Partner bebrütet. Auch wenn das Junge geschlüpft ist, teilen sich beide Eltern die Brutpflege: Einer bewacht das Nest, während der »dienstfreie« Partner sich mit einer Gruppe auf die Jagd begibt. Bis zu 65 Kilometer weit fliegen die Schopfalken aufs Meer hinaus zu ihren Fanggründen. Zum Sonnenaufgang kehren sie mit prall gefüllten Kröpfen zu ihren Brutfelsen zurück, ein Beweis, daß sie auch bei schwachem Licht ihre Beute problemlos aufspüren können.

In manchen Jahren gibt es drastische Einbrüche der Populationen, wenn die Witterung ungünstig ist oder die Planktonkrebse nicht wie gewohnt reichhaltig an der Oberfläche schwimmen. In diesen Zeiten schlüpfen nur aus einem Drittel der bebrüteten Eier Junge. Bei Nahrungsknappheit bleiben die Eltern oft lange von ihren Nestern weg, und die Küken fallen in eine Art Starre, um möglichst lange ohne Nahrung zu überleben.

Die ebenso kleinen Silberalken sind insofern ungewöhnlich, als die Weibchen, anders als bei den meisten Alken, zwei Eier legen; außerdem werden sie zu einer Zeit putzmunter, zu der andere Tiere fest schlafen − gegen ein Uhr morgens. Bereits bei Sonnenuntergang kündigt sich die Ablösung der Partner beim Brutgeschäft an: Die Silberalken, die den Tag mit Jagen und Ausruhen verbracht haben, versammeln sich im Wasser vor den Nistfelsen und stimmen einen zauberhaften Chor wie ein helltönendes Glockenspiel an. Später, wenn das Licht seinen schwächsten Punkt erreicht hat, steigen die Vögel nach einem kurzen Anlauf auf dem Wasser in die Luft und fliegen trotz der schlechten Sicht mit erstaunlicher Sicherheit ihre Bruthöhlen an; dabei werden sie von den lockenden Rufen der Daheimgebliebenen geleitet. Wenig später verlassen die abgelösten Partner das Nest und verschwinden in der Dunkelheit.

Schopfalken füttern ihren Nachwuchs mehrere Wochen rund und fett und verlassen dann das Nest; von nun an müssen sich die Kleinen alleine durchschlagen. Silberalken hingegen haben keinen Kropf, um größere Mengen Futter zu transportieren − also kürzen sie die Versorgung der Küken auf zwei Tage ab; dann müssen die

Die Seevögel der Familie *Alcidae* − Alken, Lummen und ihre
Verwandten − leben nur im kälteren Wasser der Nordhalbkugel.
Von der Felszinne schauen drei Rotschnabelalken (links)
aufs Meer; die Schopfalken (rechts) wandern
über ein Schneefeld.

Jungen lernen, sich selbst zu ernähren. In diesem Alter sind die flaumigen kleinen Silberalken noch sehr verwundbar; ihre Überlebenschancen verbessern sich aber dadurch, daß sie die gefährliche Reise von den Nisthöhlen zum Wasser im Schutze der Nacht unternehmen.

Die Küken schließen sich oft zu größeren Gruppen zusammen, um gemeinsam das Meer zu finden. Dabei verschwenden die golfballgroßen Winzlinge keine Zeit: Über Stock und Stein, durch Gräser und Büsche stolpern sie instinktsicher in Richtung Küste. Zum Schluß müssen sie nur noch den breiten Kieselstrand überwinden, und das Wasser ist erreicht, wo ihre Eltern schon warten. Aber es warten auch andere, weniger willkommene Vögel − hungrige Kamtschatkamöwen zum Beispiel. Während der Nacht haben die Möwen kaum eine Chance, aber sobald der Morgen dämmert, können sie ihre Beute sehen; mit dem Kopf voran schlingen sie die Küken hinunter, deren Beinchen bis zuletzt vergeblich im starken Schnabel strampeln, bevor sie im Schlund der Möwen verschwinden. Die kleinen Alken, die den Räubern entkommen, paddeln mit ihren Eltern aufs Meer hinaus.

Von den vielen Vogelarten, die um den Nahrungsreichtum des Ozeans wetteifern, hat jede eine etwas andere Nische besetzt. Die großen Alken bevorzugen Fische, der

Silberalk mit seinem pinzettenartigen Schnabel hat sich auf kleine Planktonfischchen spezialisiert, und die breitschnäbligen Alken ernähren sich vorwiegend von Krill und anderen planktischen Krebsen. Auch in der Fangtechnik gibt es Unterschiede. So leben zwar beide pazifischen Lunde von Fischen, die sie in ihren mächtigen dreieckigen Schnäbeln exakt quer hintereinander aufreihen und nach Hause bringen, aber der Gelbschopflund fliegt weit aufs offene Meer hinaus und jagt Heringe, wohingegen der Hornlund die Sandaale der flachen Küstengewässer vorzieht.

Während des Tages ziehen sich die Krillschwärme – kleine Garnelen – von der Oberfläche in tieferes Wasser zurück. Viele Alken müssen 30 Meter oder tiefer hinter ihnen her tauchen, um sie zu fangen. Schopfalken brauchen sich wegen ihrer scharfen Augen nicht so abzumühen: In der Abenddämmerung kommen die kleinen Krustentiere wieder an die Oberfläche und werden von den Vögeln leicht erbeutet. Dreizehenmöwen fressen auch gerne Krill, können aber nicht tauchen. Sie nehmen daher mit verletzten Tieren vorlieb, die an der Oberfläche treiben, oder mit solchen, die den Alken herunter-gefallen sind.

Nach Ende der Brutzeit verlassen die meisten Vögel das Land und verbringen den

Gelbschopflunde haben besonders kräftige, dreieckige Schnäbel
und zwei lange gelbe Federbüschel, die zu beiden Seiten
des Kopfes herabhängen.

258

Rest des Jahres auf offener See. Aber selbst wenn die Küstengewässer Kamtschatkas vereisen, finden sich noch Tiere ein, die weiterhin vom Krill- und Fischreichtum leben. Eines davon ist die Bandrobbe. Sie fällt vor allem durch ihre hübsche Zeichnung auf: Vier weiße Bänder legen sich um den Nacken, die Vordergliedmaßen und den hinteren Bereich des schwarzen Körpers. In der Beringsee und im Nordpazifik leben noch etwa 90 000 dieser eleganten Tiere. Ihre Jungen bekommen sie fast alle in der Bucht von Karagin.

Der König der Fische

Die Küstengewässer des östlichen Rußlands bieten auch noch genügend Nahrung für Millionen wandernder Lachse, von denen viele am Ende ihres langen Weges von den Landtieren Kamtschatkas und Sibiriens gefressen werden. Schon Kraschenninikow war von den Laichzügen der Lachse in Kamtschatka sehr beeindruckt. Wie er berichtet, zogen sie in solcher Zahl die Flüsse hinauf, daß diese über die Ufer traten. Er beschrieb auch genau die Unterschiede der fünf in und um Kamtschatka vorkommenden Arten. Am häufigsten sind der Blaurückenlachs, der Buckellachs und der Ketalachs. Der größte ist der Quinnat, der fast zwei Meter Länge erreichen kann. Er ist zugleich der schmackhafteste und liefert den besten roten »Kaviar«. Als fünfte Art kommt schließlich noch der Kisutchlachs hinzu.

Lachse verbringen die meiste Zeit ihres Lebens damit, sich im Nordpazifik und im Beringmeer fettzufressen; dann kehren sie in den Fluß zurück, in dem sie selbst geboren wurden, legen ihren Laich ab und sterben. Wenn die reifen Lachse vom Meer die Flüsse hinaufsteigen, beginnt für sie ein Spießrutenlaufen vorbei an den hungrigen Räubern, die überall am Wege auf diese fettreichen Fische lauern. Einige werden von Seehunden abgefangen. Zum Ende des Sommers, wenn die Lachswanderung ihren Höhepunkt erreicht, dösen Tausende der Seehunde auf den Sandbänken der Flußmündungen, gleiten von Zeit zu Zeit ins Wasser, greifen sich den erstbesten Lachs, der gerade vorbeischwimmt, und robben zurück auf den Sand. Auch Fischer legen ihre Netze in den Deltas der Flüsse. Schon zu Kraschenninikows Tagen waren die Lachse eine unverzichtbare Nahrungsquelle der Einheimischen, die sie mit Netzen und Flechtkörben aus dem Wasser fischten, wenn sie zu ihren Laichgründen wanderten. Dieser ungeheure Fischreichtum wurde schließlich sogar zum Politikum: Japan wollte zunächst die Fangrechte und meldete schließlich sogar Gebietsansprüche im Osten des zaristischen Rußlands an. Heute ist der Lachsfang ein lukrativer Wirtschaftszweig in Kamtschatka, auf Sachalin, im Norden des Ochotskischen Meeres und in den

Oben: »Aha«, mögen die Bärchen denken, »so geht das also!«
Ihre Mutter hat einen der ölhaltigen, nahrhaften Lachse
erwischt, die für den Winterspeck der Braunbären
Kamtschatkas so wichtig sind.

Seite 260/261: Zur Laichzeit wandern die Blaurückenlachse flußaufwärts;
tiefrot schimmern sie jetzt im funkelnd-klaren Wasser.

Flüssen Anadyr und Amur. Die Fischbestände werden, ähnlich wie beim Stör, durch
Beckenaufzucht und Aussetzen von Jungfischen kontrolliert.

Die laichenden Lachse bringen den Reichtum des Meeres nach Kamtschatka.
Monatelang haben sich Millionen von ihnen an den Nährstoffen des Nordpazifik
sattgefressen, nun werden sie selbst zur Beute für Mensch und Tier. Selbst im Tod
spenden ihre erschöpften Körper noch Segen: Die verwesenden Fische setzen große
Mengen Mineralien frei, die den Wuchs von Pflanzen und wirbellosen Wassertieren
anregen, von denen sich wiederum die frisch geschlüpften Junglachse ernähren. Tote
und sterbende Lachse werden auch von Vögeln gefressen – große Scharen von Kolkra-
ben und Kamtschatkamöwen versammeln sich und picken an den toten Fischen. Oft
gesellen sich auch Braunbären dazu; hier in Kamtschatka leben etwa 9000 der größten

Braunbären der Welt, die es an Länge und Gewicht mit ihren wohlgenährten Vettern, den Kodiakbären aus Alaska, aufnehmen können.

Für die Braunbären ist Kamtschatka eine Art Schlaraffenland – kurz bevor sie sich zum Winterschlaf zurückziehen, können sie sich an dem Überfluß an wilden Beeren und Lachsen noch einmal richtig sattfressen. Bis zu 20 000 Beeren oder knapp einen Zentner Fisch verspeist ein hungriger Bär am Tag! Die Kodiakbären Alaskas kommen oft in Gruppen zusammen, um gemeinsam in der Lachsflut zu schwelgen; die Kamtschatka-bären hingegen jagen einzeln. Sie dulden neben sich nur kleinere Aasfresser oder Greifvögel wie den Riesenseeadler.

Der mächtigste Adler

Auf der Beringinsel entdeckte Steller einen der eindrucksvollsten Raubvögel der Welt – den Riesenseeadler. Mit seinen durchdringenden Augen und dem mächtigen gelben Hakenschnabel verkörpert der riesige Vogel all jene Eigenschaften, die einen Adler ausmachen: Kraft, Macht und Würde. Er übertrifft an Größe noch den nordamerikani-schen Weißkopfseeadler und auch den Steinadler. Wie bei den meisten Greifen ist das Weibchen das stärkere Geschlecht: Etwas über einen Meter lang, klaftert es mit seinen breiten, teppichartigen Schwingen fast zweieinhalb Meter zwischen den Flügelspitzen. Die weiße Vorderseite der Flügel hat ihnen ihren russischen Namen eingebracht: *bjelopletschnij orlan,* der »Weißschulteradler«.

Wie die anderen acht Seeadlerarten der Welt lebt auch der Riesenseeadler haupt-sächlich von Fisch und Aas; nur selten greift er sich eine kleine Robbe, einen Eisfuchs, einen Hasen oder eine Gans. Bei der Jagd sitzt der Riesenseeadler oft stundenlang geduldig auf einem Ausguck und späht nach toten oder lebenden Fischen. Hat er ein Opfer entdeckt, schwingt er sich auf, stürzt sich aus der Richtung der Sonne – wenn sie denn scheint – auf seine Beute nieder und greift den schlüpfrigen Fisch mit seinen scharfen Krallen. Ist das Wasser seicht genug, watet er einfach hindurch und zieht den Leckerbissen mit seinem Hakenschnabel an Land.

Riesenseeadler, die den Sommer auf Vogelinseln verbringen, jagen mit einer anderen Technik: Regelmäßig patrouillieren sie die hochgelegenen Brutklippen der Alken und Möwen, ihre Schwingen weit gestreckt, um sich von den Aufwinden an den mächtigen Felswänden emportragen zu lassen. Sie versetzen die brütenden Vögel in Panik, indem sie nahe an den Nestern vorbeifliegen. Flieht ein erschreckter Elternvogel, greift ihn der Adler in der Luft oder versucht, das alleingelassene Küken vom Klippenrand zu schnappen.

Einen herrlichen Anblick bietet dieser Riesenseeadler beim Abflug.
Mit seinen mächtigen Schwingen ist er der größte und
eindrucksvollste seiner Sippe; leider ist er schon
sehr selten geworden.

Dieser herrliche Raubvogel ist verhältnismäßig selten. Etwa 7500 Tiere gibt es noch; sie brüten ausschließlich im fernen Osten Rußlands und in Korea und überwintern in Kamtschatka, Ussuriland, Korea und Nordjapan – vor der Insel Hokkaido hat man im Februar schon über 2000 Adler beobachtet. Der größte Teil – etwa 2200 Brutpaare – nistet in Rußland. Man findet sie an den Unterläufen der Flüsse und den Küstengewässern um Kamtschatka und das Ochotskische Meer, allein über die Hälfte am Penschinabusen. Am dichtesten aber liegen ihre Nester um den Udilsee in Ussuriland.

Ihre Brutplätze legen die Adler stets in die Nähe reicher Fischgründe, meist in Flußniederungen, wo sie ihre struppigen Horste ganz oben in den höchsten Bäumen bauen. Gewöhnlich kehren die Paare jedes Jahr zu ihrem alten Nest zurück; im Laufe der Zeit kann so ein Horst auf diese Weise einen Durchmesser von zweieinhalb Metern und eine Höhe von fast vier Metern erreichen. An der Küste nisten die Adler auf hohen Klippen. Die Brutsaison beginnt Ende Februar/Anfang März, wenn die Vögel unter lautem Rufen mit beeindruckender Flugakrobatik um ihre Partner wer-

264

ben. Dann werden die Nester ausgebessert, und im April oder Mai legt das Weibchen seine Eier.

Meist besteht das Gelege aus zwei Eiern, die das Weibchen fast sechs Wochen lang bebrütet. Die Küken werden mit Fisch, Jungvögeln und kleinen Säugetieren gefüttert, die ihre Eltern zwei- bis dreimal am Tag in den Horst bringen. Anfang August sind die Jungadler flügge, aber bis dahin enthält nur noch jedes dritte Nest seine ursprünglichen zwei Junge; der Rest wurde von Hermelinen oder Zobeln gefressen, einige sind an Krankheiten gestorben, und andere wurden beim Einsturz ihrer Nester getötet. Durchschnittlich zieht ein Adlerpaar auf Kamtschatka nur ein Junges alle zwei Jahre groß.

Kamtschatka ist im Winter ein wichtiger Zufluchtsort für die Riesenseeadler; etwa 4500 Vögel – das entspricht 60 Prozent der Weltpopulation – kommen jedes Jahr hierher. Die Lachse sind die große Attraktion! Im Herbst, wenn die Laichzeit vorüber ist, treiben riesige Mengen sterbender und toter Lachse im Wasser, an denen sich die Greife mühelos vollstopfen können. Am Kuril-See am südlichen Ende Kamtschatkas versammeln sich mehr Riesenseeadler als sonstwo auf der Welt. Am Rande dieses Sees laichen ab August Millionen von zinnoberroten Blaurückenlachsen, oft bis weit in den Winter hinein. Dann versammeln sich hier bis zu 700 Riesenseeadler zusammen mit Singschwänen, Gänsesägern und Schellenten. Keine Frage – auch hungrige Bären haben das Lachsparadies längst entdeckt!

Im Winter wandern viele der Riesenseeadler von ihren nördlichen Brutplätzen südwärts über die Kurilenkette nach Unischir und Nordjapan, während andere zur sibirischen Küste und den Flußniederungen Ussurilands fliegen, wo sie sich mit ihren dort lebenden Vettern treffen. Einige überwintern sogar zusammen mit ihren kleineren Verwandten, den Seeadlern, im belebten Hafen von Wladiwostok.

Ein Land der Gegensätze

In Ussuriland mischen sich Tiere und Pflanzen aus dem nördlichen Sibirien mit jenen aus Südostasien – eine auf der Welt einzigartige Flora und Fauna! Es umfaßt das Gebiet südlich des Amurdeltas bis an die Grenze zu China und Korea; westlich erstreckt es sich bis an die Ufer des mächtigen Ussuri-Flusses im Verwaltungsbezirk Primorski Kraj. Ussuriland ist recht gebirgig – mitten hindurch verlaufen die Sichota-Alin-Berge auf 1000 Kilometern Länge von Norden nach Süden. Diese Gebirgskette ist mit durchschnittlich 1000 Metern Höhe vergleichsweise niedrig; nur wenige Gipfel erreichen 2000 Meter. Im Südwesten breitet sich die weite Chanka-Ebene aus, ein Gebiet aus

Wiesen, Marschen, Reisfeldern und offenen Wasserflächen. Am Chankasee nisten drei seltene Kranicharten: Mönchskranich, Weißnackenkranich und Mondschurenkranich.

Die Naturgeschichte dieses Teiles der russischen Landschaft erklärt ihre vielfältige Tierwelt. Ussuriland mußte nie die mächtigen Gletscher der letzten Eiszeit über sich ergehen lassen, die in anderen Regionen alles kleinraspelten, was sich ihnen in den Weg stellte. Die Wälder und darin lebenden Pflanzen blieben intakt.

Die Nord-Süd-Ausrichtung der Berge erlaubte zahlreichen nördlichen Arten die Ausbreitung nach Süden, hat es aber auch vielen chinesischen und indomalaiischen Arten gestattet, bis Ussuriland vorzudringen. Wie durch einen Korridor wanderten die Tiere durch die breiten Täler von Amur und Ussuri. Auf diese Weise gelangte auch die Chinesische Weichschildkröte nach Rußland, deren 30 Zentimeter langer Panzer von einer ledrigen Haut überzogen ist. Mit ihrem schlangenhaften Hals und ihrer zu einem kleinen Rüssel verlängerten Nase kann sie die Wasseroberfläche wie mit einem Schnorchel durchdringen.

Im Norden Ussurilands wachsen vor allem Fichten, Birken und Kriechkiefern, in den restlichen Landesteilen Koreakiefern. Ihre Zapfen enthalten rund 200 ölhaltige »Nüsse« und bieten somit reichhaltige Nahrung für Tannenhäher, Kernbeißer und Spechte, desgleichen für Säugetiere wie Eich- und Streifenhörnchen, Wildschweine und verschiedene Hirscharten. Auch Braunbären leben hier, wenn sie auch nicht so groß werden wie Kamtschatkabären. Luchse, Vielfraße und Gleithörnchen vervollständigen die Tierwelt dieser Wälder.

Weiter südlich, wo Sommertaifune hin und wieder von der See landeinwärts wirbeln, steigt der jährliche Niederschlag auf 1000 Millimeter – hier gedeihen üppige, fast subtropische Wälder. Eines der südlichsten Waldgebiete liegt bei Kedrowaja Pad, einem 180 Quadratkilometer großen Naturschutzgebiet dicht an der nordkoreanischen und chinesischen Grenze. Wie im restlichen Ussuriland wächst hier eine Mischung verschiedener Koniferen, aber zwischen die Nadelbäume sprenkeln sich kräftige Eichen, dazu Ahorn, Hainbuchen und Eschen. Im Frühling zieren die zartrosa Blüten der Rhododendren den Wald, die Luft ist erfüllt vom Duft des Amurflieders. Im Sommer winden sich Lianen – darunter kletternde Magnolien – um die Äste der Bäume, Farne sprießen wie ein grünes Meer aus dem steinigen Grund, und die herrlichsten Blumen wie Lichtnelken, Pfingstrosen, Lilien und Orchideen verteilen ihre Farbtupfer über die Sümpfe. Sogar die berühmte Ginsengpflanze, die »Lebenswurzel« der chinesischen Volksmedizin, wächst in den schattigen Teilen der ussurischen Wälder.

Am Bikin-Fluß erstrahlt die Taiga in den Farben des Herbstes; hier
in Ussuriland ist eine üppige Tier- und Pflanzenwelt zu Hause.

Hier und da sucht sich das kühle, klare Wasser von Bächen und Flüssen seinen Weg
durch den grünen Baldachin. In der Tageshitze summen Insekten, zirpen die Zikaden,
und Schmetterlinge flattern durch die Sonnenstrahlen. Einige sind groß und bunt, zum
Beispiel der enorme Maack's Schwalbenschwanz in seinem seidigen Schimmer der
samtgrünen und tiefblauen Flügel; zu ihm gesellen sich gelbe Ussuri-Schwalben-
schwänze, Schillerfalter und eine lebhafte Mischung aus Augen- und Apollofaltern.
Nachts schwirren Motten und Nachtfalter durch die Luft, darunter so außergewöhnliche Erscheinungen wie der blaßgrüne Mondspinner mit seinen schwanzartig verländer-
ten Hinterflügeln.

Wildblumen in den prächtigsten Farben blühen in Ussuriland:
die flammend rote Lichtnelke *Lychnis fulgens* (oben links),
verschiedene Irisarten wie *Iris pennsylvanicum* (oben rechts) und
Iris ensata (unten rechts) sowie Taglilien wie die sonnengelbe
Hemerocallis minor (unten links).

Die Feuchtgebiete sind auch das Reich der Reptilien und Amphibien – der Schlangen, Laubfrösche und hübsch gefärbten Rotbauchunken. Letztere haben eine einfache, aber wirksame Waffe gegen hungrige Räuber entwickelt: Nähert sich zum Beispiel eine Tigernatter, präsentiert die Unke dem Angreifer ihre leuchtend rote Unterseite, was wohl heißen soll: »Verschwinde, ich schmecke dir sowieso nicht!« Erfahrene Tigernattern verstehen das Signal und ziehen weiter, denn die Unke sondert tatsächlich einen giftigen Schleim auf ihrer Haut ab.

Der Sibirische Winkelzahnmolch, der auch bis in die Tundra vorkommt, laicht ebenfalls in den Teichen der Wälder in Ussuriland. Die männlichen Tiere sammeln sich an den besten Laichplätzen und wedeln mit dem Schwanz chemische Lockstoffe, sogenannte Pheromone, ins Wasser. Die so angelockten Weibchen legen alsbald ihre Eipakete ab (aus jedem Eileiter eines), die von den Männchen befruchtet werden. Beim Austreten der Eipakete dehnt sich die purpurne Hülle, die sie umgibt, aus und verleiht dem Ganzen das Aussehen einer Beere, die an einem untergetauchten Zweig hängt.

Erzgrün und türkis schimmert ein Maack's Schwalbenschwanz
auf einigen Sumpfkieseln.

Wie ein Blatt schmiegt sich dieser Mondspinner an einen
Baum im Lazo-Naturschutzgebiet.

Zahl- und artenreich tummeln sich Amphibien in Ussuriland: exotisch
anmutende Laubfrösche (links) ebenso wie die Chinesische Rotbauchunke (rechts).

Ein Paradies für Vogelkundler

Ussuriland ist auch die Heimat zahlreicher Vogelarten – über die Hälfte der 796 Arten der früheren Sowjetunion sind hier nachgewiesen. Viele kennen wir aus der Taiga: Grüner und Wanderlaubsänger, Tannenmeisen, Kreuzschnäbel, Tannenhäher und Sichelhühner. Letztere sind wenig scheue Vögel von Krähengröße, die vor allem dichte Nadelwälder bewohnen. Möglicherweise kamen sie über die ehemalige Landbrücke Beringia aus Nordamerika.

Andere, wie die Brillenvögel, Drongos und Mennigvögel, sind Vertreter tropischer Familien, die in keinem anderen Gebiet der ehemaligen UdSSR vorkommen. Nicht weniger als sieben Arten von Fliegenschnäppern brüten hier in Ussuriland, darunter die herrlichen Fahlbauch-Paradiesschnäpper, die dem dunklen Laub- und Nadelteppich einen tropisch-orientalischen Hauch verleihen. Aus dem vielstimmigen Chor der Singvögel hört man Schwarznackenpirol, Spiegelrotschwanz, Graurückendrossel, Blaunachtigall und fünf Kuckucksarten heraus.

An den Flüssen Ussurilands tummelt sich eine bunte Mischung von Wassergeflügel, darunter die Kragenente, die man für gewöhnlich an felsigen Küsten und schnellfließenden Gebirgsbächen in den arktischen und subarktischen Regionen des Nordpazifiks und bis nach Kanada, Grönland und Island findet. Die Erpel sind im Prachtkleid kühn gemustert, überwiegend bläulich schiefergrau mit vielen weißen Abzeichen an Kopf, Hals, Brust und Rücken; die Flanken schimmern rostbraun. Kragenenten gehören zu den Tauchenten; Ussuriland beherbergt aber auch exotische Säger und Gründelenten, zum Beispiel Sichelente und Gluckente. Die farbenprächtigste von allen ist aber ohne Zweifel die Mandarinente.

Die relativ kleine Mandarinente verbindet man oft mit China, weil sie ein besonders beliebtes Motiv der chinesischen Malerei ist. Anders als die meisten Enten fühlt sie sich auch in den Ästen hoher Bäume ganz wohl. Vereinzelte Paare brüten in Nordostchina und Korea, aber am häufigsten nistet die Mandarinente in Nordjapan; auch entlang des Amur und Ussuri trifft man sie hin und wieder. Als Exoten leben auch etwa 7000 Vögel auf den Britischen Inseln, die zum Teil aus Menschenobhut entkommen sind, zum Teil auch bewußt angesiedelt wurden.

Mandarinerpel gehören zu den hübschesten Enten der Welt; die weiße Kopfhaube ist grün, golden und violett eingerahmt, seitlich zieren lange orangerote Federbüschel den Kopf. Die zimtbraunen bis hellorangenen Innenfahnen der Armschwingen sind wie Segel hochgestellt, wenn der Erpel eine vorbeischwimmende Ente besonders beeindrucken will.

Die Mandarinenten Ussurilands überwintern in Japan und China und kehren im Frühling in ihre Brutgebiete entlang schnellfließender Gewässer zurück; ein Paar beansprucht etwa einen Quadratkilometer. Dort legen die schlicht gefiederten Weibchen ihre Eier in Baumlöchern bis zu 20 Meter über dem Boden ab. Sind die Dunenjungen dann geschlüpft, werden sie von ihren Müttern von unten gerufen und purzeln, ohne Schaden zu nehmen, aus großer Höhe ins Wasser oder auf den weichen Waldboden.

Junge Schuppensäger betreten die Welt auf ähnlich spektakuläre Weise. Von diesen fischfressenden Entenvögeln gibt es weltweit nur noch etwa 1000 Paare, von denen 350 entlang der schnellfließenden Flüsse der Nadelwälder in Rußlands fernem Osten brüten. Die restlichen nisten in Nordostchina. Die hübschen Erpel zeichnen sich durch glänzend-flaschengrüne Köpfe mit einer doppelten Haube, eine zart-lachsrosa Unterseite und schwarz umrandete weiße Flecken an der Seite aus, denen sie ihren Namen verdanken. Nach Ende der Brutzeit verschwinden diese Säger Richtung China − niemand weiß jedoch, wo sie genau überwintern.

Eine der weltgrößten Eulenarten lebt an den eher gemächlich dahinplätschernden Flüssen westlich der Sichota-Alin-Berge − der Riesenfischuhu. Sein locker-weiches Gefieder ist ähnlich grau-braun gefärbt wie das unseres europäischen Uhus, seine Flügel spannen aber bis zu zwei Meter.

Wie andere Fischuhus, See- und Fischadler ist auch der Riesenfischuhu bestens für die Jagd nach seiner schlüpfrigen Beute ausgerüstet. Die kurzen Federn an seinen Beinen trocknen schnell, und seine Zehen sind fast bloß. Die spitzen Schuppen an den Unterseiten der Füße wirken zusammen mit den langen, gebogenen Krallen wie ein Schraubstock, wenn der Uhu sich seinen zappelnden, glitschigen Fisch greift. Diese großen Eulen jagen vorwiegend nachts. Außer Fischen wie Lachsen, Amurhechten und Welsen knacken sie gelegentlich einen Krebs oder genießen einen Frosch. Im Winter, wenn die Flüsse zugefroren sind, wenden sich die Uhus der typischen Hausmannskost der Eulen zu: Wühlmäusen, Gleithörnchen, Mardern und Kleinvögeln.

Diese mächtige Eule wurde für die Wissenschaft von dem englischen Geschäftsmann und Konsul Captain Thomas Wright Blakiston entdeckt, als er 1883 die japanische Nordinsel Hokkaido bereiste. Die einheimischen Ainu hielten das dumpfe, tiefe »Schu-huh« des Riesenfischuhus für die Stimme des Gottes *Kotan koru kamui,* der ihre Dörfer beschützte. Zusammen mit dem Braunbär und dem Lachs war der Riesenfischuhu eine der wichtigsten Gottheiten der Ainu. Leider haben ihm die russischen

Brutvögel in Ussuriland: Dem Fahlbauch-Paradiesschnäpper (oben links) fallen
seine langen Schwanzfedern beim Nestanflug sicher lästig; herrlich schimmert das
Gefieder des Blauschnäppers (oben rechts); ein Weibchen des Schwarznackenpirols
(Mitte) füttert seinen hungrigen Nachwuchs; die prächtig gefiederten Erpel der
Mandarinente (unten links) und Gluckente (unten rechts) auf Brautschau.

und mandschurischen Fischer weit weniger Achtung entgegengebracht, sondern ihn heftig verfolgt.

Daher sind Riesenfischuhus selten geworden; rund 20 Paare nisten noch auf Hokkaido, einzelne am Bikin-Fluß in Ussuriland, auf Sachalin, den südlichen Kurilen und in Nordostchina. Jedes Paar gebietet über einen Flußabschnitt, den es gegen andere Paare verteidigt. Die Weibchen legen ihre zwei weißen Eier im März in eine flache Mulde, oft auf noch schneebedeckten Boden. Dort bebrüten sie die Eier, während ihr Partner für Futter sorgt. Ende April schlüpfen die kleinen Uhus, aber die Mutter bleibt noch bis weit in den Mai bei ihren Kindern, ohne sich vom Nest zu entfernen – der kalte Wind würde sie ohne den Schutz der Mutter rasch erfrieren lassen. In dieser Zeit werden sie vom kleineren Männchen vor allem mit Fröschen versorgt; später bringt

Oben: Den Riesenfischuhu bekommt man äußerst selten zu Gesicht, zumal es nur noch wenige Brutpaare gibt. Dieser hat sich gerade einen Fisch geschnappt.

Rechts: Anmutig wie Ballettänzer bewegen sich Mandschurenkraniche bei der Brautwerbung im Schnee.

das kräftigere Weibchen auch häufig Fische ans Nest. Bis zu zwei Jahren bleiben die Jungen im Territorium ihrer Eltern. Diese setzen daher ein Jahr mit der Brut aus, bleiben aber oft für 20 Jahre zusammen.

Bemerkenswerte Säuger

Der ferne Osten Rußlands ist Heimat für einige bemerkenswerte Säugetiere. Die Nordchinesischen Gorale sind etwa rehgroße Ziegenartige mit kurzen, dolchartigen Hörnern, die man zu den sogenannten Waldziegenantilopen rechnet. Sie leben in den Sichota-Alin-Bergen und in den steilen Küstenfelsen im nördlichen Ussuriland, dazu im nördlichen Birma und Kaschmir sowie in den Bergregionen Chinas und Nordkoreas. Mit ihren kurzen, kräftigen Beinen klettern und springen sie ausgezeichnet.

Jungtiere und Weibchen leben in Gruppen von zehn bis zwölf Tieren zusammen, während die ausgewachsenen Böcke allein durch die Gegend ziehen. Nur zur Paarungszeit im Herbst suchen sie die Nähe der Weibchen, dann kehren sie zu ihrem Einzelgängerdasein zurück. Nach sechsmonatiger Tragzeit bringen die Weibchen ein oder zwei Junge zur Welt, die zunächst zwischen Felsen abliegen, während die Mütter auf Nahrungssuche sind. Nach drei bis vier Monaten sind sie entwöhnt, begleiten ihre Mütter aber noch bis zum nächsten Frühling.

Bei dieser Vielfalt an großen und kleinen Tieren dürfen natürlich auch Raubtiere nicht fehlen. Eines der faszinierendsten im Amurgebiet ist der Charsa oder Buntmarder, eine südostasiatische Art. Einschließlich Schwanz mißt er über 1,30 Meter und ist damit der größte Marder. Er hat ein braunes Fell mit schwarzem Kopf, einen oft goldfarbenen Rücken und den typischen gelben Kehlfleck. Wie sein Verwandter, der Zobel, ist auch der Buntmarder ein gewandter und vielseitiger Jäger, der mit seinen halb einziehbaren Krallen ebenso sicher auf Bäume steigt, wie er am Boden jagt.

Das Besondere an diesen Mardern ist, daß sie oft in Gruppen auf Beutefang gehen. Sobald die Jungen stark genug sind, etwa Ende des Sommers, begleiten sie ihre Eltern in der Dämmerung. Zusammen sind sie in der Lage, nicht nur Vögel und Hasen, sondern auch große Beutetiere wie Moschustiere zur Strecke zu bringen. Moschustiere sind ausgesprochene Standtiere und neigen bei Verfolgung dazu, im Kreis zu rennen – kein Problem für die terrierhaft zähen Marder!

Ein weiteres interessantes Raubtier der ussurischen Wälder ist der Kragenbär, erkennbar an seiner langen schwarzen Mähne und der weißen Brustzeichnung. Sein Verbreitungsgebiet reicht vom Iran bis nach Japan.

Auch mehrere Mitglieder der Hundefamilie leben im russischen Osten, darunter Wölfe, Rothunde und Marderhunde. Letztere, wegen ihrer auf den ersten Blick verblüffenden Ähnlichkeit auch Waschbärhunde genannt, halten als einzige ihrer Familie einen Winterschlaf. Übrigens sind sie mit den Waschbären nur sehr entfernt verwandt – es sind echte Hunde. Ursprünglich lebten die Marderhunde nur in China, Japan und Ussuriland; durch den Eingriff des Menschen haben sie ihr Verbreitungsgebiet weit ausdehnen können. In den zwanziger Jahren brachte man sie in Pelztierfarmen, vor allem in der Ukraine. Daraus konnten einige entkommen, weitere wurden ausgesetzt. Sie haben sich rasch vermehrt und ausgebreitet – schon 1931 tauchten sie in Finnland, später in ganz Osteuropa, auch im Osten Deutschlands, auf. Neuerdings wurden sie sogar in Westeuropa gesichtet.

Marderhunde leben in Paaren. Zwischen März und Mai kommen die Welpen zur Welt. Mit etwa drei Wochen verlassen sie zum ersten Mal ihren Bau. Im schwachen Sonnenlicht der Abenddämmerung spielen sie sich müde, bevor sie von ihren Eltern ins warme Heim zurückgeschickt werden. Nachts gehen die erwachsenen Tiere auf Jagd; mit ihrem ausgezeichneten Geruchssinn spüren sie Nager, Reptilien und Insekten auf. Wie Waschbären fühlen sie sich auch im Wasser pudelwohl und tauchen sogar manchmal nach Fischen und Fröschen. Bei Morgengrauen kehren sie oft naß und schmutzig von ihren nächtlichen Beutezügen zur Höhle zurück, um die Jungen zu füttern, ihr Fell in Ordnung zu bringen und für den Rest des Tages ausgiebig zu schlafen.

Nachts schleicht auch noch eine Unterart der südostasiatischen Bengalkatze durch die dunklen Wälder und jagt unvorsichtige Nager. Bis zu acht Kilogramm wiegen die Kater – aber in Ussuriland gibt es noch viel größere Katzen.

Die Großkatzen Ussurilands

Amurleoparden gibt es nur in dem schmalen Landstreifen an der Grenze zu China und Nordkorea. Sie gehören zu den nördlichsten der etwa 30 Unterarten des Leoparden (selbst die Experten streiten sich noch, wie viele Unterarten es wirklich gibt). Während des kalten Winters tragen diese Leoparden ein dichtes, helles Fell; erst im Sommer verlieren sie die langen Haare und nehmen die typische schlanke Form an, die wir von Leoparden kennen. Leider ist dieses herrliche Tier unmittelbar vom Aussterben bedroht: Nur 20 bis 25 Leoparden leben noch auf russischem Gebiet und vielleicht noch ein paar mehr in China.

Der Marderhund wird wegen seiner großen Ähnlichkeit mit dem
Waschbär auch Waschbärhund genannt.
Im westlichen Rußland ausgesetzt, ist er inzwischen auch schon bis
nach Mitteleuropa vorgedrungen.

Ein Pärchen dieser gefleckten Großkatzen hat im Naturschutzgebiet Kedrowaja Pad
Unterschlupf gefunden; in Felsnischen ruhen sie sich aus und ziehen ihre Jungen groß.
Nachts schleichen sie durch die bewaldeten Hänge und jagen kleine Hirsche, Marder-
hunde und Dachse. Wie ihre afrikanischen Vettern schleppen die russischen Leoparden
ihre Beute oft an eine sichere Stelle und verstecken Überreste vor Aasfressern wie
Krähen unter Laub oder Schnee.

Während der heißen, feuchten Sommer leben die Leoparden ohne Not, aber die
frostigen Winter mit den tiefen Schneedecken bedeuten für sie eine harte Zeit. Ein
einziges Beutetier muß unter Umständen mehrere Wochen reichen; dazu kommt, daß
sich Dachse und Marderhunde in der kalten Jahreszeit tief in ihre Höhlen verkriechen.
Selbst Hasen sind selten, und satt machen sie einen Leoparden auch nicht gerade! Der

278

Hunger zwingt die Leoparden oft, Aas zu fressen oder Haustiere und zahme Hunde zu reißen.

Amurleoparden sind streng geschützt. Glücklicherweise leben genügend Exemplare in Zoos, so daß bereits an Plänen gearbeitet wird, einige dieser Großkatzen in ihren früheren Verbreitungsgebieten wiedereinzubürgern.

Sibirische Tiger, die größten Raubkatzen der Welt, sind ebenfalls in den Wäldern von Ussuriland zu Hause. Männliche Tiere werden bis zur Schwanzspitze vier Meter lang und wiegen fast 400 Kilogramm. Trotz ihrer Größe greifen sie Menschen nur in äußerster Not an; in der Nähe von entlegenen Dörfern und Bauernhöfen findet man regelmäßig ihre mächtigen Tatzenabdrücke im weichen Waldboden, ohne daß es zu Angriffen auf die Bewohner gekommen ist. Selbst in den Randgebieten von Wladiwostok wurden Tiger schon gesehen; das ist um so erstaunlicher, als es in ganz Rußland nur noch 200 oder 300 dieser Großkatzen gibt.

Große Raubtiere brauchen naturgemäß eine Menge Platz, um genügend Nahrung erbeuten zu können. Tiger sind einsame Jäger und durchstreifen auf ihren Beutezügen ein Gebiet von immerhin 400 Quadratkilometern. Die meisten leben in den dichten Wäldern und an den Flußsystemen der Sichota-Alin-Berge, wo sie Wildschweine und verschiedene Hirsche jagen. Nur wenn diese Nahrungsquellen versiegen, reißen die Sibirischen Tiger in der Not auch Haustiere und Rinder auf den Weiden.

Wegen der kalten Winter haben sich die Tiger dieser Gegend zu rauhen Burschen entwickelt. Ihre Größe und ihr dichtes, pelziges Fell helfen ihnen, mit den frostigen Temperaturen besser zurechtzukommen, als ihre kleineren tropischen Verwandten das könnten. Es scheint sogar, als stammten Tiger ursprünglich aus den nördlichen Gebieten Asiens; später wanderten sie südwärts in tropische und subtropische Gegenden, wo man sie heute hauptsächlich antrifft. Das unfreundliche Wetter scheint den Tigern tatsächlich überhaupt nicht zu schaden – die Weibchen bringen ihre Jungen, meist vier auf einmal, zu jeder Jahreszeit zur Welt.

Früher waren Tiger in der UdSSR weit verbreitet. Eine kleine Unterart, der Kaspitiger, lebte noch bis kurz nach dem Zweiten Weltkrieg um die Südküste des Kaspischen Meeres in Turkmenien und bis zum Balschachsee in Kasachstan. Übermäßige Bejagung und die Umwandlung ihres Lebensraumes in Baumwollfelder waren ihr Todesurteil. Die Sibirischen Tiger hatten etwas mehr Glück. Ihr Lebensraum war die fast menschenleere Taiga, keine Bauern beanspruchten ihr Jagdrevier. Zudem stehen sie heute unter Naturschutz, und es gibt sogar Anzeichen, daß sich ihre Zahl in den

Ein Sibirischer Tiger – die größte Raubkatze der Welt – genießt
seine Siesta in einem sonnendurchfluteten Wald in Ussuriland.

Seite 280/281: Trockenen Fußes überquert einer der wenigen
verbliebenen Amurleoparden einen kleinen Fluß
im südlichen Ussuriland.

letzten Jahren leicht erhöht hat. Leider macht es ihre Neigung, weite Strecken zu wandern, schwierig, sie vollständig vor illegalen Abschüssen durch Wilderer zu schützen.

Wir sind am Ende unserer Reise angelangt. Die Wälder Ussurilands, am südöstlichen Zipfel Rußlands, sind einen Kontinent von den Küsten der Ostsee entfernt. Dennoch – trotz der großen Entfernungen und der vielen Unterschiede – gehören beide untrennbar in das Reich des russischen Bären – ein Reich voller Faszination, daß noch viele Geheimnisse birgt.

REGISTER